LI QING ZHAO

郭宏文 陈艳婷

著

李清照

知否知否，应是绿肥红瘦

团结出版社
UNITY PRESS

图书在版编目（ＣＩＰ）数据

　　李清照：知否知否，应是绿肥红瘦 / 郭宏文，陈艳婷著. — 北京：团结出版社，2021.1
　　ISBN 978-7-5126-8128-6

　　Ⅰ. ①李… Ⅱ. ①郭… ②陈… Ⅲ. ①李清照（1084-约 1151）—传记 Ⅳ. ①K825.6

　　中国版本图书馆 CIP 数据核字(2020)第 133434 号

出　版：团结出版社
　　　　（北京市东城区东皇城根南街 84 号　邮编：100006）
电　话：(010) 65228880　65244790 （出版社）
　　　　(010) 65238766　85113874　65133603（发行部）
　　　　(010) 65133603（邮购）
网　址：http://www.tjpress.com
E-mail：zb65244790@vip.163.com
　　　　fx65133603@163.com（发行部邮购）
经　销：全国新华书店
印　装：三河市东方印刷有限公司

开　本：163mm×240mm　　16 开
印　张：18.25
字　数：280 千字
版　次：2021 年 1 月　第 1 版
印　次：2021 年 1 月　第 1 次印刷

书　号：978-7-5126-8128-6
定　价：58.00 元

前言

红藕香残玉簟秋。轻解罗裳，独上兰舟。云中谁寄锦书来？雁字回时，月满西楼。

花自飘零水自流，一种相思，两处闲愁。此情无计可消除，才下眉头，却上心头。

这首《一剪梅·红藕香残玉簟秋》，是宋词中婉约派的代表作之一。它的作者，就是被誉为"千古第一才女""婉约派一代词宗"的李清照。这首词，李清照用深情细腻的笔触，抒发了一位初婚少妇对丈夫的相思缠绵之情，格调清新，意境优美，展示出了一种婉约之美。尤其是词中的最后一句八个字，以对偶的形式出现，读之朗朗上口，声韵和谐。

李清照，号易安居士，宋神宗元丰七年二月初五（1084年3月13日）出生于齐州济南（今山东省济南市章丘区）的一个官宦书香人家。父亲李格非进士出身，继"苏门四学士"黄庭坚、秦观、晁补之、张耒之后，他与廖正一、李禧、董荣并称为"苏门后四学士"。他们都是苏轼文学的传人，元祐文坛的中坚。李格非官至提点刑狱、礼部员外郎。李清照的生母是北宋名相王珪的女儿，在李清照幼年时期就去世了。李清照的继母是北宋状元王拱辰的孙女，真正的书香闺秀，蕙质兰心，颇有文学造诣。李清照在这样的家庭背景下成长起来，不仅眼界开阔，而且气质高雅，刚刚十几岁就成为了京城家喻户晓的才女。

李清照18岁时，嫁给了同为官宦子弟且名满京城的才子赵明诚。才子佳人，门当户对，他们不仅对诗词歌赋都有执着的雅兴，而且还偏爱金石书画。因此，二人婚后夫唱妇随，过着神仙眷侣一般令人艳美的生活。

首先，李清照的人生是幸运的。她有着无忧无虑的儿童时代，初露锋芒的少女时代，甜蜜温馨的初婚时代。李清照的前半生可谓顺风顺水，一路欢歌。

因此，李清照前期的词作，表现的完全是一个明媚欢快的少女：溪亭日暮，乘舟误入藕花深处，说不出的意兴盎然；蹴罢秋千，遇见可心之人，羞怯慌乱，又忍不住倚门回首，把青梅浅嗅，一个娇羞悸动的少女形象跃然纸上。

在女子的婚姻遵从父母之命媒妁之言的年代，李清照幸运地遇上了自己的爱情。她和赵明诚的婚姻，既有天定之缘，也有人为之因，绝非误打误撞。一个是有见识的闺中才女，一个是倾心于金石收藏的博学郎才，二人的结合本来就有基础。婚后，二人志同道合，吟风赏月，共同致力于金石书画研究与整理。闺房之乐，让他们的感情更加绵密；闲情雅趣，让他们的心思更加澄明。共饮共醉，赌书泼茶；同进同出，收集金石；相依相守，淡泊明志。他们的婚姻是平等的，是夫妻更是知己，这也是李清照人生际遇中最值得书写的一笔。金石的收集与研究，是维系他们情感的纽带，也是他们毕生共同追求的目标。有此追求，劳劳尘世里，既有情怀，也有雅韵；既成寄托，也成趣味。

婚后的李清照，词作不再只有闺阁中的明媚欢快与清淡寂寞，而是多了柔润撒娇与陶醉甜蜜。即便是小别的离愁，也是忧而不伤，令人动容。

其次，李清照的人生又是不幸的。宋钦宗靖康二年（1127 年），金朝军队攻克北宋首府东京（今河南省开封市），俘虏了宋徽宗和宋钦宗二帝，并押往金朝京师会宁府（今哈尔滨市阿城区），北宋灭亡，史称"靖康之变"。随着北宋政权的土崩瓦解，李清照夫妇也不得不离乡背井，随着宋高宗赵构所统治的南宋朝廷，开始了漂泊不定的逃亡生活。俗话说，福无双至，祸不单行。逃亡期间，她深爱着的丈夫赵明诚不幸离世，夫妻多年收藏的金石书画也在战乱中散失殆尽，李清照的心情一下子便跌落到谷底。而后，这个曾经不知道什么是困苦的女子，带着"才女"和"词宗"的名气，跌跌撞撞地从谷底坚强地爬起来，走进了"寻寻觅觅、冷冷清清"的后半生。但环境的艰苦和命运的不幸，非但没有把外表柔弱的李清照击倒，反而让她的内心更加强大，眼界更加开阔，思想也更加深邃。从此，她的词风发生了巨大的变化，更多地表达逃亡奔波的孤苦生活和国破家亡的凄凉心境。

李清照的性格之中，有女人天生的柔婉细腻和敏感多情，这让她在爱的世界里更像一个小女人。她小女人的本性，在她的词中随处可见。像体现娇嗔灵动的"怕郎猜道，奴面不如花面好。云鬓斜簪，徒要教郎比并看"；像体现细腻缠绵的"此情无计可消除，才下眉头，却上心头"；像体现销魂憔悴的"帘卷西风，人比黄花瘦"；像体现敏感微妙的"多少事，欲说还休"……她身上散发出来的女人味，天然、纯净而又本色，不逊色于任何一个女人。

但是，如果她的个性中只有小女人的一面，那她必然像一缕飘柔的雨丝，淹没在历史的长河里，悄无声息的，泛不起任何的浪花。她能够成为有着"才女""词宗"盛名的李清照，是因为她具有一种暗藏于婀娜之中的清傲与刚强。这种清傲与刚强，让她远远超脱了庸俗，成为一个独特的才女。那如水一般的缓缓柔情，那如山一般的悠悠视野，让她在两宋群星灿烂的天空里脱颖而出。

李清照的清傲与刚强，首先表现在她的识见上。少女时代的她，便用诗来直击时弊："五十年功如电扫，华清花柳咸阳草。五坊供奉斗鸡儿，酒肉堆中不知老。胡兵忽自天上来，逆胡亦是奸雄才。勤政楼前走胡马，珠翠踏尽香尘埃。"（《浯溪中兴颂诗和张文潜二首》）整个宋代，朝廷上上下下大多数人丧失血性和斗志，官军几乎是逢打必输、逢战必降。尤其是面对南宋朝廷的软弱无能，她一身傲骨，写出了引起巨大轰动的千古绝唱："生当作人杰，死亦为鬼雄，至今思项羽，不肯过江东。"（《夏日绝句》）北宋灭亡后，她一心盼着朝廷能收复失地、重整河山，用诗来谴责朝廷偏安一隅、不思收复河山的无能："佛狸定见卯年死，贵贱纷纷尚流徙，满眼骅骝杂骁骍，时危安得真致此？木兰横戈好女子，老矣谁能志千里，但愿相将过淮水。"（《打马赋》）就是到了晚年，流落飘零，当她得知朝廷派大臣韩肖胄出使金国，仍然不忘奉上一颗热切盼望的心。她写道："想见皇华过二京，壶浆夹道万人迎。连昌宫里桃应在，华萼楼前鹊定惊。但说帝心怜赤子，须知天意念苍生。圣君大信明知日，长乱何须在屡盟。"（《上枢密韩公诗二首》）生在这样的国家里，她满可以苟且偷生，随遇而安，可她骨子里的刚强，让她时刻不忘强国威，振国魂。身为一介女流之辈，她呼唤铁血英雄，渴望驰骋疆场，对整个缺少威风傲骨的宋朝君臣以及士人，表达了强烈的不满和极大的愤慨。

李清照的清傲与刚强，还表现在她的超凡脱俗。南渡之后，在颠沛流离、夫死家亡、身心俱疲、孤苦无依之际，她无奈地选择了再嫁。在重贞节烈妇的封建礼教的束缚之下，再嫁是需要一番勇气的。然而，再嫁并没有让她找到可以依靠的肩膀，相反却让她见证了卑鄙龌龊的丑陋人性。在精神与肉体的双重折磨之下，她没有麻木到底，没有隐忍到底，没有迁就到底，没有窒息到底，没有泯灭心性，做一个逆来顺受的软弱之人。她的清傲与刚强，终于让她从屈辱的枷锁中挣脱出来，选择了用诉讼来结束这段不堪忍受的婚姻。

李清照的离婚举动，震惊了许许多多封建意识根深蒂固的世人。由此，她所制造的离婚事件，便成为了当时所谓的仁人志士用来谮污诋毁女词人的由头。可想而知，李清照的心里承受着多么大的压力。即使多少年以后，当人们提起这一离婚事件时，还依旧不依不饶地对李清照指责一番。但李清照永远是李清照，一直挺立在封建世俗的诋毁之中，没有被无情地击倒。

而最能体现李清照个性的，无疑就是她的诗词。她在属于她的那个时代里，可谓是才名远扬。她那些或清丽，或哀婉，或豪放，或深沉的辞章，是宋代文学史上最独特的风景。而她又在不属于她的时代里，千古留名，万古流芳。她那些或绮丽，或忧伤，或旷达，或低回的诗文，是中华文学史上一座永久傲立的丰碑。

赏析李清照不同阶段的诗词，就像品尝一次回味无穷的饕餮盛宴。不管是少女时"倚门嗅青梅"的聪慧羞涩，或是婚后"才下眉头，却上心头"的相思缠绵，还是老年时"寻寻觅觅、冷冷清清、凄凄惨惨戚戚"的凝重悲伤，李清照都把古典诗词的精髓，连同她自己的一颗心揉进了作品，凭艺术的美感陶醉心扉，浸润灵魂。

李清照不仅才华横溢、智慧超群，而且不拘小节、率真不羁。她爱酒。她在《如梦令·常记溪亭日暮》中写道："常记溪亭日暮，沉醉不知归路。兴尽晚回舟，误入藕花深处。争渡，争渡，惊起一滩鸥鹭。"她在《醉花阴·薄雾浓云愁永昼》中写道："薄雾浓云愁永昼，瑞脑销金兽。佳节又重阳，玉枕纱厨，半夜凉初透。东篱把酒黄昏后，有暗香盈袖。莫道不销魂，帘卷西风，人比黄花瘦。"她在《声声慢·寻寻觅觅》中写道："寻寻觅觅，冷冷清清，凄凄惨惨戚戚。乍暖还寒时候，最难将息。三杯两盏淡酒，怎敌他、晚来风急？雁过也，正伤心，却是旧时相识。满地黄花堆积。憔悴损，如今有谁堪摘？守着窗儿，独自怎生得黑？梧桐更兼细雨，到黄昏、点点滴滴。这次第，怎一个愁字了得！"不管快意青春，还是小别离愁，抑或后来的凄凉悲苦，李清照都会以酒为伴，或者酣畅豪饮，或者浅斟小酌，都不失为一种风雅。

和所有的文人雅士一样，李清照也爱茶。与丈夫赵明诚隐居青州时，两人最大的乐趣，就是在整理收集金石书画之余，煮茶品茶，并形成了一个"赌书泼茶"的典故流传下来：李清照和赵明诚都喜好读书藏书。李清照的记忆力强，每次饭后一起煮茶时，就用比赛的方式决定谁来先饮茶。一人问某典故是出自哪本书哪一卷的第几页第几行，对方答中先喝，可是赢者往往因为太过开心，反而将茶水洒了一身。茶香氤氲在李清照的生活中，也弥漫在她的诗词里，更渗透在她的灵魂深处。

李清照爱赌，更擅赌。她自称"性喜博，凡所谓博者，皆耽之"，但这丝毫不影响她作为文人的清雅。她是"命辞打马"游戏的首创者，为"依经马"的每一种走法设置规则，并有《打马赋》和《打马图序》等名篇流传于世。李清照借《打马赋》表达自己忧时忧民的强烈感情，以棋局喻政局，借"打马"

喻表心志。

李清照善于把爱情从传统的婚姻观念中剥离出来，追求爱的纯粹与独立、平等与自由。她的爱情大大方方毫不掩饰：从情窦初开的懵懂怀春，到执子之手与子偕老的新婚祈愿；从深闺梦里的刻骨相思，到爱情之痒的愁肠百结；从冲破世俗羁绊再嫁，到不惜一切代价摆脱荒唐婚姻的勇气与魄力……爱，她就爱得执着热烈；恨，她也恨得干脆利落。

在李清照看来，人生最高的境界是真、善、美的结合。她携着她率真的个性，精美的艺术手法，人文的悲悯情怀徜徉在诗歌的长河里，流传千年而不朽。正所谓"国家不幸诗家幸，赋到沧桑句便工"，她被那个社会成全，又被那个时代毁灭。

宋高宗绍兴二十六年（1156 年），李清照在孤独、寂寥、对往昔的回忆与对国家的忧思中，走完了满是坎坷风霜的一生，享年 72 岁。

李清照的一生著作颇丰，她在世的时候，她的文集就曾刻印流行于世。《直斋书录解题》称当时流行有《漱玉集》1 卷、"别本"分 5 卷；黄升《花庵词选》称当时流行有《漱玉词》3 卷；《宋史·艺文志》称当时流行有《易安居士文集》7 卷、《易安词》6 卷。但这些卷本，没有流传下来。现存的诗文及词集，都是后人所辑。清代的《四印斋所刻词》中的《漱玉词》，只有 58 首流传于世；近人赵万里在《校辑宋金元人词》中，仅将 48 首词收到《漱玉词》中。

虽然李清照留存下来的词作不多，诗文更少，但却能与苏轼、辛弃疾、柳永等宋词大家比肩，胡适甚至称其为"女文豪"。她的人生经历虽有诸多存疑，但在文学史上的地位却不可撼动。

李清照在《词论》中，提出了"词，别是一家"之说，主张词必须尚文雅，协音律，铺叙，典重，故实。她的词擅长白描手法，用字自然浅显而音节和谐、词意婉转，并经常在寻常词语中创出新意，在文学词坛中独树一帜。在词的内容上，她一方面以女性特有的艺术感受，使两宋以来的婉约雅词的题材、意境更加深化、细腻，将婉约词派推向了新的高峰。同时，通过描写个人的苦难遭遇，反映出两宋之交整个国家、整个民族的历史悲剧，创造了无与伦比的"易安体"。

后世对李清照的词评价非常高。李调元在《雨村词话》中评价说："李易安固不仅为妇女中之能文杰出者，即在各时代的诗人中，她所占的地位也不能在陶潜、李、杜及欧阳修、苏轼之下。"认为她的词："不徒俯视巾帼，直欲压倒须眉。"宋代朱熹说："本朝妇人能文只有李易安与魏夫人。"明代杨慎说："宋人中填词李易安亦称冠绝。"现代郑振铎说："李清照是宋代最伟大的一位女诗人，也是中国文学史上最伟大的一位女诗人。"还说："像她那样的词，在意境一方面，在风格一方面，都可以说是前无古人后无来者。"

1987 年，国际天文学联合会命名水星上第一批环形山，有两座分别以我国古代两位著名女诗人的名字命名，一位是蔡文姬，另一位就是李清照。这也是历史上仅有的名字被用作外太空环形山的女性。

李清照的名字，永远璀璨在宋词的星空里，鲜活在人们的记忆里。

目 录

209

173

目录

第一章

齐鲁圣地百脉泉，

书香才女出名门

01 生于名门，幼小丧母

以齐鲁文化为代表的山东大地，千百年来因其深厚悠久的历史文化底蕴，而一直受到世人的尊敬与仰慕。打开山东浩淼的历史长卷，展现在世人面前的，是发生在这片土地上的一幅又一幅波澜壮阔、精彩纷呈的历史画面，记载着许多对中华历史文化起到重要作用的具有里程碑意义的人物。其中，非常著名的有：被尊为"至圣先师"的儒学创始人孔子；被尊为"亚圣"的孟子；墨家创始人墨翟；军事家孙武；一代名相传奇人物诸葛亮；书法大师王羲之；等等。

到了宋代，在这片古老而神奇的土地上，诞生了一位千古奇才，她就是被称为"婉约派一代词宗"的李清照。

济南府自古就有"泉城"之称。除了著名的趵突泉以外，在章丘县的明水一带，也有很多泉水，其中比较著名的就是百脉泉。百脉泉为济南七十二名泉之一，与趵突泉齐名，且同出于泰岱地下水系，其泉喷涌如注，灼若明珠，济南著名景观"百脉寒泉珍珠滚"即因此而得名。此泉冬暖夏凉，清爽宜人，宋代文学家曾巩有云："岱阴诸泉，皆伏地而发，西则趵突为魁，东则百脉为冠。"

除了百脉泉，明水一带还有许许多多没有名字的小泉，明水的泉水不亚于济南，这里的泉眼有的粗若大桶，喷涌如注；有的细若针眼，水润无声；还有许多暗泉，表面什么也看不见，拨开石头或者掘开一层泥土，泉水就会汩汩流淌而出。总之，在明水，几乎随处可见清泉流淌。

在百脉泉旁边，有一片青翠的竹园，竹园旁边有一个院落，院落不算太大，但是院内房舍粉墙黛瓦，古朴清幽，充满了淡雅的书香气息。

这户院落的主人姓李，名叫李达贤，因其人格贤善、知识渊博在当地颇有威望。李家原来世居临淄城，后因唐末避乱，移居到明水这个小镇。对眼下居住的这方水土，李家世世代代皆有建树和贡献。到了北宋中叶，这里几乎家家都能吃上喷香的白米饭和清脆新鲜的瓜果蔬菜，饮用的都是甘洌清醇的活泉水，堪称世外桃源、人间仙境。

李达贤早年曾在京城任职，受到朝中重臣韩琦的赏识。但因他不恋仕途，淡泊名利，后来毅然辞官回乡，开始以山泉为伴，悉心耕读。他善文好客，不仅与乡邻关系融洽，还广交朋友，因此家里常常宾客盈门，络绎不绝。他平时省吃俭用，却乐善好施，若有朋友乡邻有求于他，他必然倾囊相助。有一次，一位乡邻家中失火，房舍畜厩皆化为灰烬，急需建房却一时买不到木料正在着急，李达贤听说后，便把自己家里准备修建厢房储备的木料主动借给他们，以解燃眉之急。此时，李家的厢房围墙已经砌好，只等择日上梁了。乡邻得知这件事后，对李达贤更是尊崇有加。

李达贤有三个儿子：长子李格杉，次子李格松，三子李格非。李家三子中，三子李格非最是才华横溢。

李格非，字文叔，自幼俊迈出众，不尚虚名，注重经世致用之学，在朝廷科考还以诗赋取士时，他却撰成《礼记说》数十万言。宋神宗熙宁九年（1076年），李格非中进士，受教于韩琦门下，初任冀州（今河北省冀县）司户参军、试学官，后为郓州（今山东省东平县）教授。

李格非平日里为人处事性格倔强，刚正不阿，眼里揉不得沙子，眼见社会不正之风，他气愤至极，宁愿清贫自苦也决不同流合污。宋代可以兼职兼薪，在他担任郓州教授时，郡守怜惜他清贫，想让他身兼其他官职，却被他以公职人员不可以搞第二职业为由谢绝了。

如此一个正直、恪守原则之人，还有着一个疾恶如仇的性格。

李格非在江西上饶做官的时候，当地有一个专门靠给人算命、妖言惑众、危言耸听来骗取钱财的假道士，在当地的影响特别坏。李格非对这样的假道士深恶痛绝，决心要找机会给他点教训。这个道士极有排场，出门的时候都有专车搭乘。有一次，李格非乘车出门办事，两车狭路相逢，此车见彼车，李格非毫无客气，当即下令，命人把那道士从车里拖出来，拉在路边，跪在地上，然后历数他的罪状，痛打一顿，后又将其驱逐出境。

李格非当时的官职只是一个小小的郓州教授，一个从九品的地方学官，他又不肯和其他贪污腐败的官员同流合污，因此，李家的家境并不殷实。然而，他却娶了当朝重臣王珪之女王淑贞为妻。王珪是北宋名相，曾辅佐三朝皇帝。他以文学进身政界，宋仁宗庆历年间，他进士及第，高中榜眼，初通判扬州，后来召直集贤院又迁升为侍读学士；欧阳修曾称赞他为"真学士"；仁宗皇帝非常器重他，曾赐他文房四宝一套；宋英宗时，他被任命为端明殿学士，皇帝赐盘龙金盘一只；宋神宗熙宁三年（1070年），拜参知政事。宋神宗熙宁九年（1076年），进中书门下平章事，又拜为集贤殿大学士，再拜尚书右仆射兼门下侍郎，即为宰相。

王淑贞虽然出身豪门相府，但她生来温和宽厚，谦逊有礼，在婆家处处温良谦让，从不以相府千金自居。她出嫁时娘家曾陪送过来一个贴身小丫鬟，以便照料她的生活起居。可是她嫁过来后看到婆家既无长工也无侍女丫鬟，便把那个小丫鬟打发回自己娘家去了。从此她与公婆妯娌和睦相处，大家都夸她敬她懂事明理。

宋神宗元丰七年（1084年）四月，身怀六甲的王氏临产。在外地做官的李格非得知消息，他快马加鞭日夜兼程赶往家中，当李格非风尘仆仆地走进家门时，夫人王氏已在产房待产。李格非只能焦灼地等在产房外面，看着家里的女眷们端水盆在产房内外进进出出忙忙碌碌，产房里不时传来王氏撕心裂肺的叫声，李格非紧张得几乎透不过气来。

忽然，"哇"的一声，响亮清脆的婴儿哭声一下子打破了紧张焦灼的空气，此时此刻，李格非像是听到了世界上最悠扬悦耳的音乐，他的脸上露出了无比欣慰幸福的笑容。

不一会儿，大嫂兴冲冲地跑出来，高兴地对他说："三弟，恭喜你，是个千金，漂亮着呢，快进去看看吧！"

父亲李达贤听见了，手捻胡须高兴地说："这下可好了，我已经有了两个孙儿，现在又有了一个孙女，我老头子有福啦，哈哈！"

　　没等父亲说完，李格非早已三步并作两步跑进产房。只见婴儿躺在妻子的臂弯里，正瞪着大眼睛好奇地观察着这个新奇的世界。妻子顾不得疲劳，正满脸慈爱地注视着这个小生命。看到李格非进来，她迫不及待地喊道："格非，快来看看，我们的女儿多可爱！"李格非来到妻子身边，他抚摸着婴儿的小手，把它放在嘴边亲了又亲。然后，深情地对妻子说："夫人，辛苦你了！"王氏微笑不语。片刻，她抬起头来对丈夫说："格非，给我们的女儿取个名字吧！"李格非连忙答应："那当然，容我好好想一想。"

　　走出产房，李格非开始思考给女儿取一个什么样的名字。这位不同凡响的文学家绞尽脑汁、搜肠刮肚也没能取出一个令自己满意的名字。冥思苦想之中，李格非不知不觉已走进了竹园。他看到了父亲前些日子在竹园里新开出的一眼泉水，泉水的泉眼约有三寸大小，水面有磨盘大小，水平如镜。池底已被他的父亲细心地砌上了鹅卵石，泉眼四周，已被围上了一圈石栏。他坐在石栏上，望着这眼泉水，泉水清澈见底，光可照人。于是，他不由地想起了王维的那句"明月松间照，清泉石上流"来，脑海中立刻跳出两个字：清照！对，女儿就叫"清照"！

　　想到此，李格非兴高采烈地往回走，刚好遇见了迎面走来的父亲，他迫不及待地把自己的想法告诉父亲："父亲，我给您的孙女取名'清照'可好？"李达贤听了，连连点头说："嗯，我的孙女清纯如玉，光彩照人！这个名字雅而不俗，不错不错！"

　　得到了父亲的认可，李格非对这个名字更有自信了。他连忙跑到自己的居室，对妻子说："我已经给女儿起好名字了，就叫'清照'怎么样？"妻子一听，不禁吟诵起"明月松间照，清泉石上流"来，随即兴奋地叫道："好清新雅致的名字！听相公你的，我们的女儿就叫'清照'了！"

　　李清照出生第五天时，她的外祖父母、京城里的王珪夫妇专门打发管家为她带来了礼物。这些礼物，包括鞋袜被褥以及四季的衣服，还有人参、莲子、红糖、木耳、糯米、海参等各种各样的补品，足足装了一马车。

　　王珪的祖籍是四川成都，那里有个风俗，女儿生了孩子，外公外婆一定要给外孙送上一只摇篮。王珪虽在朝中为相，但他依然遵从老家的风俗，为未见面的外孙女送来了摇篮。摇篮做得十分精致：一个红木做的木架，下面两个托底的横木，如同两个月牙儿，上面是一只编织得十分精细的椭圆形竹筐，竹筐里还铺着棉被。李格非一家人生在北方，都没见过摇篮，大家感觉非常新奇。

李格非夫妇望着襁褓中的女儿，满脸都是会心的笑意。只是他们谁也不曾料到，襁褓中这个小生命后来竟会成为一代词宗，被人尊为"词国皇后"！

百脉泉边的李府，本就是一个温馨和谐的大家庭，父母兄弟、婆媳妯娌共同生活在一起，大家亲亲热热、和和气气，彼此相处非常融洽。李格非常年在外做官，夫人王淑贞完全融入到了这个大家庭里，得到公婆以及两位兄嫂的额外关照。李清照出生以后，给这个温馨和睦的大家庭，带来了无尽的欢声笑语。由于李清照两位伯母生的都是男孩，因此，她在这个大家庭里，就像一个小公主一般娇贵，除了有生母的悉心照顾，更有两位伯母的呵护与疼爱。李清照的父亲和两位伯伯，都把她视为掌上明珠。

时光飞逝，转眼间李清照就已经快满周岁了。她像一个小精灵，不仅开始蹒跚学步，还学会讲故事哄大人开心，她那调皮乖巧的小眼神、小表情，常常惹得家里人笑声一片。远在京城的王珪夫妇知道外孙女将满周岁，又打发管家送来许多衣食玩具，还特意捎话，提议女儿女婿给小外孙女操办一场"抓周"仪式。可想而知，李清照的外祖父母，都惦记着这个未曾谋面的小外孙女，都想知道这个孩子的未来会向哪个方向发展。

李家祖籍山东临淄，而孩子周岁时的"抓周"仪式，是江南一带的习俗，但随着时间的推移，这个习俗在京城大户人家开始流行。身为相府千金的王氏，自然也是经历过的。作为李清照的母亲，王氏对女儿的"抓周"也十分看重，像是准备一场盛大的仪式一样郑重其事。

李清照周岁这天，天气晴朗，阳光明媚，整个李府洋溢着一派喜气洋洋的气氛。王氏清早起来把居室打扫得干干净净，然后，在炕上放了一个长方形的大书案，在书案上面摆上了一团彩色的丝线、一个黄澄澄的果子、一把银锁、一串铜钱，还有一本《诗经》、一支毛笔，最后，王氏又在书案上摆了几样女儿平时常玩的玩具。

一切安排就绪后，就等着小主人公李清照闪亮登场。李清照穿着一身漂亮的新衣服，被祖父李达贤抱在怀里。她一边挥舞着自己胖乎乎的小手，一边小嘴咿咿呀呀说个不停，像是在表达自己的快乐与兴奋。李格非将父亲引进正屋，两对兄嫂众星捧月一般紧随其后。爷爷把李清照放在桌案旁边，大家围在四周，屏住呼吸，看着她的一举一动。

李清照瞪着一双好奇的大眼睛，望望左边，又看看右边，瞅瞅上边，又瞧瞧下边。书案上的这些新奇物件，太有诱惑力了，她不知道该抓哪个才好。大家都目不转睛地注视着她的一举一动。忽然，她扶着桌边，迈着脚步走到了书案的另一侧，然后在那一团彩色的丝线旁边停下来。大家以为她要抓那团颜色鲜艳的丝线，若是抓起了丝线，就预示着李清照心灵手巧，将来女红一定出众。女孩子善做女红，将来到婆家就不会被人看不起，这是一般人家所期盼的。可是，令大家很意外的是，李清照那胖乎乎的小手，却一下子拿起了丝线旁边的那本灰头土脸的《诗经》，随后，另一只小手又操起了《诗经》前的那一支大毛笔。见此情景，大家一下子都愣住了。

这时，一直站在旁边的李达贤拍着手笑道："好啊，真是太好了！我的孙女儿不喜钱财衣物，独爱笔墨书卷，将来必定文才出众，可喜可贺！"

大家本来都觉得这是一桩奇事，经李达贤这么一说，都豁然开朗，感到这确实是一个值得庆贺的好兆头。

陪女儿过完了生日，李格非不得不再次离家赴任，可他万万没有想到，这一去，便与妻子成为永诀！

李格非离家不到一个月时，家中便传来噩耗：妻子突发疾病，撇下刚满一周岁多一点的女儿离开人世。

得到消息后，李格非来不及更换官服，就匆匆上路飞奔回家。当他赶回家里看到妻子的灵柩时，忽然眼前一黑，栽倒在地……

当李格非在亲人们的哭喊声中微微睁开眼睛时，一眼看见了自己的老父亲。父亲的泪水，顺着脸颊流了下来，呜咽着对他说："格非，你千万要挺住啊！"

二嫂抱来正在哭闹着的李清照，泣不成声地说："三弟，为了孩子，你一定要坚强啊！"

看着二嫂怀中尚不谙世事的女儿，李格非一瞬间泪如雨下。她还这么小，亲娘却舍她而去了，以后谁来照顾她呢？

二嫂像是看出了李格非的心事，她亲着李清照的小脸蛋说："三弟，你放心，以后你的女儿就是我的女儿，我一定会照顾好她的！"

站在一边的大嫂也急忙说："三弟，你放心好了，我们一定把清照当成自己的女儿一样爱护。"

两位嫂嫂果不食言，在李格非料理夫人后事的这段时间，她们把李清照照顾得无微不至。尤其是二嫂，更是把清照当成自己的女儿一样细心体贴。

由于李清照还没有断乳，二嫂就用自己的乳汁，担当起了喂养李清照的责任，李格非为此不胜感激。

妻子去世不久，李格非又闻噩耗：岳父王珪老丞相也于京城仙逝！

悲伤之余，李格非又接到了郓州署衙的急信，催他处理完家事后，立即赶回署衙处理公务。官身不由己，李格非只得动身回郓州。

临行，李格非跟父亲兄嫂告别，他的父亲对他说："格非，你放心去吧，家里的事不用挂惦。"

二嫂把李清照抱过来，与李格非告别说："三弟，你放心，有我在，绝对不会让清照受到任何委屈！"

李格非从二嫂怀中抱过女儿，在她的脸上亲了亲，然后还给二嫂，便转身上了马，头也不回地走了。

02 继母抚养，快乐成长

宋哲宗元祐元年（1086 年），李清照已满两周岁了。这一年，李格非郓州任满被诏进京，在太学任太学录。他在朱雀门外离太学不远的地方租了一个小院落，院落虽然不大，但很是清幽。

一次，李格非去南方办事路过杭州，拜访了时任杭州太守的苏轼。

李格非不但崇敬苏轼的学识、才华和人品，对他批评王安石变法的一些政见也表示赞同。虽然苏轼比李格非大九岁，而且李格非与苏轼的学识地位也相差悬殊，但李格非一直把苏轼尊为老师。苏轼也非常爱惜李格非的人品才华，两个人一直感情亲厚，保持着密切交往。

苏轼见李格非来访，心中十分高兴，便盛情挽留他在杭州玩几天。在杭州，两个人或游湖赏景，或秉烛长谈，总有说不完的话题。当李格非要回京时，苏轼让人从后院里挖出一丛把竹，作为临别赠礼送给他，并深情地说："就让此竹替我伴你一路同行吧！"

李格非连忙道谢。他知道，苏轼素来"宁可食无肉，不可居无竹"，竹子是他一生的最爱，今得苏轼赠竹，他深谙苏轼的用意所在。

回到京城后，李格非小心翼翼地把竹子栽在居所的南墙边，并细心加以呵护照料。第二年，新栽的把竹就冒出了许多新笋。这些新笋渐渐长大，不久就变成了一小片竹林。这丛把竹给这个小院平添了几分雅意，由此，李格非便给小院取了一个名字，叫"有竹堂"。

自从王淑贞去世后，全家人都格外疼爱李清照。二伯母一直把她当成了自己的亲闺女，冬天怕她冻着，夏天怕她热着，吃多了怕她撑着，吃少了又怕她饿着。祖父李达贤更是把她当成心头肉，不管是去地里锄草，还是割麦，只要一回到家里，不管累还是不累，都会抱着李清照在庭院里、竹园里走一圈，看看园子里的花花草草哪一株又长高了，哪一株要开花了，并把这些花花草草一样一样指给她，仿佛自己的孙女已经什么都明白了似的。

李清照的堂兄叫李迥，比李清照大三岁，这个孩子自幼宽厚懂事，对失去母爱的李清照，比对自己的亲弟弟妹妹还要关心爱护。李清照也非常喜欢这个哥哥，李迥走到哪里，她就跟到哪里，简直就是堂兄的一条小尾巴。在外面，李迥也是百般呵护着李清照，绝不让她受一点委屈，活脱脱的一个小男子汉。

有一阵子，在京城的外祖母想念李清照，就专门打发家里的管家带着丫鬟接她到相府住一阵子，结果，李清照去了没几天，就不吃不喝又哭又闹，非要吵着回家。外祖母百般哄劝也无济于事，无奈之下，只得把她送回明水的家里。结果，她一回到家就食量大增，又像一个小兔子一样活蹦乱跳地玩起来。

李格非的兄长李格松还未考取功名，仍然在家乡日夜苦读，期望有一天像弟弟一样登科及第功成名就。李格松在读书之余，还担负起了教子侄们读书习字的重任，同时，也肩负起了对李清照的启蒙教育。

李府的庭院里，摆上几张桌椅便成了孩子们的课堂。刚刚学会跟大人简单沟通的李清照，小大人似的坐在哥哥们中间听伯父上课。李格松为人敦厚和善，孩子们都愿意与他亲近，李清照也愿意跟伯父在一起玩。刚开始，李格松以为李清照只是贪伴才和哥哥们坐在一起听课，并没有太把她放在心上。可是过了一段时间，李格松惊奇地发现，李清照这孩子太不同寻常了，一般那么小的孩子根本无法长时间坐在一个地方，可李清照在小凳子上一坐就是小半天，不哭不闹，也不随便说话。相反，比他大好几岁的哥哥们还常常坐不住板凳，总是偷着往外跑。李格松试着问她几首学过的诗歌，李清照都会有板有眼地背诵出来。

　　李格松写信把李清照的情形描述给身在京城的弟弟，李格非看后高兴极了，也常常写信回来，除了一些平常的问候与寒暄之外，更多的是关注女儿李清照的培养教育问题，并跟父兄探讨如何对孩子因材施教。

　　宋哲宗元祐三年（1088年），李清照5岁。这一年的七夕节，两位伯母专门为李清照操办了一次"乞巧"仪式。七夕节是中国汉族的传统节日，节日活动的内容又是以乞巧为主，因此人们称这一天为"乞巧节"或"少女节""女儿节"。七夕节的一个重要风俗，就是拜织女。汉族民间传说的织女是一个美丽聪明、心灵手巧的仙女，凡间的妇女便在这一天晚上向她乞求智慧和巧艺，也少不了向她求赐美满姻缘，这寄托了劳动人民对美满生活的向往和朴素的审美情趣。

　　当晚，两位伯母把李清照领到事先搭好的彩棚上，彩棚上摆着过年祭祖时用的八仙桌，桌子上摆着各种时鲜瓜果和一束含苞待放的鲜花。李清照看见伯母点燃了红烛，然后递给她一枚七孔银针和一些彩线。伯母告诉李清照，让她默念自己的心愿以乞巧。李清照心里觉得很有意思，想笑又不敢笑，只得微笑不语，按照伯母的指点照办。仪式结束后，伯母问李清照："你想让织女姐姐教会你什么样的女红啊？"李清照眨巴着大眼睛认真地说："我只想像哥哥那样读书写字。"

　　乞巧完毕，伯母们立即把清照的心愿告诉公爹和丈夫。这父子三人纷纷竖起大拇指连声夸赞："好，好，好！真不失为'出语惊人'的相门之后！"李格松在给弟弟的信里，又详细描述了这件事，李格非看后又高兴又激动，几乎不能自已。

　　从那以后，李清照就正式开始跟堂兄们一起课读。由于天资聪颖，读书几乎一目十行，过目不忘。李格非听说，喜不自胜，他又写信为女儿开列了许多书目。李清照果然不辜负父亲的期望，很快把父亲所列书单全部读完。到六七岁的时候，她已经能一字不漏地背诵《诗经》和谢庄的《月赋》、鲍照的《舞鹤赋》、司马相如的《子虚赋》《上林赋》、宋玉的《对楚王问》，她还将已经背熟的四百六十多首唐诗工工整整地抄录下来，将《兰亭集序》临摹了数十遍。祖父、伯伯以及塾馆的先生们都大为惊异，都说从来没见过如此天资聪颖又好学上进的孩子！

　　宋哲宗元祐六年（1091年），李清照已经8岁了。这个聪明灵透的小姑娘，不仅喜欢读书临帖，还喜欢竹园旁边的那眼泉水。一旦读书累了，她就会来到竹园里，站在小泉的石栏旁边，望着清亮透底的泉水出神。看着看着，她发现泉眼里冒出了细细的水泡，像一串玉珠，边跳动边向水面漂浮，当漂浮到水面时，又不见了。不一会儿，又有一串玉珠儿冒出来……她忽然眼前一亮，"漱玉泉"三个字在脑海里浮现出来。她高兴地对李达贤喊道："爷爷，爷爷，你快来看啊，咱家的小泉吐玉珠了！"

李达贤听到李清照的喊声，连忙走过来一看，见泉水里正在冒出一串一串的小水泡。在李清照面前，他哈哈大笑起来说："我当是啥呢，原来是水泡啊！这眼小泉，自开出来的那一天起就比较特殊，经常冒出小泡泡，听孙女这么一说，倒真像是一串一串的玉珠呢！"

李清照拉着祖父的手，一边摇晃着一边撒娇地说："爷爷，那我就给这眼小泉取个名字，就叫'漱玉泉'，您看怎么样？"

"漱——玉——泉"，李达贤一边捻着胡须一边重复着这个名字，禁不住连声赞叹："好名字！就听我孙女的，以后这眼泉就叫'漱玉泉'吧！"

得到了爷爷的认可与称赞，李清照急忙跑回房里取来了笔砚，在石栏上写下了"漱玉泉"三个娟秀的楷字。

第二天，李达贤就请来石匠，把这三个字刻在了石栏上。

那一年的冬天，过完了腊八节，李达贤一家就开始热热闹闹地置办年货。正在这时，李格非从任所回来了，同他一起来的，还有馆阁著作郎晁补之。

晁补之于宋神宗元丰二年（1079 年）进士及第，是一位诗人，也是苏轼门下的四学士之一，与李格非交往颇深。因要回老家钜野过年，便与李格非同道而行，顺便来李家拜访。

贵客来访，李家自然是热情周到地进行招待。晚饭后，李格非陪着晁补之在客厅里交谈，这时，客厅的门开了，走进来的人正是李格非的女儿李清照。只见她羞羞怯怯地抱着一大摞自己写的诗词和临摹的碑帖，径直走向了父亲李格非，她是想让父亲看看自己的学业有无长进。

李格非打开女儿的诗词手稿和临摹碑帖看了看，便笑着说道："你晁叔叔是当今的大诗人，也是苏轼的门生，你请他来为你指点一下吧！"

李格非的话音刚落，聪明机智的李清照就转过身来，对晁补之深施一礼，然后说："小女子李清照请晁叔叔给予指点！"李清照恭恭敬敬施礼的模样，一下子把晁补之逗笑了。

晁补之接过诗词手稿看了看，深深被眼前这个小女孩的才气打动了，于是，他决定考考这个小才女。晁补之从众多的诗抄碑帖中，选出了苏轼的《江城子·十年生死两茫茫》，向李清照问道："这首词抄在了一张白纸上，而其他的词作都是写在红色的薛涛笺上，这是为什么呢？"

"因为这首词是苏伯伯为悼念亡妻所作，"李清照郑重其事地回答说，"所以，不宜用彩笺来写。"

晁补之微笑着点点头。又问："你知道苏轼的这首《卜算子·定惠院寓居作》讲的是什么吗？"

李清照闪动着两只大眼睛想了想，说："这首词的上阕写的是孤鸿看见了一个人，下阕是一个人看见了一只孤鸿。我觉得，这首词里的孤鸿是人，人也是孤鸿。晁叔叔，我说得对吗？"

听了李清照的回答，晁补之大为惊异。他绝没想到这么小的孩子，竟有如此高的悟性！于是，他转头对李格非说："了不得！这真是有其父必有其女啊！格非兄，将来您这位千金的才华，可要刮目相看了！"

李格非连忙说："您过奖了！我虽然教了她一些，但我是得益于苏先生和您啊！"

晁补之又说："您就别谦虚了！谁不知道您所撰写的《元祐六年十月哲宗幸太学君臣唱和诗碑》已刻石碑，其文采已经震动朝野啊？"

原来，这年（1091年）十月，李格非任太学博士。宋哲宗巡察太学时，李格非和赵挺之都在场，赵挺之是刚刚从楚州通判任上调回东京任职的。宋哲宗询问了太学生们的学业后，又和在场的朝臣们唱和起来，气氛十分活跃。李格非当时撰写了此事的本末，写成后刻于石碑，当时，身为礼部尚书的苏轼看了之后，大加赞扬。

李清照听见大人们说起了朝堂之事，知道与自己无关，就悄悄退出去了。

不久，身为太学博士的李格非，迎娶了翰林学士承旨王拱辰的孙女王惠双为继室。书香名门出身的王惠双，不仅容貌出众，性格和善，而且饱读诗书、蕙质兰心。她不仅能吟诗填词，还擅长丹青绘画，精通音律，是一个琴棋书画样样精通的响当当的名门才女。

与李格非成婚后，王惠双主动提出回百脉泉，作为继母来照顾李清照。也许是爱屋及乌的缘故，也或许是李清照天资聪颖的缘故，李清照让这位才华横溢的继母产生了强烈的怜才爱才之心。总之，王惠双见到了李清照后，就忍不住打心眼里喜欢。她决定，要把李清照当成自己的亲生女儿来看待，用自己母性的温柔来呵护李清照，用自己满腹的才情来浇灌李清照。

重新得到母爱滋润的李清照，犹如春天喝饱雨水的幼苗，在阳光的普照下生长得越发亭亭玉立。在继母王惠双的悉心指导下，李清照的学习变得更系统，进步也更快。李清照除了掌握了伯父李格松教给她的一些古文名篇外，更是掌握了王惠双传授给她的乐府、唐诗中的一些典故。更难能可贵的是，王惠双极力鼓励李清照尝试进行自己的创作。

日积月累的阅读记诵，使天资聪颖的李清照越发显现出不同寻常的灵性。李清照的文采，不仅远远超过其他同龄的孩子，有时写出的诗句，甚至令饱读诗书的王惠双都感觉惊讶称奇。王惠双将李清照的日常习作寄往汴京，与丈夫一起分享女儿才华的惊艳。妻子的贤淑，女儿的聪慧，让独自在外的李格非感到无比的欣慰与满足。

闲暇之时，王惠双偶尔还会教李清照一些女红。女红也称为女事，指女子所做的针线、纺织、刺绣、缝纫等工作和这些工作的成品。对于女孩子来说，毕竟女红才是立身之根本，不求精益求精，但这项本领必须得掌握。天气好的时候，王惠双经常带着李清照去野外游玩，教她观察，教她画花鸟鱼虫，画山水树木，画村落房舍。艺术的滋养，让李清照变得更加聪慧灵动。

不久，王惠双生下了一个男孩儿，取名李迒。儿子降生后，王惠双丝毫没有冷落李清照，而是对她更加关心，更加呵护。对弟弟的到来，李清照也丝毫没有感到失落，像继母对待她那样疼爱呵护弟弟。没事的时候，她再也不像以前那样，出去疯跑，摘花，捉蝴蝶，而是留在家里，帮继母看护弟弟，或者帮继母做些力所能及的事情。

在亲情的沐浴下，伴着弟弟的咿呀学语，当年那个天真活泼、聪慧灵动的小女孩儿，渐渐出落成一个越来越聪慧的美少女。绚烂的年华，多梦的季节，陌上的青草萋萋，庭前的花开花落，月色的倾泻如水，都足以牵引着她少女的梦幻与希冀。她学会了淡淡的忧伤，也学会了浅浅的回眸。

宋哲宗绍圣四年（1097年），李清照已经是一个14岁的娉婷少女了。这时的她，已经变得有些任性，有些倔强，有些洒脱，还有隐约可见的诗人气质。常年漫步于书香之间的李清照，不经意间已经褪去了许多俗气，对诗词歌赋、经史子集、笔记杂录、逸闻趣事等，都怀有浓厚的兴趣。她开始喜欢独立地进行思考，不再盲从前人的观点，总能在前人观点的基础上，提出立场鲜明的独到见解。对李清照来说，写诗填词是一件极美的事情。她喜欢在平平仄仄之间游走，世间事物在她的笔下随意摆放，成为一种翩然意象。如此，清风明月、烟雨斜阳，便成了她不愿离开的知己。

当然，李清照并不像一般的大家闺秀，整天把自己关在绣房里，大门不出二门不迈。李清照天性活泼，爱玩爱热闹。一有空，她就跟自己的小伙伴丁香一起到外面游玩。丁香家境不好，她父母经常生病，因此，李清照常常带一些好吃的跟丁香一起分享。对于李清照的默默关心，丁香又感激又羡慕。

李清照的弟弟李远也很快就6岁了，他像影子一样地跟随着姐姐李清照，几乎是寸步不离。平时，除了跟随伯父和继母读书习字外，李清照总是抽时间教弟弟写字、画画，给弟弟讲从大人那里听来的故事，讲从史书上读来的趣闻轶事等。

寒食节快到了。这一天，继母和两位伯母一大早就在厨房里忙碌，她们在做"子推燕"。李清照也进了厨房，跟着继母和伯母们学着做子推燕。子推燕是流传自山西的一种民俗，也称作花馍"寒燕儿"，是一种用麦粉和枣泥混合在一起，揉好后做成的燕子形状的点心。蒸熟后，用柳条穿起来，挂在门楣上，像飞燕穿柳一般。传说晋公子重耳流亡期间，受尽了艰难困苦。在他饥寒交迫的时候，他的随从介子推曾经割股为他充饥。后来，重耳成功回到晋国成为晋国的国君，也就是历史上的晋文公。晋文公为了感谢跟他一起流亡的功臣，对群臣进行封赏，独介子推不愿受赏，携老母隐居于绵山。再后来，晋文公亲自到绵山恭请介子推，介子推不愿为官，躲避在山里不出来。晋文公命令手下放火焚山，以此来逼迫介子推出来见他，结果，介子推抱着母亲被烧死在一棵大柳树下。为了纪念介子推，晋文公重耳下令这一天禁用烟火，吃寒食。所以，人们就以提前做好的"子推燕"为饭食。这就是"寒食节"和"子推燕"的由来。

这些故事，都是李清照从史书中学到的。她一边帮大人们揉面，一边又耐心地把这个故事讲给弟弟听。弟弟闪动着两只大眼睛，听得特别入神。故事讲到最后，弟弟似有所悟，只见他仰起脸，天真地对姐姐说："姐姐，到了寒食节那一天，我也不吃热饭了。"一家人看着这姐弟俩，都忍不住笑起来。

继母和两位伯母一边做着"子推燕"，一边谈论着这个清明节该给李清照"上头"了，并商量着在哪一天举行这个仪式比较好。

"上头"是古代女孩子的成人之礼，就是女孩子到了十四五岁的时候，得将头发用簪子束起来，也叫"笄礼"。受了"笄礼"的少女，就意味着已经成年，可以谈婚论嫁了。李清照知道，自己既已成年，就不能再像小孩子那样疯跑疯玩了，就要站有站相，坐有坐相；不能高声说话，笑的时候要矜持，不能露出牙齿；要遵守闺阁礼仪，学习灶厨之技，修习女红之艺；要少出大门，不能随便见外人……总之，再也不能像小时候那样无拘无束了。

李家虽然对孩童的成长不做过分的约束，但有些古训礼仪，还是要遵守并且要代代相传的。聪明的李清照，知道自己再怎么被纵容，也无法违拗历朝历代沿袭下来的古训。于是，她同继母伯母们商量，想把自己的"上头"日期，尽可能地往后推一推，再给自己一些自由的空间。一向开明的继母和伯母们，经过一番商量后，决定尊重李清照的意见，把她的"笄礼"推迟到七月初举行。

得知自己的"笄礼"日期被推迟，李清照开心极了，觉得自己还可以过一个无拘无束的清明节。她放下手中的面团，简单收拾收拾，就去找丁香。她要和丁香一起，去溪亭边荡秋千、放风筝，好好享受一下这有限的自由时光。

溪亭是百脉泉边最热闹的一个地方。溪亭面前，是一片极其宽阔空旷的草地，草地上竖起几座秋千架，是孩子们放风筝、荡秋千最好的场所。每年的清明节前后，百脉泉周边方圆几十里以内的女孩子们，纷纷前来踏青游玩，她们的裙袂飘扬在秋千上，欢声笑语连成一片。

草地上，还有成群结队的孩子们在大人们的陪同下放着风筝。风筝都是各种动物和鸟类的造型，形态各异，惟妙惟肖，仿佛把人带入了一个奇妙美丽的动物王国。

溪亭紧靠莲湖。每年夏天，成片成片的莲叶遮住了整个湖面，朵朵莲花从荷叶间探出头来，仿佛一个个娇滴滴的少女，舞动着巨大的裙摆，粉面含羞。

李清照跟丁香来到溪亭，一起到湖中泛舟畅游。在她的眼里，好一个"接天莲叶无穷碧，映日荷花别样红"的溪亭胜景。一叶叶扁舟，载着少女们的欢声笑语，在湖水里游来荡去。因为玩得过于尽兴，而且两个人还情不自禁地喝了一点儿酒，不知不觉中，已是暮色时分。这溪亭日落时分的景色，实在是太过迷人。而不胜酒力的李清照"沉醉"其中，目不转睛地看着夕阳一点一点下沉，直到最后完全隐没。她闭着眼，把自己融入到这溪亭暮色当中，物我交融，竟全然忘了回家的事情。直到晚霞的余辉完全散尽，夜幕渐渐笼罩，她才终于想起：该回家了。

划起桨儿，却早已辨不清来时的方向，她们借着酒力胡乱划着船，结果不小心置身于曲港横塘深处的红莲翠荷之中。进也不是，退也不是，该如何是好呢？稍稍镇静了一下，才知道只有赶紧调转船头。划呀划，划呀划，只想尽快划到家。不曾想，那奋力划桨的声音和少女们叽叽喳喳的喧哗声音，把栖息在湖滩的一群水鸟都惊飞了。

彼时的李清照，生活色彩斑斓、愉快轻松，充满生机乐趣，尽显少年姿态。在那个时代，同龄的女孩子们多被封建礼教所束缚，大门不出二门不迈，在家里学习女红厨艺，以备将来相夫教子。李清照却把这些古训抛在脑后，自由自在地挥洒青春，不但游湖泛舟，她还饮酒；不但没有浅酌，她竟然还会沉醉。

当然，李清照能活得自由自在，豁达清雅，与她的成长环境是离不开的。广闻博学的父亲和继母不仅给了她良好的文学修养，更给了她成长的自由空间。他们从来不用"三从四德"的陈腐观念约束她、教育她，而是给她一双自由的翅膀，让她在更广阔的空间里发现美、捕捉美、记录美、抒发美！

少女李清照的天空，美得无与伦比！

03 词坛小试，崭露头角

　　七夕举行过"笄礼"之后，李格非托人从东京带来了王诜、秦观等诗词名家的作品，还有《说苑·二十卷》。《说苑·二十卷》是李达贤的挚友、唐宋八大家之一的曾巩，在汉代刘向版本的基础上，广搜史书和佚文整理编撰而成的。书中所辑先秦至西汉的历史典故，对国家兴亡、政事成败多有借鉴。李清照兴奋得一下子钻进了这些书籍之中，废寝忘食。读书累了，就临摹王诜的《渔村小雪图》，或者到竹园里散散心。

　　有一天，李清照正在窗前读书，堂兄李迥走进来告诉她说："叔叔已推荐我入太学读书了，这几日就要打点行李准备进京。"

　　李清照听父亲提起过，太学是国家最高学府，分上舍、内舍、外舍三等，外舍是属于初级阶段，新生都是先入外舍，而后才能进入内舍，最后方可升入上舍。堂兄李迥刚去，一定是先去外舍的。

　　听堂兄说完，李清照既高兴又有些失落。于是，她对堂兄说："哥哥有幸进入太学读书，妹妹真是替哥哥高兴！只是从小到大，都是哥哥一直疼着我护着我，哥哥这一走，不知道啥时候再能见面。"

　　李迥说："叔叔信里说，准备过些日子将婶娘、你还有李远一并接过去呢！

到时候，我们又可以经常见面了。"

宋哲宗元符二年（1099年），16岁的李清照已经出落成一个大姑娘了。这一年，李格非将有竹堂进行了一番修缮，又租赁了旁边的院落，将其扩充为后院。一切料理完后，李格非便准备将王惠双、李清照和李远接到京城一起居住。

当王惠双拿着李格非写来的书信，气喘吁吁地找到李清照时，她正带着弟弟李远在溪亭放风筝。得知马上要进京与父亲团聚，李清照喜不自胜。这位天性活泼的少女，从小就从继母绘声绘色的描述里，得知了京城的热闹与繁华，所以，她一直向往着这个天子脚下的大世界。

李清照欢天喜地地帮着王惠双收拾着行李，她恨不得把整个宅院都搬走。可是，马车上的空间实在是太有限了，她只能在所有喜爱的东西中作出取舍。多年徜徉书海，她最割舍不下的，当然是那些厚重的书籍和自己多年来积累的习作。她深知，京城里不仅有如梦的繁华，更有无数的文人雅士，把酒临风，诗意蹁跹。对于所有嗜好文字的人来说，这样的生活，无不心向往之。因此，从看到父亲的书信开始，李清照的心，就早已飞到了京城，飞到了父亲身边。

而此时，丁香的父母已相继过世，这个孤苦伶仃的女子，已没有任何亲人。想到自己离开百脉泉，丁香从此连唯一的朋友也失去了，李清照不禁伤感。于是，她决定恳求继母收留丁香，让丁香跟她们一起进京。当李清照怀着忐忑的心情把这一想法告诉继母时，没想到继母竟然毫不犹豫地答应了。

当然，让丁香随同进京，王惠双也有她自己的考虑。一则，这孩子自小跟李清照一起在自己身边长大，感觉这孩子确实无依无靠甚是可怜；二则，在京城，像他们这样的人家，像李清照这样年纪的大家小姐，一般都有一两个丫鬟服侍，丁香这孩子善良，还蛮机灵的，又刚好跟李清照一起长大，彼此相互了解，总比在外面现买的丫鬟要强一些。

就这样，两台马车载着行李以及王惠双、李清照、李远还有丁香四人，开始向京城进发。此时，一种眷恋与不舍，早就被兴奋与好奇取而代之。他们沿着与黄河基本平行的路线，途经历城、长清、平阳、梁山、郓城、菏泽、兰芳，最后，来到了天子脚下的京城——开封。

开封是一座历史悠久的古城。早在春秋时期，郑庄公命郑邴在此筑城屯粮，取启拓封疆之意，命名为启封。战国时期，魏惠王把国都从山西安邑迁到这里，称为大梁，从而揭开了华北平原建都的历史。魏国迁都大梁之后，魏惠王开始大兴水利，农业、商业得到极大发展，大梁城日趋繁荣。他还修魏长城、联诸侯，国力日盛，乃得称霸于诸国，使大梁成为当时繁华的名都大邑之一。汉朝时，梁孝王刘武在此兴建了号称广袤三百里的大花园，从此梁园之名天下皆知。西汉初年，因避汉景帝刘启之名讳，将启封县改名为开封县，这便是"开封"这一名称的最早由来。东魏天平元年（534年），孝静帝设立梁州，辖陈留、开封、阳夏等三郡。北周武帝建德五年（576年），改梁州为汴州，这是开封称"汴"之始，由县治改为州治，失落了近百年的开封又逐步地恢复了元气，开封也成为北魏对南部各朝作战的水运线上的八个重要仓库之一。五代时期的后梁、后晋、后汉、后周先后定都于开封，称之为"东都"或"东京"，这一时期开封正式取代了洛阳，成为全国的政治、经济、文化、交通中心。后梁定都开封十七年，时间虽短，但国家的租赋较轻，人民得到休养生息，同时，后梁定都开封，使中国的政治、经济、文化、军事中心从河洛地区的洛阳转向豫东平原的开封地区，对中国古代的都城转移及政治中心转移具有划时代意义。后周显德元年（954年），周世宗柴荣即位，对开封进行了大规模的扩建，使开封经济进一步提升，成为了历史上有名的大都市。

宋朝建立后，经过百余年的建设，开封水陆交通已是四通八达。北宋一共有四个都城，以河南开封为首，时称东都。因为东都地处平原，无险可守，只有北部黄河绵延约二百里，可以拱卫国都。因此，为了国都安全，北宋王朝将都城开封建成内城外城，外城方十三里，内城七里，城周围有十二座城门，入城处有两层或三层的城圈，用来围困进犯的敌军。除了东京外，又在距开封百余里的西部洛阳，建立了西都，用以遏止经军事要隘潼关自西北而来的进犯之敌。此外，北宋又设立了南京应天府（今河南省商丘市）和北京（河北省南部区域）大名府两个陪都。应天府和大名府，一南一北，故称"南京""北京"，用以遏止从南北两个方向进犯的敌人。这样，北宋都城实为"四京制"。

对于一个16岁的少女来说，这座她向往了很多年的城市，完全是一方新的天地。勾栏瓦肆、舞榭亭台、香车宝马、玉盘珍馐……这满眼的繁华，让初出茅庐的李清照有点目不暇接。

不知不觉间，他们已来到了"有竹堂"。父亲曾在来信中说过，他所租住的居所的宅院里，有一丛竹林，他因此给自己的居所起名为"有竹堂"。这是一个典型的北方院落，大门朝南，北面三间正房，中间是客厅，东面是李格非的卧室，李清照就住在西面，窗外就是那丛翠竹。李清照的父亲爱竹，李清照也爱竹。因此，李清照喜欢这里，当然，她也喜欢开封这座城市。

李格非的官职是礼部员外郎，相当于现在的副司长头衔。每天清晨，李格非都要去署衙，直到暮色时分才能回家。王惠双忙着料理家务，李清照就和弟弟李迒一起，坐在竹林下的石凳上吟诗作对。偶尔，他们的声音被下朝回家的父亲听到，会忍不住要赞叹李清照文采斐然，不辱门楣。每每这时，继母王惠双也不由得露出欣慰的笑容。

这天，李格非没有去署衙，他提前把当天的政务处理完毕，准备带孩子们到他们的外祖母家去拜望。

李清照的外祖父王珪是位三朝元老。宋神宗元丰八年（1085 年），神宗患病，他请立延安郡王赵煦为太子，也就是后来的哲宗皇帝。哲宗即位后，为表达对王珪的感激之情，把他诏为金紫光禄大夫，封岐国公，可惜不久王珪就病逝了。哲宗痛失贤臣，又追赠他为太师，谥号"文恭"，赐寿昌甲第，可谓是荣耀至极。可惜朝政风云变幻。王珪去世几年后，哲宗皇帝听某一位大臣说，王珪当年请立的太子并非他延安郡王，而是雍王——他的叔叔赵颢。于是，哲宗龙颜大怒，不仅罢了王珪追赠的太师，还连累到他的几个儿子被革职查办。

因此，李清照的几位舅舅此时都不在京师，当日盛极一时的相府，如今也没有了往日门庭若市的热闹气派。但俗话说得好：瘦死的骆驼比马大。相府的那种威严气势，还依然能让人看出当年的排场。大宅深院，迂回婉转的曲径回廊，让李清照看得有些眼花缭乱。在小丫鬟的一路引领下，李清照来到正堂，见到了外祖母。外祖母虽然年逾古稀，但是身体还很硬朗。李清照只是在很小的时候，被外祖母接到相府住过一些日子，那时候，她还没有什么记忆。但毕竟血脉相连，更何况多年来，外祖母每年都打发家人，给李清照送一些京城最时兴的衣服和首饰。李清照知道，虽然自己的母亲不在了，但是外祖母一如既往地惦记着她，疼着她。因此，祖孙见面，分外亲热。而亲热过后，又不免有些伤感，便情不自禁地抱头痛哭一场。

接着，李清照又见过了二舅母和二舅母家的两位小表妹。两位表妹虽为一母所生，但是她们个性迥异：大表妹温婉善良，善解人意，后来经常跟李清照在一起玩耍；小表妹虽然漂亮，但为人太过精明，以致说话和待人接物显得尖酸刻薄，李清照对她一直是敬而远之。

离开外祖母时，李清照一再表示以后有时间要经常来看她。

由于常年不在女儿身边，作为父亲的李格非，总感觉对女儿有所亏欠，极力想弥补自己在女儿成长的过程中，所缺失的那部分付出。因此，虽然李清照早已过了绕膝的年龄，可他依旧把女儿宠溺得像一个幼童，只要女儿提出的要求，只要女儿想要的东西，他都会竭尽全力地加以满足。

李清照喜欢走在车水马龙的大街上，看街道两旁店铺林立，听小摊贩的叫卖声，还有川流不息的人流，走卒过客、书生布衣，一切都在喧杂中井然。她还喜欢站在汴河码头上，看三教九流的人来来往往。李格非每天陪着女儿在街上漫步，他们偶尔也到茶楼坐坐，在那里听人说书，间或还有卖艺的女子唱一些小曲。一壶清茶，一段引人入胜的故事，抑或一支诉说着离合悲欢的小曲，一个下午的时光，往往就这么轻轻松松地度过了。

没多久，李清照就在父亲的陪同下，游遍了汴京的城区街道，连城郊乡野的风光，也被他们饱览无余。无论是市井的喧闹繁华，还是乡野的如画山水，在李清照的眼里，都是一样的别致与清新。每当和父亲游走在乡间的山山水水之中时，她都会情不自禁地想起百脉泉，想起溪亭，想起溪亭边荡着欢声笑语的秋千架，想起故乡天空形态各异、五彩缤纷的风筝……尤其是那次与丁香难忘的溪亭泛舟，还一直鲜活在她的记忆里。李清照有时自问道，远离故乡的溪亭，还会有那样欢乐无拘的时光吗？想着想着，一首《如梦令·常记溪亭日暮》便在她的心里吟诵出来：

常记溪亭日暮，沉醉不知归路。兴尽晚回舟，误入藕花深处。争渡，争渡，惊起一滩鸥鹭。

这首词，可以说是李清照的处女作。在词中，李清照没有涂抹任何主观色彩，只是作了一番客观陈述，没有任何矫揉造作的雕饰成分。但那种发自内心的快乐与自由，却完完全全地跃然纸上，如一幅浓墨重彩的剪影一般，慢慢晕染开来。人间最美的，莫过于自然的呈现。她的所思、所感，在笔下成了一首好词，在琴弦成为一支妙曲。在这首词里，还浸润着一股强大而蓬勃的生命力：健康、开朗、活泼、欢乐，充满了对自然的沉醉、对生活的热爱以及对自由的向往。

然而，让李清照没想到的是，这首思绪流畅、笔意灵动、风格清新的小令铺展在纸上时，竟然一下子惊艳了京城无数的名流才子、诗词大咖，成为了宋词海洋里一颗耀眼的珍珠。

其实，李清照明显是想家了，想她明水老家里慈祥的祖父，想两位疼她爱她的伯母，想那个滋养她的百脉泉，更想带给她无限欢乐的溪亭莲湖。她永远都记得 15 岁那年的一个傍晚，她跟丁香一起，在莲湖看夕阳西下的美丽景色。

秋天的莲湖，是别有一番韵味儿的。那时，莲湖塘里的红莲已经逐渐衰萎，昔日浓郁的荷香也随之淡薄了许多。荷叶虽然还在水上亭亭玉立，但翠绿的颜色已经略显斑驳。高挑的枝子上，一只只莲蓬，已由翠绿变成了乌黑，莲子看上去盈润而饱满。

李清照静静地站在湖边，眺望着远处的湖光山色。此时，秋色已深，曾经水平如镜的湖面，在瑟瑟的秋风里泛起了微澜，沙渚上的蘋花在清露的洗涤下，越发变得鲜亮盈润，与摇曳的莲蓬一起，给人一种丰盈充实的质感。不远处的一片浅滩上，几只鸥鹭，正勾头缩颈在沙滩上睡觉……

景色如此令人流连，无奈天色将晚，李清照不得不依依不舍地回家。那几只鸥鹭似乎已经知道她们离去，但它们居然连头也没回，抱怨人们回去太早了。

这样的镜头，不断地在李清照的脑海中浮现。于是，她索性铺纸研墨，一首《怨王孙·湖上风来波浩渺》，便用清秀的楷体，工工整整地铺展在了粉红色的诗笺之上：

> 湖上风来波浩渺。秋已暮、红稀香少。水光山色与人亲，说不尽、无穷好。
> 莲子已成荷叶老。青露洗、蘋花汀草。眠沙鸥鹭不回头，似也恨、人归早。

这首词牌为《怨王孙》的词，有的资料上也说是《双调忆王孙·湖上风来波浩渺》。

这是一首描写秋景的词。词的上阕写初到湖上的感受，下阕写归时的心情。

"湖上风来波浩渺"，起语就避开俗套。秋高气爽，常见风平波静，景色触和，而一旦风起，层层涟漪便荡漾开来，宣告深秋到了，所以说"秋已暮"。而一句"红稀香少"，更是通过自然界色彩和气味的变化，进一步点染了深秋的景观。虽然时已暮秋，但词人并没有因为"红稀香少"而伤感，而是"水光山色与人亲，说不尽、无穷好"。眼前，湖水还是那么湛蓝，秋色还是那么美丽，水光山色交相辉映，一切都那么自然而又美妙。

下阕虽然说仍然是对秋景的继续描绘，却不是简单的重复。莲实叶老，露洗蘋草，这些都是深秋的标记。虽人所共见，却容易被忽略，一经作者点染，便觉秋意袭人。而在沙滩上，勾头缩颈睡眠的鸥鹭等水鸟，对于早早归去的人们头也不回，似乎以此表现他们的不满。在这里，作者把鸥鹭人格化了，与上阕的山水感情化是同一手法，但却一反上阕的山水"与人亲"，而鸥鹭却是"对人恨"，这一亲一恨之间，带给人们以无尽的遐想与沉思。

如果说咏闺思、寄闲愁、诉别情是李清照词的主要内容，那么这首《怨王孙·湖上风来波浩渺》，则代表了李清照词的另一种境界。在这里，词人从闺房与书房的狭小空间走出来，把视野投向了广阔的天地，把自己置身于大自然的怀抱，抒发了一种超逸与欣悦的情怀。

04 前辈赏识，良师益友

这天，李清照正和弟弟李远在院子里浇花，忽见四位中年男子边说边笑地跨进了院门。

见有客人进来，李清照刚想去书房禀告父亲，却听见一个爽朗的声音从背后传来："哎呀！这不是当年的小清照吗？如今，已经出落成一个大姑娘了！"

李清照回头瞧瞧，很快就认出说话的人是晁补之叔叔，便连忙上前施礼。

几句寒暄的话语后，晁补之指着旁边的三位客人说："这位大人是黄庭坚，这位大人是张耒，这位大人是陈师道，我们都是你父亲的好朋友！"

李清照连忙向三位客人一一施礼。

张耒将李清照上下打量一番，然后问道："清照，我知道你填的词很厉害！最近，又填新词了吗？"

李清照显然有些不好意思，便红着脸回答说："填了，我正想求前辈们指教呢！"

"填了就好，填了就好！"说完，张耒爽朗地笑了起来。

这时，李格非已经快步从书房里出来了。

挚友相聚，自然少不了诗词酒茶。王惠双端来茶具和大家打过招呼，就下厨房准备酒菜去了。

一壶老酒，几碟小菜，围着竹林下的小方桌，大家开始推杯换盏，谈诗论词。把酒言欢之间，不免兴致高涨，于是，唤来书童铺纸研墨，挥毫泼洒，一篇篇大作便瞬息而成，颇有些竹林七贤的风范。

这时，晁补之看到李清照正饶有兴致地坐在李格非旁边，恭恭敬敬地听他们说诗论词，便笑着说："清照，最近填了几首词啊？何不把你的新作拿出来给叔叔伯伯们欣赏欣赏呢？"

李清照有些腼腆地说："只写了两首小词，我现在就把它们写下来，请各位叔叔伯伯们指点批评！"

说着，李清照就取过纸笔，不一会儿工夫，几排清秀的小楷就铺展在众人面前了。

《如梦令·常记溪亭日暮》：

常记溪亭日暮，沉醉不知归路。兴尽晚回舟，误入藕花深处。争渡，争渡，惊起一滩鸥鹭。

《怨王孙·湖上风来波浩渺》：

湖上风来波浩渺。秋已暮、红稀香少。水光山色与人亲，说不尽、无穷好。莲子已成荷叶老。青露洗、蘋花汀草。眠沙鸥鹭不回头，似也恨、人归早。

"好，好，写得好！"李清照刚一落笔，站在旁边的晁补之就一边吟诵，一边赞不绝口。另几个人看罢，也都齐声拍手叫绝。

"这首《如梦令》，信手拈来，毫无雕琢，只寥寥数笔，便勾勒出了一幅暮中归舟图。"张耒沉思了一会儿又说道，"这表面看是平淡之境，实则动中有静，清秀天真。清照这才女之名，果然是名不虚传啊！"

先前一直沉默不语的黄庭坚，也忍不住地感叹道："若不是亲眼所见，我无论如何也不会相信这两首清丽脱俗的词作，会出自一个女子之手，真是自古英雄出少年、巾帼不让须眉啊！"

其实，这两首词，李格非之前并没有看过，今天见女儿临场挥毫，也被女儿的才华和气势所震撼。但在客人面前，又不能表现得喜形于色。听着文友们的溢美之词，他只谦逊地附和道："小女的这两首词，虽颇清新，但实则是童稚之语和童稚之趣，不足夸，不足夸！"

黄庭坚马上接过话茬说："格非兄，此言差矣！你且看这词中的溪、亭、暮色、鸥鹭、藕花，以及小舟争渡等词句，虽看似轻描淡写，但细细品味，便觉得生机盎然，淋漓尽致。有此才华者，实属罕见啊！"

晁补之又补充说："凭侄女的天资，只需再稍加努力，博采众长，将来就可以在词坛独领风骚。有现在的基础，我们不妨拭目以待！"

李格非对文友们的评语，心中自然也是认同的，他随即向各位抱拳说道："还蒙各位仁兄不弃，对小女不吝赐教，日后方可有所长进。"

众人都笑着说："当然当然，有时间我们一定共同切磋。"

从此，李格非经常带着李清照参与各种文人的集会。在与文学前辈的每一次切磋交流中，天真活泼而又机敏过人的李清照，都像她的词一样，带着淡淡的墨香，飘进了每个人的心里。

一时间，李格非的女儿擅长填词，成为了京城文化圈里最让人津津乐道的话题。

很快，京城著名的书画博士米芾知道了李清照这个名字，并专程来到李家登门拜访。

李清照早就从父亲李格非那里听说过米芾。米芾，字元章，祖籍山西太原，后来移居湖北襄阳。米芾是北宋时期著名的书法家、画家、书画理论家，与蔡襄、苏轼、黄庭坚合称为"宋四家"。当时，在京城许多文人的眼里，米芾能诗文、擅书画、精鉴别，书画自成一家。但米芾个性怪异，举止颠狂，遇石称"兄"，并对其膜拜不已，因而人称"米颠"。父亲曾经说过，米芾的东西不经他本人同意，别人是不能乱动的，因为他有很严重的洁癖。

米芾这次登李家的门，显然是有备而来。他见到李清照，便仔细地打量了一番，然后笑着说："庭坚和补之所言果然不虚，果真是一个很有灵气的才女！"米芾所说的两个人是黄庭坚和晁补之。

李清照虽然初次见到米芾，但她立刻就把父亲曾对他的描述对上了号，便上前施礼道："您是不是我父亲常常跟我提起的米叔叔？"

"正是。"米芾笑着点了点头说，然后问道："令尊在家吗？"

"在，米叔叔快请进！"李清照一边回答，一边把米芾带进了客厅里。此时，李格非已经迎到了客厅。

李格非与米芾一边喝茶，一边聊了一些关于时政方面的话题。不大一会儿，米芾就要看李清照平日里临摹的字帖。李清照毫不怠慢，马上找出来交给了他。米芾接过字帖，看得十分认真。他先把几十篇字体大小各异的《兰亭序》看了一遍，然后从中选出几篇逐字逐句俯首端详，并将不足之处一一向李清照指出。他还时不时地在某一字的旁边另写一字，让李清照加以对比。他告诉李清照，书道中不但用纸大有讲究，而且墨研的浓淡与所书之字也大有关系。说着，他就从随身携带的包袱里取出两册书来，一册是《砚史》，另一册是《书史》。他将两册书一并递给李清照说："清照，这两本小册子，是我练习书法多年积累的一些心得，今天送给你，就权当是见面礼吧！"

"谢谢米叔叔厚爱！"李清照双手接过书来说，"我一定用心拜读，用心体悟。"

米芾又从包袱里拿出一个小绢包，对李格非说："格非兄，我最近得了一方宝砚，想请格非兄一同鉴赏。"说着，将包砚石的紫绢解开，露出里面的白绸。又解开白绸，露出一方黑亮的砚石。米芾小心翼翼地取出砚石，把它放在李格非面前的书案上。

李格非知道，米芾是一个爱砚石如命的人。每得一方宝砚，他都会爱不释手，甚至夜里抱着砚石睡觉。

米芾摸着砚石说："这方砚石名叫'暖岫'，苏轼先生亲自为此砚题写了砚名。"

李格非看着眼前的这方砚石，顿露惊喜的神色。他深知，像这样的宝砚，一定被米芾视为命根子，不会轻易示人。而今天，他能有机会欣赏到这方宝贝砚石，实在是莫大的幸运。

于是，李格非马上去洗了手。因为他知道米芾有洁癖，在自己的家里，米芾每次取砚之前都要把手洗干净，然后点上一盘檀香，坐下来静静地欣赏。

李清照望着书案上的一方"暖岫"，心里充满了好奇，便问道："米叔叔，这方砚石为什么叫'暖岫'啊？"

"因为它能暖手啊！"米芾笑着说，"清照，你来摸一摸试试看！"

李清照早已迫不及待了，便学父亲的样子洗了手，然后伸手摸了摸那方砚石，果然有暖暖的感觉。"宝贝，真是宝贝！"李清照由衷地赞叹说。

欣赏了一阵子砚石后，李格非与米芾在家中小酌一番。米芾告别时，一再叮嘱李清照一旦填了新词就要告知于他，让他一起分享。

有了这些文学艺术前辈的悉心指导，李清照的诗词书画水平有了一个突飞猛进的提高。

此后，李清照写诗填词更是得心应手，她与晁补之、张耒等文学前辈的交往也越来越密切。李清照虽然把他们看成是自己的老师，但更多的时候，他们更像是李清照的忘年老友。她与他们经常在一起切磋交流，一起进行诗词唱和。期间，李清照几乎轰动了整个京城文化圈的作品，当属和张耒的《读中兴颂碑》诗两首。

张耒，字文潜，号柯山，人称宛丘先生、张右史。张耒为宋神宗熙宁年间进士，历任临淮主簿、著作郎、史馆检讨。哲宗绍圣初年，以直龙阁知润州。他同时也是苏轼的学生，与黄庭坚、晁补之、秦观一起，被称为"苏门四学士"。

北宋中后期，统治阶级上层发生了激烈的党争。最初的斗争，是以王安石为主的变法派和以司马光为主的保守派之间的斗争。延续到后来，两股政治力量形成新、旧两党。他们互相弹劾、互相倾轧，斗得你死我活，社会地位也随着斗争的输赢而此起彼伏、大起大落。期间，神宗皇帝的动摇，高太后的专权以及哲宗皇帝的无能纵容，导致了两党之间的势力处于"你方唱罢我登场"的态势，朝堂之上，几乎成了权臣们利欲熏心、刀兵相向的战场。当时，北方的辽国和金国对大宋的威胁越来越大，但这些权贵置外患于不顾，反而将党争闹得愈发激烈。许多头脑清醒的有识之士已经预感到，大宋复蹈唐代天宝之乱的迹象已露端倪。这些有识之士，不愿意看到盛唐变衰的历史在大宋重演，便有人借咏开元、天宝遗事，来隐喻时政之弊，揭露当朝潜在的危机。而张耒就是这些提笔卫国有识之士中的代表之一。

宋哲宗元符三年（1100 年），张耒在永州见到了摩崖碑刻唐代元结所作的《大唐中兴颂》，于是，他吊古伤今，有感而发，作了《读中兴颂碑》一诗：

> 玉环妖血无人扫，渔阳马厌长安草。
>
> 潼关战骨高于山，万里君王蜀中老。
>
> 金戈铁马从西来，郭公凛凛英雄才。
>
> 举旗为风偃为雨，洒扫九庙无尘埃。
>
> 元功高名谁与纪，风雅不继骚人死。
>
> 水部胸中星斗文，太师笔下蛟龙字。
>
> 天遣二子传将来，高山十丈磨苍崖。

谁持此碑入我室，使我一见昏眸开。

百年废兴增叹慨，当时数子今安在。

君不见荒凉浯水弃不收，时有游人打碑卖。

这首诗，张耒借前朝往事讽喻了当朝时弊。见到张耒的诗后，有识之士纷纷提笔和诗。李清照虽为闺阁女子，但她在与前辈们的切磋交流之中，已历练出心怀天下的正气。她按捺不住内心的狂潮，也振笔响应，作了《浯溪中兴颂诗和张文潜诗二首》：

其一

五十年功如电扫，华清花柳咸阳草。

五坊供奉斗鸡儿，酒肉堆中不知老。

胡兵忽自天上来，逆胡亦是奸雄才。

勤政楼前走胡马，珠翠踏尽香尘埃。

何为出战辄披靡，传置荔枝多马死。

尧功舜德本如天，安用区区纪文字。

著碑铭德真陋哉，乃令神鬼磨山崖。

子仪光弼不自猜，天心悔祸人心开。

夏商有鉴当深戒，简策汗青今具在。

君不见当时张说最多机，虽生已被姚崇卖。

其二

君不见惊人废兴传天宝，中兴碑上今生草。

不知负国有奸雄，但说成功尊国老。

谁令妃子天上来，虢秦韩国皆天才。

花桑羯鼓玉方响，春风不敢生尘埃。

姓名谁复知安史，健儿猛将安眠死。

去天尺五抱瓮峰，峰头凿出开元字。

时移势去真可哀，奸人心丑深如崖。

西蜀万里尚能反，南内一闭何时开。

可怜孝德如天大，反使将军称好在。

呜呼，奴辈乃不能道辅国用事张后专，乃能念春荠长安作斧卖。

在这两首诗中，李清照从大处落墨，深刻分析了唐代发生安史之乱，及唐王朝军队一败涂地、溃不成军的原因。710年，李隆基与太平公主联手发动"唐隆政变"，诛杀韦后集团，并于712年登基称帝，改年开元，唐朝由此进入鼎盛时期，称为"开元盛世"。而在统治后期，他骄奢淫逸，贪图享乐，宠信重用奸臣，导致"安史之乱"发生，五十年诸多功业也一扫而空，唐朝开始衰落（"五十年功如电扫"）。李清照在第一首诗中，总结了这一历史教训，同时指出当今人们应该好好记取这一历史教训（"夏商有鉴当深戒，简策汗青今具在"）。在第二首诗中，李清照着重写了奸雄误国的危险。她指出，《大唐中兴颂》碑虽然歌颂了郭子仪、李光弼等兴国功臣，但元结对历史的经验教训总结得不是很全面，"不知负国有奸雄，但说成功尊国老"，奸雄的危害之大，是万万不可忽视的（"奸人心丑深如崖"）。当年，唐玄宗因战乱流亡西蜀，最后返回故都，都是被权奸人物所作弄，国家已难以恢复元气（"西蜀万里尚能反，南内一闭何时开"）。

当张耒重提红颜祸国的陈腐论调时，李清照却跳出旧有的思维，从另一方面论述了大唐的兴废之因。在她看来，倘若君王有道，本来就不会发生那样的叛乱。叛乱虽已平息，却耗尽了国家元气，从而使盛唐走向衰落，因此并不值得歌颂。在这两首诗中，李清照的政治批判十分尖锐，论述也很理智公正。她借用这两首诗，影射了北宋末年腐败的朝政：君主荒淫无能，臣僚尔虞我诈。在外患日重的年代，李清照忧心忡忡，深为当今腐败的朝政感到不安。她只有用借古讽今的方式，来对当权者予以劝诫。从诗中深沉的忧国之思中，人们看到了李清照那颗赤诚的爱国之心。因此说，这两首咏史之诗，也是两首爱国之诗。明末学者陈宏绪在所著的《寒夜录》中，评价李清照的这两首诗为："奇气横溢，尝鼎一脔，已知为驼峰、麟脯矣。"

05 名动京城，倾倒德甫

宋哲宗元符三年（1100 年），李清照已经 17 岁了。这个美丽的少女，不仅才华横溢，而且无视世俗的樊篱，洒脱而随性。她可以静坐读书，吟诗赋词，风起云落，花谢花开都在她的笔下自带风情；她也可以四处游赏，恣意饮酒，所有的欢喜与忧伤，在她这里都无须遮遮掩掩。

这不，一首醉酒伤春的《如梦令·昨夜雨疏风骤》，又在她的笔下鲜活地呈现出来：

昨夜雨疏风骤，浓睡不消残酒。试问卷帘人，却道海棠依旧。知否，知否？应是绿肥红瘦。

"昨夜雨疏风骤"一句，指的是昨夜雨狂风猛。疏，在这里是疏放疏狂，而非通常的稀疏之义。正当芳春时节，各种名花开得正好，偏偏这夜风雨交加，唯恐花不堪折，因此，词人心绪如潮，辗转不眠，只有借酒消愁。酒吃得多了，觉也睡得浓了。结果一觉醒来，天已大亮。但昨夜所担心之事，却依然在心里挂念着。一起身，刚好看见正收拾房间、启户卷帘的小丫鬟，便迫不及待地问："海棠花怎么样了？"小丫鬟出去看了看，漫不经心地回答说："还是原来的样子啊！"词人似乎很不满意，说道："傻丫头，你知道吗？你知道吗？应该是绿叶繁茂、红花稀少才对啊！"

结尾"知否知否，应是绿肥红瘦"一句，既是对小丫鬟的反诘，又像是词人的自言自语。这句对白，写出了诗画所无法表达的情景，写出了伤春惜春的闺中人复杂的神情口吻，可谓是词人的"传神"之笔。词人以"浓睡""残酒"搭桥，写出了昨夜至早晨的时间变化和心理演变。然后，用一个"卷帘"，点破了黎明破晓，天已大亮，情节安排既巧妙又合情合理。然而，问卷帘之人，却一字不提所问何事，只于答话中透露出谜底，实乃是绝妙工巧，不着痕迹。词人为花而喜、为花而悲、为花而醉、为花而嗔，这是在伤春惜春，以花自喻，慨叹自己的青春易逝。

"绿肥红瘦"一语，无疑是全词的精绝之笔，历来为世人所称道。"绿"代表叶，"红"代表花，显然是两种颜色的对比。"肥"形容雨后的叶子因水分充足而茂盛肥大，"瘦"形容雨后的花朵因不堪雨打而凋谢稀少，这又是两种状态的对比。本来很是平常的四个字，经词人这么巧妙的组合，竟如同画面一般鲜活生动起来，这实在是语言运用上的一个创造。由这四个字生发联想，那"红瘦"正是表明春天的渐渐消逝，而"绿肥"正是象征着绿叶成荫的盛夏即将来临。这种极富概括性的语言，实在是令人叹为观止。

毫无疑问，这首小令，有人物，有场景，还有对白，充分显示了宋词的语言表现力和词人的才华。词人看似借宿酒醒后询问花事，却委婉地表达了怜花惜花的心情，也流露出了作者内心的苦闷。词中着意人物心理情绪的刻画，以景衬情，精工妙笔，极尽传神。

这首词刚一问世，就被常来有竹堂拜访的晁补之看见，不禁拍案叫绝，并立即抄录下来，迫不及待地拿回去跟其他文友共赏。很快，这首小令就在京城的文化圈里流传开来，人们争相传抄赏阅。

这首词，也很快流传到太学堂。

仲夏午间的太学里，太学生赵明诚正坐在一棵大柳树下，专心致志地读一篇从学友那里借来的《洛阳名园记》。赵明诚生于宋神宗元丰四年（1081年），字德甫，山东诸城龙都街道兰家村人，是曾官拜尚书左仆射的赵挺之第三子。读着读着，赵明诚就被文章中的精辟之句所折服，禁不住读出声来：

"予故尝曰：园圃之废兴，洛阳兴衰之候也。且天下之治乱，候于洛阳之盛衰而知……"

当李清照的堂兄李迥走到他身边时，他依旧陶醉在文章之中，浑然不知。李迥见状，脱口而出："呜呼！公卿大夫，方进于朝，放乎一己之私以自为，而忘天下之治忽，欲退享此乐，得乎？唐之末路是已。"

赵明诚听了，连忙抬起头来，吃惊地问道："李迥兄也读过此文？"

李迥点了点头，说："此文是我叔叔礼部员外郎李格非之作，我当然读过。"

听了李迥的话，赵明诚满脸的羡慕。他没想到，自己极为敬佩的文学家，竟是同窗好友的叔叔。于是，他恳求李迥有机会代为引见一下，他想登门拜访李格非，当面聆听李格非的教诲。

李迥满口答应道："好啊！叔叔一向不拘泥陈规，平易近人，乐于交友，等太学放假时，我们一同去有竹堂。"

两个人正聊得火热时，迎面走过来一群太学生，好像在议论着什么，争抢着什么。李迥和赵明诚不知发生了什么事，便迎上前去想问个究竟。

原来，大家正在争夺一张纸笺，纸笺上面写着一首小词，词牌是《如梦令》，词的正文是："昨夜雨疏风骤，浓睡不消残酒。试问卷帘人，却道海棠依旧。知否，知否？应是绿肥红瘦。"

赵明诚不看则已，一看立刻被惊得目瞪口呆。他不由得赞叹道：好一首惊艳绝俗的小词！难怪同学们争相抢阅，交口称赞。

太学生都在纷纷议论着这首小词，除了啧啧不休的赞叹，就是猜测这首词出自哪位名门大家之手。

而此时，只有李迥微笑着默不作声，因为他知道，这首词出自堂妹李清照之手。

赵明诚看李迥对这首词毫无反应，似有所悟。因为他早就听说，礼部员外郎李格非的长女李清照是一位才气逼人的少女。他觉得，既然李格非是李迥的叔叔，那李清照必是李迥的堂妹无疑。莫非这首词，是那位最近被传得满城皆知的才女李清照所作？

于是，赵明诚悄悄地问李迥："看李兄对这首词毫不惊奇，莫非兄台读过这首词？"

"是的。"李迥微笑着点头回答道，"实不相瞒，这首词乃是堂妹李清照所作，几日前，我去叔叔家见到这首小词，当时就喜欢得不得了，就想立即抄录下来，不曾想妹妹不让抄，还不许我告诉别人。可如今，这首词已经传出来了，也不知道是谁给传出来的。"

赵明诚听了，呆呆地感叹道："果然有其父，也必有其女啊！"

自那以后，赵明诚开始有意无意地跟李迥拉近关系，想从他口里了解更多关于李清照的事情。同时，赵明诚还默默地收集李清照的词作，并准备了一个专门的本子，用来抄录李清照的词作。

其实，当太学生们在传阅、抄录和议论这首《如梦令·昨夜雨疏风骤》时，李清照的《如梦令·常记溪亭日暮》和《怨王孙·湖上风来波浩渺》等词作，都已在东京汴梁城里流传起来，并形成了一股传抄之风。就连一些身居要职的朝堂官员也不例外，都十分看重这些诗词，并且对这位初出茅庐的少女的才华，佩服得五体投地。其中，舒亶就是李清照众多狂粉中的一个。每当看到李清照的词作，舒亶就一定会抄录下来，再细细地品读欣赏。

俗话说：人怕出名猪怕壮。在有竹堂里整日埋头读书、写字、填词的李清照，并不知道自己的诗词跟自己的名气，已经传遍京城的大街小巷，更不知道她的名气，引起了一位同样自恃为京城才女之人的妒忌。

这个女子姓何，名蕊，她的哥哥何云与李迥一样，也是一名太学生。李清照的那首《如梦令·昨夜雨疏风骤》，就是被何云传到太学的。舒亶家与何家是世交，因此，两家常常互相来往。一次，何蕊到舒亶家拜访，正赶上舒亶在欣赏李清照的这首《如梦令·昨夜雨疏风骤》。舒亶知道何蕊平日里也喜欢读书填词，便邀她共赏，并把自己精心抄录下来的这首词送给她。谁料，何蕊自恃清高，但眼高手低，觉得李清照的词尽是些俗言俚语，不如自己写得华丽高雅，所以对这首词不屑一顾。当舒亶当她的面欣赏李清照的词时，心中很是不悦，但又不好把自己的妒意表现出来，只好耐着性子，听完舒亶对李清照的褒奖赞赏之言。临走时，何蕊本不想要李清照的词笺，但又不好拒绝，只好将词笺放进衣袖中。回到家里，她便讲词笺揉成一团，扔在地上。她的这一举动，刚好被从太学回来的哥哥何云看见。何云见妹妹脸色不好，心中很是好奇，便悄悄把纸团捡起来，拿到自己房间一看，心里马上明白了八九分。何云太了解自己妹妹的个性了，知道她天生有一颗嫉妒的心，见不得别人比自己好。而当他巧妙地从妹妹口中打听到这首词的来历后，便把词笺悄悄地藏在了一册书里。

晚上，何云在灯下细细品读这首词，越读越有味道，越读越喜欢，就忍不住把它带到太学里与同学们分享。

这边，赵明诚本打算在放假时，由李迥引领去有竹堂拜见李格非，但自从他看见李清照的那首《如梦令·昨夜雨疏风骤》后，便改变了主意，推迟了日期。其实，他不是不想早点去，只是不知为什么，一想到李清照那个才气逼人的少女，心里就怯怯的，总感觉自己没做好准备，不好贸然前去。所以，当太学放假后，李迥来邀他同去之时，他就编了一个借口推辞了。

赵明诚听说自己的姨父陈师道是李格非的挚友，且与李格非父女来往密切，经常在一起谈诗论词，便想从姨父那里了解一些关于李清照的一些状况。不知为什么，当他在太学里第一次读到李清照所填的词作时，就开始对这个女子念念不忘，就想更多地了解一些关于她的情况，比方说，她平时都爱看些什么书？她是从何时开始写诗填词的？她长得是什么模样？等等。这些，都成了赵明诚心里急切想了解的内容。可是，他又不好意思向李迥问得太多，只想从姨父陈师道那里多了解一些。

陈师道虽然跟赵明诚的父亲赵挺之是连襟，但他一直不喜欢赵挺之的为人，所以，两家来往并不十分亲密。陈师道性情孤傲，对赵挺之追随当朝奸臣蔡京、章惇二人，并对这三人沆瀣一气排斥迫害苏轼非常气愤。不过，陈师道格外喜欢赵明诚这个外甥。在陈师道的眼里，赵明诚这个孩子有才有识，整天除了读书外，还钻研金石书画，是一个难得的不沾染铜臭、不追名逐利的才子后生。陈师道认为，赵明诚跟他的父亲和两个哥哥比起来，是一个重情重义之人。虽然陈师道家庭跟赵家比起来颇为寒酸，但赵明诚从来不因此小看姨父，反而经常到姨父家去拜访请教，两人每次见面都有说不完的话题。

这天，赵明诚从太学回来后，直接去了姨父家。陈师道见赵明诚来了，立即把他拉到了书房，颇显神秘地说："明诚，我得了一件宝贝，你想不想看看啊？"

赵明诚听姨父一说，立刻来了兴致，忙说："被姨父视作宝贝之物，肯定非比寻常，岂有不赏之理？您快拿出来让我瞧瞧！"

陈师道从柜子里拿出一个画轴来，将包在画轴上的蓝布套解开，从里面取出一幅画。赵明诚拉住轴头，画卷便在两人面前徐徐铺展开。赵明诚看到，画卷上只有一株兰草，不过，这株兰草既不是绿色，也不是墨色，而是紫红色的。而且不光花苔和花瓣是紫红色的，就连修长的叶子也是紫红色的。

看到紫红色的兰花，赵明诚有些惊诧地说："这真是一幅奇画！能画出此画者，一定也是一位奇人！"

"是啊！"陈师道指着画说，"虽然世上并无紫兰，但世人皆认可紫兰是兰，且是超凡脱俗之兰，就是奇人所画！"

赵明诚又问："不知此画到底出自哪位奇人之手？"

陈师道有些诡秘地笑道："你猜猜看？"

赵明诚摇了摇头。

陈师道说："此画出自你父亲的冤家对头苏轼之手。"

"果真是一位奇人！"赵明诚感叹道，"苏学士不仅本人是一位旷世奇才，就连他的门生也都出类拔萃，前些日子，我读了礼部员外郎李格非的《洛阳名园记》，写得真是太精彩了！听说，他还有位公子善于填词，不知可否是真？"

赵明诚故意把李清照说成是位公子，为了防止引起姨父的疑心。

"是真的。"陈师道说，"不过不是公子，倒是一位千金呢！她是李格非的长女，名叫李清照。我曾见过她几次，也曾跟她有过交流。此女子不仅容貌美丽端庄，而且聪明绝顶，才华过人，堪称女中豪杰啊！"

听姨父满口的溢美之词，赵明诚对李清照更加感兴趣，便随之问道："既然李格非受知于苏学士，那么，他的女儿是否也受苏词的熏陶？"

陈师道看着赵明诚急切的目光，恍惚猜到了外甥的心事，便笑着回答道："我听晁补之说过，李清照确实爱读苏词，凡流传于世的苏词她都已抄录成册。可见，李清照是个有心之人。"停了片刻，陈师道又感慨地说："此女今后可是大有造诣啊！"

当陈师道把李清照的《浯溪中兴颂诗和张文潜诗二首》拿出来给赵明诚看时，这位才女，又一次让这位京城颇具盛名的才子耳目一新，莫名倾倒。此前，赵明诚所了解到的李清照，不过是一位善写闺房词的天真烂漫的小姑娘，而这两首诗，却分明让他看到了一位铁血男儿般的女中丈夫。他无论如何也想象不到，这个小女子在如此绚烂的年纪，居然发出了如此铿锵有力的声音！赵明诚似乎感觉到，李清照虽是个女子，却有着不让须眉的气魄。她的才华，她的性情，她的视野，都远远胜于许多男人。

从姨父家里回来，赵明诚越发对李清照以及她的诗词念念不忘。他回到家里，把从姨父家里抄来的《浯溪中兴颂诗和张文潜诗二首》，重新抄录在自己的本子上，一有时间，他就拿出来欣赏，甚至是常常在李清照清新的词句里，沉沉地进入梦乡。

第二章

佳偶天成两相悦，
只羡鸳鸯不羡仙

01 少女心事，淡淡愁绪

宋哲宗元符三年（1100年），17岁的李清照已经到了女大当嫁的年龄。

少女，一个充满诱惑的时期，一个令人着迷的词语，一个像春天一样温柔的称谓。少女情怀总是诗。对大多数青春少女来说，她们都会把自己变成一个诗人，把心事写满日记，悄悄地锁进柜子。

李清照，这样一个名满京城的才女，更有足够的能力把自己独特的少女情思抒发出来。所以，在青春少女时期，她创作了大量的闺情词。下面这首《浣溪沙·小院闲窗春色深》，就是其中的代表作品之一：

> 小院闲窗春色深，重帘未卷影沉沉。倚楼无语理瑶琴。
> 远岫出云催薄暮，细风吹雨弄轻阴。梨花欲谢恐难禁。

这首小令，曾被误作欧阳修、周邦彦的词，但实际不是这样。李清照于待字之年，从原籍齐州济南来到京都开封，才华深受词坛高手晁补之等前辈的赏识。这激发了她的创作灵感，以记忆中的溪亭、莲湖之游和现时感受为素材，写出了一首首的令词。李清照初期的诗词作品，可谓是一鸣惊人，既有晁补之、张耒等诗词前辈的鼓励、奖掖，也有缙绅、文士的击节称赏。

对于大多数女子来说，长大是一种快乐，也是一种苦恼，深深浅浅的心事萦绕在脑海里，不免对月伤心，见花落泪。在暮春时节的黄昏里，心里会莫名地萌生一种淡淡的惆怅与伤感。

这首词，上阕主要描写环境，下阕着重刻画景物。

首句中的"小院"，点明了词中女主人公所处的地点。这个小院，被春色深深中的绿树繁花所遮蔽，庭院寂寥看不到有人走动，楼上的窗子一直闲掩着，女主人公站在窗前感觉孤单寂寥。第二句中的"重帘未卷"，更突出了女主人公的寂寞。因为厚厚的帘子没有卷起来，室内光线"影沉沉"的，显得非常暗淡。沉沉，是形容室内深邃，光线暗淡。这里的"影沉沉"，不是说夕阳投影拉得很长很长，而是说室内阴暗，更觉黑黢黢的。

这两句中的"小院闲窗"和"重帘未卷"，首先描写的是从外面看出的实景，其次描写的是从屋内见到的现状，不是不同两处的景象，而是一个地方两个角度的景象。通过环境描绘，突显出词中女主人公因春意阑珊、幽闺深邃而产生的孤寂和愁苦。

上阕收尾的"倚楼无语理瑶琴"一句，才真正推出了人物。在这枯寂愁闷时，少女将是怎样破岑寂、遣愁怀的呢？她信步走向楼前，凭楼远眺，希望在开阔的自然景象中寻求一些慰藉。然而，却只见白云催暮，风雨弄阴；天色转暗，夜幕将临，几乎同自己的阴沉郁闷的心情一样，反而增添苦恼，更加烦闷起来。她开始站在那里发愣，接着坐下来弹起琴来。"倚楼无语理瑶琴"，是她在无可奈何时，希望摆脱心情苦恼、烦躁不堪的一种下意识动作，而词中的女主人公并没有意练琴，只不过是借以破除孤寂，诉说愁怀。"倚楼无语"形象地写出了词人那由愁苦郁积进而陷于神魂无措的精神状态。"无语"二字，更深切地表达了词人苦涩难言的心情。

下阕"远岫出云催薄暮，细风吹雨弄轻阴"这两个对句，是词人在楼前所见的实景，从正面揭示了愁思之由。"远岫出云催薄暮"为远景，是说地面水汽，入夜遇冷而成云雾，笼罩峰峦，白天经太阳蒸发，逐渐消散，峰峦再现。而山穴中云气，日照困难，要到日将落时才冉冉升起。一个"催"字，加速了夜幕降临。薄暮，意指日将落时。"细风吹雨弄轻阴"为近景，是说傍晚时分，天色渐暗，暮霭沉沉，而微风吹拂，雨花飞溅，好似与轻阴相戏弄，故云"弄轻阴"。一个"弄"字，使轻阴转浓，融成一片，既照应了前面的"催"字，又使语言更生动形象，无异于在愁人心上加盖了一层厚厚的阴影，愁怀难遣，自不待言。

末句"梨花欲谢恐难禁"是承"春色深"而来，因此以"梨花欲谢"总括环境和景色，以"恐难禁"概述落寞和愁苦。词中女主人公愁思的缘由，至此道出。词人将细微的景物与幽渺的感情，极为巧妙而又和谐地结合起来，使由惜春引起难以捕捉的、抽象的愁思成为了可以接触的具体形象。

这首词，主要是写少女抒发闺怨，但通篇大多是对景物的描写，而极少抒情。词人惆怅的感情，无聊的意绪，大都浸透在周围的景物上，通过从室内到室外的景物描写，逐次展示女主人公的内心世界。

不得不说，李清照的童年、少年乃至青年时代，都拥有着纯粹的、让历史上其他才女无法企及的幸福。然而，即使有这样的幸福，李清照在少女时期也萌生出莫名的怅惘。她的愁绪很轻，像春天的柳絮，不会让人感到压抑，但又令人不能忽视。因为那些毛茸茸、软绵绵的东西，总能寻到机会飘在耳边、落在发际，让人痒痒酥酥的，一如少女最青涩的懵懂。下面这首《浣溪沙·髻子伤春慵更梳》，正是一首反映闺阁女子伤春情态的小调：

> 髻子伤春慵更梳。晚风庭院落梅初。淡云来往月疏疏。
> 玉鸭熏炉闲瑞脑，朱樱斗帐掩流苏。通犀还解辟寒无。

这首词，李清照运用正面描写、反面衬托的手法，着意刻画了一个闺阁少女孤寂、烦闷的心情。

上阕首句写人。表面上看，"髻子伤春慵更梳"好像在叙事，其实却是一句刻画得非常形象贴切的心态描写：闺中女子被满怀春愁折磨得无情无绪，只随意地挽起发髻懒得精心着意去梳理。接下来两句是写景。前句"晚风庭院落梅初"中的"初"字，用得极其工巧，写景之中点出了季节时间：习习晚风吹入庭院，正是春寒料峭时节，那些越冬的寒梅，已由盛开渐渐飘零。春愁本就撩人，更何况又有落花纷纷，因此增添了愁绪。接下来的"淡云来往月疏疏"一句，写淡淡的浮云在空中飘来飘去，天边的月亮也显得朦胧遥远。用"疏疏"来形容月亮，除了给月亮加上月色朦胧、月光疏冷的意象之外，让人感觉仿佛那还是一弯残月，与"晚风""落梅""淡云"前后相衬，幽静中散发着凄清的景象，完全和首句渲染的心境相吻合。词人在上阕中，运用了由人及物、由近及远、情景相因的写法，深刻生动，耐人寻味。

词的下阕，通过富贵奢华生活的描写，含蓄地反衬出伤春女子内心的凄楚。前两句的"玉鸭熏炉闲瑞脑，朱樱斗帐掩流苏"，写室内陈设极尽华美：镶嵌着美玉的鸭形熏炉中，还闲置着珍贵的龙脑香，懒得去点燃熏香；织有朱红的樱桃花色的、覆盖如斗形的小帐低垂，上面装饰着五色纷披的丝穗。词人在这里，主要写室内的静物，但也有心情的透露，像"玉鸭熏炉闲瑞脑"中的"闲"字，就表现出女主人公因愁苦无绪，连心爱的龙脑香味也懒得闻嗅。结尾"通犀还解辟寒无"实际是一个问句，句中的"通犀"指能避寒气的犀角，名叫"辟寒犀"。唐代王仁裕所撰写的《开元天宝遗事》是这样记载的："开元二年冬，交趾国进犀一株，色黄如金。使者请以金盘置于殿中，温然有暖气袭人。""通犀还解辟寒无"一句的意思是说：试问这只金灿灿的辟寒犀角，现在还会不会再把温暖宜人的气味释放出来？句中"还解"的一个"还"字，点出了这样的内容：往昔之时，这只犀角曾尽心尽意地为主人布温驱寒，而今伊人远去，天各一方，犀角有情也应感伤，你到底还是否知道为孤独的主人辟寒的使命吗？词人假借向犀角的设问，进一步刻画词中女主人公触物伤情多愁善感的性格，也使句意曲折婉转、摇曳生姿，好似在微波细纹的水面上，又激打起一圈向周边渐渐扩展的涟漪。

这首词，在写作技巧上最高超的特点是：炼字惟妙，不着雕痕；未画愁容，愁态毕现。

时光如流水缓缓而逝，忧伤时时来袭。转眼间，又到了一年一度的寒食节。这个春天，女子总是这样，几分慵懒，几分感伤。清明时节，窗外春色正好，可女子却独自待在闺房里。熏炉中燃点着沉水香，轻烟袅绕。和衣而卧，不知不觉沉沉入睡。醒来时，熏香已残，花钿落至枕上，才发觉竟已睡了很久。室外春光荡漾，室内沉香烟袅，春思隐约可见。李清照的这首《浣溪沙·淡荡春光寒食天》，就把少女的春思淡淡道来，虽然不事雕琢，却是别有情致：

淡荡春光寒食天，玉炉沉水袅残烟。梦回山枕隐花钿。

海燕未来人斗草，江梅已过柳生绵。黄昏疏雨湿秋千。

这首词，通过对寒食时节景物形象的描写，来探寻一位少女的感春情思，从而表达了词中女主人公爱春惜春的心情。

词的上阕，用倒叙的方法写少女春睡初醒的情景。开头的"淡荡春光寒食天，玉炉沉水袅残烟"两句，即交代时令已值暮春，正是暖风醉人的时节。"淡荡"义同荡漾，形容春光融和遍满。寒食节大约是在农历三月初，正是春光极盛之时。词人借用熏炉中轻烟袅绕的沉水香，来衬托闺室的幽静温馨。这两句先写出春光的宜人，春闺的美好。第三句"梦回山枕隐花钿"写闺中之人。词人没有直接去写她的容貌、言语、动作，只从花钿写她睡醒时的姿态。"山枕"意思是像山一样形状的枕头。这是少女自己察觉到的，而不是别人看出来的。

词的下阕写少女的心曲。"海燕未来人斗草，江梅已过柳生绵"这两句是说，古人以为燕子产于南方，春末夏初渡海飞来，故称海燕。而已经到了寒食节，为什么还不见燕子飞来呢？女伴们斗草嬉戏，情怀是多么欢畅。江梅花期已过，杨柳又正吐絮飞花。这些，都是少女眼中所见，心中所感，种种景致说明，春事已经过半，从而表现了女主人公的惜春心情，更表现出此时少女的春闺寂寞、情怀缭乱。这两句对仗十分工整，既有动态，更有细微的心理活动，极尽工巧之妙。

词中所说的斗草，又称斗百草，是中国民间流行的一种游戏，流行于中原和江南地区，属于端午民俗。斗草最早见于文献之中，是在魏晋南北朝时期。传说，"神农尝百草"形成中医药学后，每年端午节人们到郊外采药，插艾门上，以解溽暑毒疫，衍成定俗；收获之余，往往举行比赛，用草作比赛对象，或对花草名，如用"狗尾草"对"鸡冠花"；或斗草的品种多寡，多则胜，兼具植物知识、文学知识之妙趣；儿童则以叶柄相勾，捏住相拽，断者为输，再换一叶相斗。南北朝时期，人们称这种游戏为"踏百草"；唐代，人们称这种游戏为"斗草"或"斗百草"。历代的文人作品中，对此多有描述。白居易诗《观儿戏》中写道："弃尘或斗草，尽日乐嬉嬉。"

下阕中的最后一句"黄昏疏雨湿秋千"，则描写了另外一种境界。秋千本是一种少女喜欢的游戏，尤其是寒食节，更是玩这种游戏的最好时节。这一句，写的是黄昏时忽然飘起细雨，把秋千淋湿了，女主人公有点无可奈何。这样的情绪，同上两句所表达的惜春心情，有着精神上的契合，都是少女春日心情的写照。此句写春愁却不用"春愁"二字，只言雨中秋千，极其巧妙地道出了词人的愁绪万缕。

这首词，以物写人，以景写情，把春日少女的姿态和内心世界，写得活灵活现，有无我之境的妙趣。

正是花一样年纪的李清照，才貌双全又声名鹊起，前来说媒的人自然络绎不绝。面对如此情形，即使李清照这样爽利的女子，也只会像羞答答的玫瑰一样，把自己藏在闺房里，但她又按捺不住内心的好奇与期待。她或许会偷偷地藏在帘子后面，惴惴地偷听父母与媒人的谈话，抑或打发小丫鬟借端茶送水的机会探听虚实。因为有着隐隐的期待，她的内心常常漾起淡淡的愁绪。对于一般的少女，可能会把这种愁绪压抑起来，偷偷地藏在心底。而对于李清照这样的才女，便不会如此压抑自己。她会在愁绪袭来之时，自己自斟自酌喝点小酒，然后趁着酒兴，把心事写进词里。一首《浣溪沙·莫许杯深琥珀浓》就是这样：

> 莫许杯深琥珀浓，未成沉醉意先融。疏钟已应晚来风。
> 瑞脑香消魂梦断，辟寒金小髻鬟松。醒时空对烛花红。

词人独自困在深闺里，想饮酒却无人和她对饮，想沉醉解忧却不料愁绪已浓。不知何处的钟被晚风冲撞，浑厚的声音透过夜色，杳渺传来。这样的夜晚，难以成眠。

深闺寂寞，梦也不成，醉也不成，似乎满腹的心事却又找不出症结所在。瑞脑香即将燃尽，词人钗小髻松、辗转反侧还是睡不着觉，只能空对烛火，看着一闪一闪跳动的灯花，来度过漫漫长夜。

这首词上阕是写词人在借酒浇愁。首句"莫许杯深琥珀浓"，以深杯浓酒来消愁，其绵绵愁绪可想而知。"未成沉醉意先融"一句，意思是酒虽然没有喝多少，心却已经醉了。词的开头以饮酒来渲染愁思，却又似乎不经意，这种淡中寓浓、似淡实浓的词句，让人颇为回味。"疏钟已应晚来风"一句，营造了与词人之情相契相生的境界。

下阕开头的"瑞脑香消魂梦断，辟寒金小髻鬟松"两句，则是进一步描绘女主人公辗转不寐的绵绵愁思。香已消，魂梦断，可见长夜漫漫而梦寐难成。金钗小，髻鬟松，以金钗之小来反衬发鬟之乱，进一步表现女词人在床上辗转反侧、无法成眠的状态，以人物情状，来勾画出词人的愁肠百解。结句"醒时空对烛花红"点题，将女主人公的满怀愁绪以景物映衬而出，景语实为情语。

这时候的李清照，还不懂爱情。未动情，先动心，当这颗心无处安放的时候，就生成了无边的寂寞。

李清照的愁绪，总是淡淡的，像偶尔拂过的清风，又像天边不时飘过的云朵，让人不会感到压抑。

02 佳人才子，不期而遇

宋徽宗建中靖国元年（1101年），18岁的李清照遇见了后来让自己为之惊叹、感觉不枉此生的爱情。

那时，每年的农历正月十五日为上元节，也叫元宵节，直到现在，依然叫元宵节。在中国古代传统民俗文化中，将正月十五称为上元节，七月十五称为中元节，十月十五称为下元节。这三元的称谓，来源于中国的道教文化。道教以为，上元天官正月十五生，中元地官七月十五生，下元水官十月十五生。天官可赐福，地官可赦罪，水官可解厄。因此，中国历朝皇帝和民间百姓，都十分重视这三个节日。在三元节中，又特别注重上元节。每年的上元节，有通宵张灯的习俗，因此，人们将上元节又称为"灯节"。

上元节是春节之后的第一个重要传统节日。在天上皓月高悬的夜晚，人们要点起彩灯万盏，以示庆贺。上元节期间，人们要出门赏月，燃灯放焰，喜猜灯谜，共吃元宵，阖家团聚，在一起共度良宵，共享欢乐。在宋朝，最盛大、最隆重、最热闹的节日，恰恰是上元节，而不是春节。上元节当晚，夜幕刚刚降下、月亮还未升起时，家家就开始张灯结彩，鸣放鞭炮，早早就营造出极其热闹的节日氛围。于是，人们盛装华服，成群结队地纷纷涌向灯火通明的场地观光游览。

　　据查，上元节搞灯展的习俗始于唐朝。在唐代，灯会从正月十四开始，到正月十六结束，共三天时间。而到了宋朝，宋太祖赵匡胤于乾德五年正月下诏，把上元节灯会的时间，由原来的三天，延长为五天。因此，上元节灯会从正月十四开始，一直进行到正月十八才结束。在这五天之中，京城的御街两旁张灯结彩，夜如白昼，热闹非凡，蔚为壮观。

　　为了让灯会更加精彩热闹，人们在冬至的节气到来时，就开始做相关准备了。在汴京宣德门前的御街上，开封府用竹木搭好用来放灯的棚楼，楼上饰以鲜花、彩旗和锦帛，还挂着各种各样的布画，布画上面画着各种神仙故事，也有的画着坊间卖药算卦之人。人们将这种棚楼，称为"山棚"。从山棚到皇城宣德门，有一个大广场，官府在广场上用棘刺围成一个大圈，长约百余丈，叫作"棘盆"。棘盆内要搭建乐棚，教坊的艺人就在乐棚里表演音乐、百戏。百戏是一台节目的总称，包括杂技、魔术、武术、滑稽、音乐、舞蹈等。游人站在棘刺外面观赏。其实，从上元节的前几天开始，汴京御街两廊每天都有商贩摆摊售卖各种小吃，或者新奇古怪的玩具饰品，期间，夹杂各色艺人表演的各种娱乐节目，有魔术、杂技、说唱、歌舞、杂剧、蹴鞠、猴戏、猜灯谜等等，上街购物游玩的人们总是络绎不绝。

　　这一年，李清照第一次在汴京过上元节。此时，在她的心里，并不知道京城的上元节是个什么样子的，只知道在老家百脉泉时，上元节的晚上要吃江米做的汤圆。吃完汤圆后，孩子们便换上新衣服和新鞋子，每人提着一盏纸灯笼跑出家门，到村庄的戏台前看戏。这些戏，包括舞龙灯和划旱船等。看完了戏，就看燃放烟花。孩子们要热热闹闹地一直折腾到后半夜，才会恋恋不舍地回家。

　　如今，李清照已经18岁了，再也不会像小时候那样提着花灯满街跑了。颇具大家风范的继母王惠双，早早就为李清照和丁香二人购买了合体的服饰，家里也在节日到来之前张灯结彩，营造浓郁的节日气氛。

　　上元节这天，李清照的心里非常高兴。刚刚吃过午饭时，她就迫不及待地坐在梳妆台前精心打扮起来。在丁香的帮助下，她先是梳了一个时下京城在女孩子中最为流行的发髻，然后戴上那些平日里不怎么戴的环佩珠钗，再薄施淡粉、轻点胭脂，最后换上了继母早早为她备好的用流行面料做成的流行款式的新衣。一切完毕后，她对镜一照，竟然连自己都被惊艳了。李清照本来天生丽质，再加上饱读诗书，气质高雅，与京城一般人家的女孩子相比，无疑是卓尔不群，而今天，经过精心打扮，华丽出场，更如明星一般耀目。李清照的小弟李远也是欢天喜地，他提着自己喜爱的花灯，在院子里跑来跑去，兴奋不已。看见日影西斜，他早就有些迫不及待了，恨不得马上同姐姐及一家人一起，坐车前往汴京御街游赏。

接近黄昏时分，李清照和弟弟李远跟随父亲李格非等一大家子人，一起乘坐马车向御街方向驶去。马车刚刚驶出巷口，继母王惠双就指着一个灯火通明之处对李清照说："这叫影戏棚子，这个时候就灯亮烛明，是为了防止前来游玩的小孩儿走失。一旦有小孩儿不小心和大人走失了，就把他们引到这里来，等待家长前来相认。"

马车继续前行。当马车来到御街附近的一个巷口时，就见山棚万灯齐亮，呈现出金碧相射、锦绣交辉的景象。那山棚上面，还站着身姿曼妙的歌妓美女。她们衣袂飘飘，花枝招展，宛若仙女下凡一般。山棚还设有人工瀑布，就是用辘轳将水绞上山棚顶端，装在一个巨大的木柜中，然后定时将木柜的出水口打开，让水流冲下，从而形成壮观的瀑布景象。在灯光的映照下，瀑布流光溢彩，斑斓生辉，实在是太漂亮了！李清照和李远都看得目瞪口呆，姐弟俩不约而同地下车去观赏。

此时，棘盆内的乐棚里，已经是鼓乐笙簧齐鸣，乐坊歌舞戏曲已经开演了。

看了一会儿戏曲歌舞，李清照便随同家人来到了大相国寺。大相国寺里，除了展出各式各样巧夺天工的彩灯，还有一种很特殊的灯，这便是诗牌灯。这种诗牌灯是用木牌制成的，木牌上雕有文字，外面罩着绢纱，里面燃灯放烛。这些诗牌灯依次排定，供游人猜测。猜诗牌这样的游戏，自然难不倒李清照，同时，更是加深了她对诗牌的浓厚兴趣。

李清照兴高采烈地看着那些诗牌灯，不停地跟家里人宣布自己猜到的答案。这时，堂兄李迥迎面走来，身后还跟着一个和他年纪相仿的书生。只见那个书生为中等身材，看起来有些单薄瘦弱。他穿着一件湖蓝色的长衫，戴着一顶学士帽，显得儒雅又有风度。李迥指着叔叔李格非，回头对那个书生说："明诚，这就是我叔叔。"

听了李迥的话，那位书生快步走到李格非跟前深施一礼，有些腼腆地说："李大人好！学生赵明诚有礼了。"

借着灯光，李格非看清了赵明诚的面容，赶忙抱拳还礼问道："原来你就是赵大人府上的三公子？”

赵明诚忙答说：“正是晚生。”

“听说赵公子对金石书画颇有研究，对公子的才名我早有耳闻，今日幸会！”接着李格非又问道：“赵大人今天没出来观灯吗？”

“家父已先行出来了，”赵明诚说，“他正和朝中几位大人在宣德楼上。”

赵明诚言毕，李格非忽然想起来，今夜，太后、皇上、皇后以及后宫的众多嫔妃，要在宣德楼上观灯，与民同乐，朝中的辅政大臣，也要伴驾随行。

李迥将叔叔的一大家子人，逐一向赵明诚做了介绍。当李迥介绍到李清照时，赵明诚一边施礼，一边紧张得心好像快跳出来，甚至不敢抬头看李清照看一眼。

李迥看到赵明诚的窘迫样子，差点笑出声来。他连忙对李格非说：“叔叔，我们几个同学已经约定，要去金明池看船灯，就不陪你们了。”说完，就拉着赵明诚往人群中走去。

望着赵明诚离去的背影，李清照觉得哥哥的这位同窗十分有趣，见了生人，表现得既害羞又拘束，连走路、行礼都有些笨拙僵硬，心里不由得笑了。走着走着，李清照再次抬起头，却无意中发现赵明诚正在人群之中回头望着她。赵明诚的这一回眸，顿时给了她一种灯下人如玉、公子世无双的感觉。这初遇的时刻，一个无意中的抬头，一个不经意的回眸，仿佛命运牵引一般，两人都愣住了。此时，两个人心里的滴漏，似乎都已不再滴滴答答，时间在此刻仿佛已经凝结了。

这种四目相对，也不知过了多久，李清照才忽然意识到自己的失态。她的心里，像闯进一只小鹿，禁不住地“突突突”跳个不停，霎时间，她便羞得面红耳赤。她连忙转移视线，装作看灯，可内心却是心猿意马，七上八下。

李清照和赵明诚这对佳人才子，就这样在茫茫人海不期而遇。虽然只是匆匆掠过，但却彼此进入了各自的心扉。

其实，对赵明诚这个名字，李清照并不陌生。此前，父亲及前辈们常常在她的面前提起他，说他精研金石书画，学识的渊博让许多大家都自叹不如。

在见到李清照之前，赵明诚也只是欣赏倾慕她的才气。如今相见，他又被李清照姣美脱俗的容貌和气质所倾倒。赵明诚笃定，这一次的相逢，是他这一生最美的相遇。

上元节后，李清照从堂兄李迥那里了解到，这位翩翩公子，就是吏部侍郎赵挺之的三公子赵明诚。赵挺之是朝廷之中新党的拥护者和追随者，而李格非是以苏轼和黄庭坚为核心人物的旧党的拥护者，也就是说，他们的政治立场是完全对立的。所以，赵挺之一派，素来是不与李格非来往的。而赵明诚却不受政治立场的约束，内心十分仰慕苏轼和黄庭坚的才华，与苏轼门下的许多人都有交往。

听了堂兄的介绍，一向心高气傲的李清照，心里不由得滋生出一种特别的情愫，开始有了一种隐隐的期待。

自打上元节那日的见面后，一向活泼明朗的李清照，变得越来越沉默了。在沉默中，还隐隐怀有一丝丝的窃喜。难以言说的思绪，沉甸甸地压在了她的心中，并如野草一般滋生蔓延。每当夕阳西下、月上枝头的时候，她就会倚着窗栏，独自沉思。那个上元节遇见的俊朗身影，总是浮现在眼前，挥之不去。

就这样，李清照在自己的闺房里，憧憬着美丽的爱情。她甚至设想着，有一天赵明诚骑着高头大马前来迎娶她的浪漫情形。少女心事总是诗，落到笔端，就诞生了一首把少女的细腻情思描绘到极致的《浣溪沙·闺情》：

绣面芙蓉一笑开，斜飞宝鸭衬香腮。眼波才动被人猜。

一面风情深有韵，半笺娇恨寄幽怀。月移花影约重来。

李清照的这首言情小调，通过对一个闺中少女情态的几个侧面描写，不仅生动地勾勒出词中少女美丽动人的外貌，而且展现了少女大胆天真的性格，以及蕴藏在心底的那种细腻幽深的感情。

这首词上阕的"绣面芙蓉一笑开，斜飞宝鸭衬香腮"两句，是一副对仗不是很严格的对偶句。"绣面芙蓉"，形容这个女子姣美的面庞宛如出水荷花，光艳明丽；"斜飞宝鸭"，是说她把用宝石镶嵌的飞鸭状头饰斜插鬓边，对自己作了精心的修饰妆点。开头这两句，充分展示词中女主角原本就天生俏丽，再加以入时的华饰，更显非同一般。句中的"一笑开"三字用得最妙，妙在它以动态描写打破了静物写生，起到了将词中的女子从字面上呼出的奇效；而其中的"开"字，在这里用得尤为精巧。诗词之妙，在于字句的精炼通达，每一词一句的含义，都能达到极大的丰富。正如这个"开"字，在这里无疑是指芙蓉花开，但往深挖掘一下，却发现它所表达的另一层意思，却是女主人公心底被禁锢的爱情苞蕾正在绽放。接下来，是"眼波才动被人猜"这句神来之笔，为女主人公的爱情花蕾提出了很好的印证。常言道："眼睛是心灵的窗户。"这个女子美目流盼，宛如一弯流动明澈的秋水，其中，映照着她内心的喜悦与担心秘密被人发现的心理。越怕人猜，越被人猜，生活往往就是这样，越是极力掩饰的东西，越是容易被人发现。词人捕捉到这一真实，用朴实无华的文字恰当地表现出来，更添了几分韵味。

词中的少女，娇俏如花，她斜倚着香炉，静静地回味着某个甜蜜的瞬间。大概是脑海中的某个画面太美，心中的欢喜便无法掩饰，脸上漾出甜美的笑意，如出水芙蓉一般灵秀生动。眉波流转处，心事尽数横陈，却又怕被人猜出心底的秘密。忐忑羞怯之间，少女情动的模样便跃然纸上。

词的下阕，进一步刻画人物的内心世界。"一面风情深有韵，半笺娇恨寄幽怀"这两句，是一副较为工巧的对偶句。句中描写了这样的情景：少女在等待中渐渐生出了埋怨，却仍是念念不忘，于是放下矜持，以书信寄情。结句"月移花影约重来"，写的是当明月上移，花影摇动之时，女主人公的心上人可以赴她花前月下之约。这是一种实况，是一种希冀，还是一种幻影？答案无从考定。但这确是一幅绝美的流动着的画面：月光里，花影下，玉人双双，倾诉着生死相依的情话……

虽是文学创作，但可以肯定的是，那时的李清照，一定与她笔下的少女有着同样的心思。显然，她向往着这样的情节：在某个月朗风清的夜晚，有一个丰神俊朗、才华横溢的男子跟她一起花前月下，互诉心曲。

这首描绘爱情的小令，词句凝练，语言鲜活生动而又不显浮华。如果不是因为李清照所处的时代，是被封建礼教重重包裹的时代，如果不是人们的眼光都充满世俗偏见，那么，李清照笔下的这个秀外慧中的少女，是何等的可爱，她对幸福、自由的追求，又是何等的真挚、强烈和大胆。

李清照所期许的爱情，就这样在她的内心悄然降临了，无声无息。

03 彼此思念，两情相悦

自从上元节在大相国寺观灯，与李清照偶遇之后，一抹相思，便在赵明诚的心里生根发芽。李清照美丽的倩影，总是呈现在赵明诚的脑海里，再也挥之不去了。他常常拿着抄录的李清照诗词作品静静地品读，读着读着，就仿佛看见李清照站在前方不远的地方看着他。他想走上前去与她打招呼，可是，一眨眼的工夫，李清照又不见了。时年 21 岁的赵明诚，第一次尝到了思念的滋味。

出生在钟鸣鼎食之家，父亲是朝中重臣，享受着高官厚禄，赵明诚的人生轨迹，在他出生之前，便似乎已经有了十分清晰的轮廓。十几年来，他寒窗苦读，除了学习一些做人入仕的道理，剩下的大部分时间，都用来钻研金石书画，赏鉴诗文。在遇见李清照之前，他还从来没对哪一个女子动过心思。虽然近年来父亲时常会提起婚娶的事情，可正在太学学习的赵明诚，并没有把这件事情放在心上，总以自己尚在求学来搪塞父亲的问询。

当他见到李清照后，他忽然觉得自己到了考虑终身大事的时候了。

上元节那天晚上，赵明诚实在是太紧张了，以至都没好好地跟李清照说句话。为这事，赵明诚越想越后悔，越想越懊恼。多好的一次机会啊？自己居然没有把握住。他多么希望能有机会再一次见到李清照啊！如果能够再一次相见，自己一定把对她诗词作品的欣赏与崇拜，通通说给她听。他甚至想，即使没有机会讲话，哪怕是再远远地看一眼也行！

为了能再见到李清照，赵明诚可谓是绞尽脑汁，苦思冥想。最终，他想出了一个自认为很是妥当的主意。于是，他找到李迥，谎称近日详尽拜读了李格非大人的许多文章，产生了一些疑惑，想请李迥带他到有竹堂，当面向李大人请教。

这一天，太学放假。一大清早，李迥就带着赵明诚来到了有竹堂。刚进院门，李迥对赵明诚说："明诚兄先在此留步，容我先进去跟叔叔通报一声。"

第一次来有竹堂，赵明诚注意到，有竹堂院落不算太大，院子里的陈设也是简单古朴。南墙旁边的那一丛翠竹，长得葱郁茂盛，竹林下摆放着石桌石凳，给这座小院，平添了几分清幽和雅致。赵明诚暗想：有竹堂，果然有几分雅韵。赵明诚正在仔细打量这个院落，忽然，耳边传来女孩子的欢笑声。他循着声音信步走过去，原来，院落的一侧有一个小小的月亮门，显然是通向李府后花园的。他刚要进门看个究竟，身后却传来李迥的声音："明诚兄，你在哪里呢？叔叔正在书房等着你呢！"

声音刚落，只见一个少女的背影匆匆地跑向了另一侧园门。赵明诚还没来得及看清楚那个背影，李迥已来到他身边，他只得悻悻地跟着李迥进了李格非的书房。

刚才赵明诚见到的那个身影，正是李清照。此时，李清照正在后花园里荡完秋千，出了一身汗，正慵懒地倚在秋千架上休息。当她听见堂兄李迥的喊声，尤其是听到那个熟悉的名字时，李清照一下子从秋千上弹了起来，顾不得再去找鞋子，穿着袜子就向自己的闺房跑去。她心里想，无论如何也不能让自己日思夜想的那个人，看见自己这般狼狈的样子。由于荡了半天秋千，发髻都已经散落下来，金钗也从头上滑落下来。可她什么都顾不上了，掩着羞容继续跑。可跑了几步，咦？怎么没有声音了呢？于是，她在门口停下来，想驻足回头，却又不敢，只好顺势抓起一枝青梅，假装轻闻浅嗅，可眼睛却在寻寻觅觅，期望看到他，却又怕看到他。跑回到自己的闺房后，李清照想起刚才的一幕，怀里就像揣着一只小兔子一样怦怦跳。她不禁有些疑惑：是他来了吗？真的是他吗？这么一个大清早，他干什么来了呢？莫不是……想到这里，李清照的脸已羞得红到耳根了。回头看了一眼，幸好此刻丫鬟不在，不然，那伶牙俐齿的丫头，不知道又要怎么取笑她呢！

到了晚上，李清照还在回想着白天的情景，久久不能入眠。虽然没有看到他的真容，只是听到了他的名字，但已经知道他来过了，这就足够了。那位俊朗书生，翩翩公子，李清照一想到他，就不免耳热心跳。也不知道他白天看没看见自己的狼狈样子，想着想着，李清照的脸又红了。既然睡不着觉，索性铺纸研墨填词一首吧！于是，便有了这首《点绛唇·蹴罢秋千》：

蹴罢秋千，起来慵整纤纤手。露浓花瘦，薄汗轻衣透。
见客入来，袜刬金钗溜。和羞走，倚门回首，却把青梅嗅。

这首词，是李清照描写待字少女神态的传神之作，那种娇羞与率真、矜持与洒脱的少女形象，尽在寥寥数笔之中。

上阕中的"蹴罢秋千，起来慵整纤纤手。露浓花瘦，薄汗轻衣透"，分明是写一种静态，一种少女的慵懒和婉约。远远望去，宁静如一幅山水写意，素雅如一隅独自开放的茉莉花，有一种静如处子的慵懒的美。

下阕"见客入来，袜刬金钗溜。和羞走，倚门回首，却把青梅嗅"，是说正在自己花容不整时，却听见意中人已闯入后花园。作为少女，谁不想以一个完美的形象出现在意中人面前呢？然而，未见想见，真的撞见了，却偏偏又不是时候。自己如此这般狼狈，不成体统，十分害羞，只有躲避。女孩子家的一点心思，就在这一羞一走中展露无遗了。

词中的女主人公都已经跑到门口了，却又不舍离去，忍不住停了下来，倚门偷觑，眼波流动。微妙的心理，却要借一枝梅子去掩饰，女儿家的心思比这青青梅子还要耐人寻味。

唐代诗人韩偓在其所著的《香奁集》中，写过类似的诗句："见客入来，和笑走，手搓梅子映中门。"但相比之下，这韩偓的"笑"与李清照的"羞"，韩偓的"搓"与李清照的"嗅"，境界无疑相差悬殊。"笑"透着放荡，而"羞"却显得矜持；"搓"暗示着忸怩不安，而"嗅"却完美刻画出自然轻灵的神态。二者之间的雅俗之别，不可同日而语。

然而，就是这样一首娇嗔灵动的小词，在当时的社会里，却遭到了众多非议。甚至有人把这首词，排除在了《漱玉词》之外，说它不是出于李清照之手，成为存疑之作。有的人还说，这首词尽是荒淫之语。南宋学者王灼在其所著的《碧鸡漫志》中，是这样评论这首词的："轻巧尖新，姿态百出，闾巷荒淫之语，肆意落笔，自古缙绅之家能文妇女，未见如此无顾藉也。"

其实，李清照只是想寄情于文字，却引来无数人的品头论足，指手画脚，甚至还因此怀疑她的品行。好在她足够潇洒，足够旷达，并不介意这些无端的伤害。面对非议和诋毁，她视之如尘，轻轻拂去，继续她的笔墨人生。

赵明诚被李迥带到李格非的书房，两人见了面互相寒暄一番，话题自然而然就引到了李格非要为赵明诚答疑解惑上边来。可赵明诚哪里有什么疑惑？不过因为他是有备而来，所以倒也应对自如，没有露出什么破绽。但因为他的心不在这里，所以李格非说的话，他自然一句也没记住。

从有竹堂出来，没见到李清照，赵明诚心里似乎还有些不甘。可他没什么理由在这里继续逗留，只得告别李格非悻悻地离开。

回到家里，赵明诚总是一副心事重重的样子。母亲郭氏对小儿子的这种表现很是好奇，以为他有什么为难事不好说出来，虽然几次追问，赵明诚都说没什么事。既然赵明诚不说，郭氏索性也就不再问了。

其实，赵明诚确实是有心事想要告诉母亲，但他始终没敢说出来。他不是不想说，只是还没想好应该怎么说。为此，他的心里不免有些焦虑，更有些担心。在宋朝，虽然社会环境相对开放了许多，可在男婚女嫁的问题上，却依旧比较保守。赵明诚不能直接向父母表明欲娶李清照的心意，却又怕李清照嫁给他人。

经过几天的辗转反侧，昼夜不眠，赵明诚终于想出了能够含蓄地表达自己想法的方式。

这天下午，赵挺之正在书房伏案处理公务，赵明诚敲门而入，客套几句后对父亲说："我刚刚午睡时，做了一个非常蹊跷的梦。"

"哦？"赵挺之问道，"什么梦？快快说来听听。"

赵明诚告诉父亲说，他在梦中遇见了一位老人。那位老人好像是一位道人。老人走到他跟前，给了他一本书，上面写着一些天外异事和天文天象，言语皆是四字一句，古奥难解，不知其意。

赵挺之问道："你可还记得那些文字？"

赵明诚摇摇头说："梦里还记得清清楚楚，可醒来却全忘记了！让我好好想一想，看能不能想起一句两句的。"

忽然，赵明诚拍拍脑袋说："父亲，我记起来了，好像有这三句：'言与司合''安上已脱''芝芙草拔'，其余都记不起来了。"

赵挺之听了，点了点头。

赵明诚接着问道："父亲，这个怪梦，是不是预示着什么啊？"

赵挺之说："让我好好想想。"然后，他就走出了书房。

见父亲走了，赵明诚悄悄笑了起来。他不禁有些得意，因为自己苦思冥想的小计谋，终于得逞了。他相信，他的父亲一定会想办法解开这个谜底的。

第二天，赵挺之早早从朝堂回来，把家里人都召集在一起，开了一个小型家庭会议。会议的主要内容，就是讨论赵明诚梦里出现的那三句话。赵挺之把"言与司合，安上已脱，芝芙草拔"这12个字，写在了一张纸上，递给夫人和另外两个儿子，看他们能不能解开这个谜底。大家传来看去，研究了半天，最后都摇了摇头。

赵挺之看了看大家，然后说："其实，明诚梦到的这三句话，我一开始也没想明白。今天，我去拜访书画博士米芾先生时，顺便谈及此事，他也不知其意。不过他说，会不会是字谜呢？他的话一下子点拨了我。在回家的路上，我终于猜出来了。"

"老爷，那你就快说吧！是不是关系到明诚的功名前程啊？"郭氏显然有些迫不及待。

赵挺之摇了摇头，指着纸上的字说："这'言'与'司'合在一起，不就是一个'词'字吗？"

大家听了，连连点头。

赵挺之又接着说："这'安'上已脱，明显是个'女'字，'芝芙'二字拔掉草字头就剩下'之夫'了，所以，这合起来，不就是'词女之夫'吗？"

大家一听，都恍然大悟。

郭氏说："看来，我们家是要娶一位会作词的女子做儿媳妇了。"

赵明诚听了，连忙低下了头。

"明诚，按你梦中的老者所说，为你择一位会填词的词女为妇，你可愿意？"

赵明诚看到自己的目的已经达到，便故意装出一副茫然无措的样子，低着头说道："这事，全凭父母做主，只要父母满意就好。"

赵挺之听了，连声说道："好！好！此事待我细细查访，看看哪家的闺女是填词的才女。"说到这里，他回头对夫人说："夫人，今天高兴，咱们一家人理应喝酒庆贺一下。"

郭氏听了，也觉得难得老爷这么高兴，就连忙告诉厨房，准备了一桌丰盛的酒菜，一家人开怀畅饮起来。

04 赵家提亲，心定所属

"词女之夫"，儿子的亲事有了大致的选择方向后，身为朝廷吏部侍郎的赵挺之，心里非常高兴。晚饭时，不由地多喝了两杯酒，有些醉意后，便早早睡了。

可赵明诚的母亲郭氏比较性急，一直琢磨着儿子的婚事，躺在床上翻来覆去地睡不着。于是，她忍不住推醒了正在熟睡的赵挺之。

赵挺之醒来之后，有些不耐烦地坐起来，问道："夫人，有事吗？"

"还不是明诚的事！"郭氏说，"难道你不为儿子的婚事着急吗？"

一听是这事，赵挺之笑着说道："这有什么好急的？选个日子，派人前去提亲不就行了吗？"

"提亲？"郭氏有些疑惑地问，"向谁家提亲？"

赵挺之说："当然是向家有'词女'的人家提亲啊！"

郭氏一听这话，便知道自己的丈夫早已心中有数了，就连忙追问道："老爷，快说说看，到底是哪一家的闺女？"

赵挺之说："是礼部员外郎李格非大人的千金，名字叫李清照。"

"是李府之女？"郭氏又急不可耐地说，"既然你早就知道了，那为啥还不赶快派人去提亲？"

赵挺之说："去提亲是必然的，可是，托谁去提亲好呢？"

一想到这个问题，赵挺之一下子便睡意全无。他干脆穿好衣服，来到了书房里，夫人郭氏也陪着他来到了书房。

其实，赵挺之早就听说过李清照这个名字，还在吏部的几个同僚家里，见到过李清照写的几首诗词，尤其是《浯溪中兴颂诗和张文潜二首》，让他感到十分惊异，也十分佩服。他没想到，一个涉世不深的闺中少女，竟然有如此的见识和见解，简直让人难以置信。由此来看，她一定是一个博览群书的才女。她对"安史之乱"有着深刻而独到的见解，其"史识"和"史德"的深厚，甚至不亚于前人大家。

赵挺之知道，如果这样一位出类拔萃的才女能够成为赵家的媳妇，不仅是儿子的福分，也是赵家的荣耀。可是，虽说眼下李家不及赵家显赫，但李格非受知于苏轼门下，其学问和文章远在自己之上。他深知李格非为人耿直，一向把"义"字看得特别重。而他与苏轼在政见上不合，尤其在对苏轼的贬谪一事上，曾经推波助澜，做了很多比较过分的事情。由此来说，李家和赵家处在一个完全不同的政治立场上。赵挺之觉得，此时，如果托请不太合适的人去提亲，就会碰壁而归。一旦碰壁，儿子的这门亲事就难以挽回了。因此，在赵挺之看来，选择谁来当这个提亲的人非常关键。

当赵挺之把自己的顾虑说给夫人郭氏听时，郭氏有些不以为然。她说："那还不好办？咱们就拜托礼部尚书金崇岳金大人前去李家做媒，难道李格非还不给他顶头上司的面子？"

"夫人此言差矣！"赵挺之说，"你是不了解李格非的为人，他是那种宁折不弯的人，不是用官职就能压得住的。"

赵挺之一边在屋里踱着步子，一边将自己身边的亲友和同僚一个接一个衡量了一番。他几乎绞尽脑汁，仍然没有合适的人选。

正当他一筹莫展之时，管家匆匆走进来说："老爷，书画博士米芾先生来访。"

"这么晚了，米芾先生来做什么？"赵挺之不免有些惊诧，但随之又眼前一亮，说道："对啊！我怎么就没想起他来呢？这真是踏破铁鞋无觅处，得来全不费工夫啊！夫人，我们的贵人来了，这真是天助我也！"

见郭氏有些不解的样子，赵挺之马上解释说："米芾先生与我交情深厚，与李格非交情也是不浅。听说，他不但喜爱李清照的诗词，而且还教过她如何运笔练书和丹青技法呢！若求他上李家去提亲，是再好不过的人选！"

说话间，赵挺之正要出门去迎接，米芾却已经来到了书房。

原来，米芾听说赵挺之收藏了一幅李斯的《泰山刻石》墨拓卷轴，便怎么也睡不着，即使已经很晚了，也要在当天欣赏到这幅墨宝。

赵挺之明白米芾的来意后，连忙从柜中取出墨拓，在书案上展开，让米芾详细观看。

米芾逐字逐句地看了一遍之后，又一笔一画地细细揣摩起来。揣摩完后，他把卷轴挂在墙壁上，然后向后退了几步，眯着眼睛，一边看一边大声赞叹不止。

赵挺之看出来他十分喜爱这幅墨拓卷轴，便笑着说道："博士若是喜爱，就拿去吧！"

米芾有些不相信自己的耳朵，惊诧地问道："你说的是真的吗？你可舍得？"

赵挺之笑着说："博士，我有什么舍不得的？我本来是个门外汉，此物留在我这里就被埋没了。博士精于此道，此物送给你，也是为它找到了一个最好的归宿。"说着，赵挺之把卷轴重新卷起来，亲手交到米芾手上。

米芾自然是乐不可支。这时，仆人送来了热茶，二人一边饮茶，一边闲谈起来。谈了一会儿，赵挺之把话题一转，说道："今天我有件家事，想有求于博士，不知博士愿不愿意帮我的忙？"

米芾说："兄台有事尽管说就是了，何必客气呢？只要我能做到的，一定竭尽全力。"

"犬子明诚，今年已满二十岁，想为他定一门亲事……"

还没等赵挺之说完，米芾就已经明白了他的意思，便大声笑道："这是一件好事啊！不知仁兄看上了哪家的闺女，是要请我做媒吧？"

赵挺之说："是礼部员外郎李格非大人的闺女，博士以为如何？"

"哎呀呀，挺之兄可真是好眼力啊！原来你说的，就是李清照啊！那可是一位不让须眉的才女！她写的词，不仅传遍京师，听说还传到了洛阳、长安和江南。她不仅博览群书，而且在书法、丹青以及音律等方面，也都造诣颇深，就连许多文坛名家，都对她大加赞赏呢！"

赵挺之说："若博士愿为犬子做媒，挺之将不胜感激！"

"此事就包在我身上了！"米芾拍了拍胸脯，信誓旦旦地说，"挺之兄，你和夫人就在家里静候佳音吧！"

米芾是个说到做到的人。第二天一大早，他就来到了有竹堂。他一进门就笑着对出来迎接他的李格非说："格非兄，你可知道我这一大早就来了，是为何事吗？"

李格非想了想，说道："是给我送来了我所乞求的那幅墨宝吗？"

"墨宝还不曾带来，"米芾笑着说，"不过，今天我带来的是一桩喜讯。"

原来，上个月李格非去拜访米芾时，看见他书房的墙壁上，挂着一幅《升仙太子碑》碑文，字体雍容婉畅，笔画柔而不软，圆转而豪放，让人看之难忘。于是，李格非便向他索要。米芾说："此件已经有主了，这样，等我有时间，再照此样给你写一幅吧！"李格非一听，自然高兴，便每天都期待着早日能拿到米芾先生墨宝。

听了米芾的话，李格非问道："喜讯？可不知喜从何来啊？"

米芾故意卖了个关子，任凭李格非怎么问，就是暂且不说下文。李格非急了，问道："米大人，你倒是快说啊！在下正洗耳恭听呢！"

看见李格非急不可耐的样子，米芾才慢条斯理地说："不瞒你说，我今天是受人之托，来讨杯喜酒喝的！"

李格非一下子明白了，原来他是来做媒的。

近一段时间，李家已接待过十多位前来提亲的人，男方大多都是王公贵胄的子弟，但他总是觉得不妥，都以女儿年龄尚小为由婉拒了。其实，李格非和王惠双早就为李清照的婚事留心了。按当时风俗，有的女孩子刚十四五岁就已经定亲了。在李格非看来，凭自己女儿的学识和才华，男方的家世和背景都不是最主要的，最主要的是男方不仅要人品好，而且还要文采出众，这样才与女儿般配。在东京汴梁，男方能够做到人品和才气兼备的，实在是寥若晨星。李格非心想，今日米芾先生专为此事而来，不知是为谁家公子提亲？

听说书画博士前来提亲，王惠双连忙放下手里的针线活，亲自端茶来到客厅。

见王惠双来了，米芾连忙说道："嫂夫人，请你坐下一起听一听吧！"

于是，米芾就把赵挺之托他做媒的事情，一五一十地详细讲述了一遍。最后，他几乎拍着胸脯说："我对赵府这位三公子赵明诚还是比较了解的，论学识、论人品，在京城都是数一数二的，全然没有一般纨绔子弟的骄奢习气。"

正当他们在客厅谈论这桩婚事时，在后院紫罗兰架下作画的李清照听说米芾来了，便放下画笔，大声说道："米叔叔真是我的及时雨，快看看我的构图对不对。"说着就朝客厅跑来。

还没到客厅门口，李清照就见丁香朝她摆了摆手，示意她不要出声，然后拉着她回到了闺房，悄声说道："米大人是来给你提亲的。"

李清照问道："又是哪一家？"

丁香说："是吏部侍郎赵大人家。"

李清照说："赵大人？是哪个赵大人？"

丁香说："还记得上元节赏灯时，和李迥公子一起去的那个太学生吗？"

"难道是他？"李清照惊讶地喊道，"你说的是赵明诚？"话音刚落，李清照不由得一下子羞红了脸。直到今天，上元节见到的那个俊朗的身影、那个如火的目光，还在李清照的脑海里萦绕着，挥之不去。可她还是马上镇定下来，在丁香面前尽力装出不在意的样子，语气变得平静地说："哦，我知道了，你先出去吧！"

丁香出去帮王惠双招待客人去了，李清照一个人在闺房里继续作画。说是作画，其实早已变成了心猿意马的胡乱涂鸦。她猜测，继母可能很快就会来到自己房间，征求她的意见，到那时，自己应该怎么说呢？想到这里，李清照的脸不禁又红了。

可李清照左等继母不来，右等继母不来，直到客人都已经送走了，还是不见继母的身影。究竟怎么回事呢？李清照的心里有些不淡定了。

李格非和米芾在客厅里谈了整整一上午，期间，继母曾多次进进出出，为他们上茶、端瓜果，有时也坐在一边听一听，甚至插上几句话。丁香也曾几次想替夫人进去送茶，一边打探一些消息，但都被夫人拒绝了。

一整天，李格非和米芾都在一起边吃边谈，说笑之声不绝于耳，直到太阳偏西，客人才离去。

李清照本以为客人走了之后，父母会将提亲之事告诉她，谁知他们一直未漏口风，而且似乎还有意避着丁香。这种种迹象，让李清照有些魂不守舍。她心里想，米大人果真是为赵明诚提亲而来吗？丁香的消息准确吗？

李清照手里拿着书，心思却早已不在书上。她望着窗外，外面不知什么时候已经下起了小雪，纷纷扬扬的雪花，落在窗前的梅花之上，把半开的梅花映衬得更加妩媚动人。一瞬间，李清照忘记了自己的心事，开始欣赏起雪打梅花的景致来。

事实上，自从米芾先生走后，李格非夫妇就一直在商量着女儿的婚事。他们并没有当面答应米芾的提亲要求，不过也没当面回绝他。在表示了对米芾的谢意后，李格非说要和女儿好好商量一下，为自己留出了可进可退的余地。他觉得，这毕竟是女儿的终身大事，一定要考虑周全再做决定，不能因为仓促做出决定铸成大错，从而让女儿受委屈。

米芾走后，王惠双悄声对李格非说："格非，赵家的情况你都了解吗？"

"虽然不能说完全了解，但同朝为官，多少还是有些耳闻的。"李格非停了一会儿，然后继续说，"赵挺之是当今朝廷的吏部侍郎，山东密州（今山东省诸城市）人氏。他的父亲赵元卿曾在大名府（今河北省大名县东南一带）为官。在众多的大臣中，赵挺之在百姓中的口碑还算是好的。当年，因担心地处黄河岸边的有一个叫宋城的小县城决口，有的官员建议把县城和百姓都迁往别处。为了掌握实情，朝廷派赵挺之前去考察。他经过一番细致的考察论证后，认为宋城已建城千年之久，从来没被水淹没。而要迁往的地方，地势低洼，水流又急，更容易决口。新县城一旦遇上洪灾，不但全城被淹，百姓更是无处逃身。因此，他给朝廷上书，慷慨陈词地坚决反对迁城，最终阻止了这场劳民伤财的闹剧发生。"

王惠双接过话茬说："听说赵挺之历来与苏学士（指苏轼）不和，也和黄庭坚、张耒、晁补之等人不相容，而你又是受学于苏先生，若清照嫁到赵家，你是不是两头都不为好人了？"

李格非说："夫人的顾虑，不是没有道理。不过，我虽受学于苏先生，但与赵挺之之间并无任何恩怨。其实，赵挺之大力推行的新法，是为了'富国强兵'，只是因为一些官员在推行新法时阳奉阴违，从而引发了朝野上下的一片反对之声。我知道，以苏先生为代表的旧党人士，并不是真正地反对新法，只是指责变法操之过急，增加了农民的负担，从而引发天怒人怨。我觉得，新旧两党之争，属政见各异，不应隔断彼此的交往。所以，我若答应赵挺之这门亲事，并没有什么不可以的。"

李格非还说："虽然我只见过赵明诚两次，但对他的外貌和谈吐是很欣赏的。他的两个兄长赵存诚和赵思诚，都曾经是我的学生。在太学里，他们都很稳重、谦逊，学业也非常优秀。我知道，米芾这个人是从来不轻易表扬别人的，今天他对赵明诚大加赞赏，也充分说明赵明诚这个青年，绝非一般的平庸之辈。"

王惠双听了，觉得丈夫说得句句在理，便以商量的口吻说："我们还是先征求一下女儿的意见吧！毕竟这是她的终身大事。"

"你说得对！"李格非说，"夫人，那你就去问问清照吧！"

王惠双点了点头说："清照应该还没睡，我这就过去找她。"

当她来到李清照的闺房敲门时，李清照正坐在窗前，看着外面飘飞的雪花发呆。当李清照打开房门见到继母时，内心早已明白了继母的来意。但是，她依然装作若无其事的样子，仿佛什么事情也没发生过。

王惠双说明了来意，让李清照说说自己的想法。顿时，一抹红霞又一次飞上了李清照的脸颊，她低着头小声地说："一切全凭父母做主，清照没有意见。"

知道了女儿的想法，王惠双没在李清照的房间久留。她要早点告诉丈夫，以便决定下一步该如何安排。

看着继母走出自己的房间，李清照悬着一整天的心总算放下了。

当李清照再次望向窗外时，她惊奇地发现，雪不知道什么时候已经停了，一轮满月挂上了树梢。月光下，那被白雪轻覆的梅花，更显晶莹剔透，娇俏迷人。如此良宵美景，没有酒怎么能行呢？不如开怀一醉吧！于是，李清照便在窗前把盏，开始独斟自饮。酒至微醺，李清照铺纸研墨，一首《渔家傲·雪里已知春信至》就跃然于纸上：

雪里已知春信至，寒梅点缀琼枝腻。香脸半开娇旖旎，当庭际，玉人浴出新妆洗。

造化可能偏有意，故教明月玲珑地。共赏金尊沈绿蚁，莫辞醉，此花不与群花比。

李清照的这首词，写的是梅花，也是写词人自己。

词上阕写寒梅初放。梅花，开于冬春之交，最能惊醒人们的时间意识，使人们萌生新的希望。由此，梅花被认为是报春之花。南朝梁诗人何逊所作的一首五言古诗《咏早梅》中，就有这样的句子："兔园标物序，惊时最是梅。衔霜当露发，映雪凝寒开。"因为梅花斗雪迎寒而开，总是独占春首，告诉人们春天已经来了。

点点寒梅，点缀在玉树琼枝上，看起来洁白如玉，又晶莹剔透。这些梅花，都是半开着的，娇艳欲滴。花至半开，酒至微醺，刚好是最美的状态。香脸半开，是梅最饱满也最美的时候。而盛开的花，却常会让人想到迟暮的狼藉。

这样描写梅花的美还不够，还要更加深入："当庭际，玉人浴出新妆洗。"美人出浴，是最美丽、最富刺激性的瞬间，体香混合着种种自然界的香气，既诱人又香艳。

词的下阕转用侧面烘托。造化钟情于梅花，本来已经够美了，又派来明月为它增辉，使暗香浮动，疏影横斜。值此良宵，且备金樽、绿蚁，花前共一醉。绿蚁，是指酒面的浮沫。月下之梅，更添了几分神秘朦胧的韵致。在月下饮酒，赏花，哪怕是醉了，也没有关系。月下之梅，本来就有让人陶醉的资本。

在这首词中，银色的月光，金色的酒樽，淡绿的酒，晶莹的梅织成了一幅画，呈现得如梦如幻，空灵优美。词人抓住寒梅的主要特征，用比喻、拟人、想象等多种手法，从正面刻画梅花形象。在对寒梅作了总体勾勒后，又以生花妙笔，点染其形象美和神态美。同时，这首词做到了移情于物，以景传情，意中有景，景中寄意，体现了李清照词的特色。与前人的咏梅诗词相比，李清照的这首词，在艺术上有了很大创新。

05 喜结连理，夫妻恩爱

米芾受赵挺之之托去有竹堂提亲时，李格非夫妇答复说，待征得女儿的同意后才能有结果，让米芾先生等候消息。可米芾是个急性子的人，他等了三天仍然不见李家的消息时，便有些坐不住了。

米芾的心里明白，李清照的才华和名声，是赵明诚所不及的。但如今，汴梁城里要找一个比赵明诚更优秀的男人，恐怕也不是那么容易。在此之前，一些家世煊赫的人家，都曾托人到李府提亲，可结果都被李格非夫妇婉拒了。这一次，李格非夫妇虽然没有拒绝米芾，但也并没有答应他。因此，米芾越想越不放心，就决定再去一趟有竹堂。

正当米芾准备出发时，家人从外面拿来一封信，说是礼部员外郎李格非打发人送来的。米芾大喜，还没等打开信，就似乎已经猜到了信的内容。果然，李格非夫妇在信中表示，同意女儿的这门亲事。于是，米芾依然走出家门，这次是兴高采烈地到赵挺之府上去报喜。

到了赵家，米芾当面告诉赵挺之夫妇，说李家已经同意这门亲事了。

赵挺之夫妇听了，高兴极了，连忙命人备好酒菜，赵挺之与米芾边饮酒边议论起与婚事有关的事情来。

按照东京汴梁的习俗，男女婚嫁要行"六礼"，即"纳彩""问名""纳吉""纳征""请期""迎亲"。当男方托请媒人去女家提亲，女家同意后，便开始进行"六礼"中的第一礼——"纳彩"。

米芾告诉赵挺之夫妇说，李格非夫妇不仅通情达理，而且为人随和。李格非夫妇说，女儿的婚嫁可以从简，不必严格按"六礼"行事。这样，既可以省去一些不必要的繁文缛节，又能有效避免铺张浪费。

赵挺之听了，连忙摇头对米芾说："不可，不可！李家越是开明，我们越是应该隆重一些。这'六礼'之仪，是缺一不可的！"随后，他又对夫人说："这事，你就早一点开始张罗吧！万不可从简。"

交代完夫人，赵挺之接着对米芾说："米大人，这事还得麻烦您多跑几趟，多多了解一些李家的需求，咱可不能失了礼数。"

米芾说："好，请挺之兄放心，这事就包在我身上了！"

随后，米芾就去了有竹堂，跟李格非夫妇商议"纳彩"的相关事宜。李格非夫妇仍旧主张一切从简，可李清照觉得，自己的婚嫁一切从简可以，但还是得要一些彩礼。这位不同凡响的才女，所要的彩礼也果然不同凡响。她不像一般女子那样，要一些金银首饰和绸缎布匹等，他却只要苏轼、黄庭坚和米芾三人的墨迹各一件。

"纳彩"之礼结束不久，赵家就向李家下了婚帖，而且免去了很多不必要的繁文缛节，这正合求新脱俗的李格非父女之意。李清照从赵家的来帖中，进一步了解了赵明诚的家世。赵家不仅与李家"门当户对"，而且赵家原籍在山东密州，与济南章丘近在咫尺，这也使她产生了一种特殊的亲近感。

与所有闺中待嫁的女子一样，自定亲后，李清照的心里既感到幸福，又有些紧张。她知道，前面等待着她的，是一个陌生而又奇妙的世界。她想了很多，想得最多的还是赵明诚。她想，他到底是一个怎样的人呢？是否如他表面所展现的那样温和儒雅呢？一旦过门，跟公公婆婆以及众多兄嫂姐妹一起，是不是有很多规矩和不便呢？他们是不是容易相处呢？一想起这些，李清照的内心真的好紧张！

但是，李清照还是很开心的，她期盼着即将到来的幸福。此时的李清照，就好像被灵感的女神亲吻过一般，一口气写了不少以好花明月进行自比的咏物词。这首《鹧鸪天·桂花》就是其中之一：

暗淡轻黄体性柔，情疏迹远只香留。何须浅碧深红色，自是花中第一流。
梅定妒，菊应羞。画栏开处冠中秋。骚人可煞无情思，何事当年不见收。

这首词，是一首盛赞桂花的作品。在李清照的词中，咏花之作很多，但推崇某种花为花中"第一流"还仅此一篇。一般的咏物诗词，是以咏物抒情为主，绝少议论。而李清照的这首咏桂花词，却一反传统手法，以议论入词，又托物抒怀。咏物不乏形象，议论充满诗意，堪称别开生面。

上阕中的开篇"暗淡轻黄体性柔，情疏迹远只香留"两句，虽然短短十四字，却形神兼备，写出了桂花的独特风韵。前一句重在赋"色"，兼及体性；后一句重在咏怀，突出一个"香"字。

据有关资料记载，关于桂树，有"银桂""金桂"和"丹桂"之分。开白花者名银桂，开黄花者名金桂，开红花者为丹桂。桂树常生于高山之上，四季常青，以同类为林，间无杂树。桂树秋天开花者为多，而且香味浓郁。色黄而冠之以"轻"，再加上"暗淡"二字，说明桂花不是以明亮炫目的光泽和秾艳娇媚的颜色来取悦于人。虽色淡光暗，却秉性温雅柔和，像一位恬静的淑女，自有独特的动人风韵，令人爱慕不已。桂花情怀疏淡，远迹深山，惟将浓郁的芳香常飘人间，犹如一位隐居的君子，以其高尚的德行情操，赢得了世人的敬佩。

在接下来的"何须浅碧深红色，自是花中第一流"两句中，词人认为品格的美、内在的美尤为重要，由咏物转入议论，反映了作者的审美观。"何须"二字，把仅以"色"美取胜的群花一笔荡开，推出色淡香浓、迹远品高的桂花，且大书特书。这是全词的第一层议论。

下阕开头的"梅定妒，菊应羞，画栏开处冠中秋"，说的是连作者一生酷爱的梅花，在"暗淡轻黄体性柔"的桂花面前，也不能不油然而生忌妒之意。而作者颇为称许的菊花，也只能掩面含羞，自叹弗如。在这里，词人并不是一味要贬低自己一向喜爱的梅、菊，她是想通过对以香取胜的桂花的褒赞，而将自身的"内在美"表现出来。这是全词的第二层议论。

结尾的"骚人可煞无情思，何事当年不见收"两句，所表达的意思是，传说屈原当年作《离骚》，遍收名花珍卉，以喻君子修身美德，唯独桂花不在其列。因此，作者很为桂花抱屈，毫不客气地批评了这位先贤，说他情思不足，把香冠中秋的桂花给遗漏了，实乃一大遗恨。这是全词的第三层议论。

李清照的这首咏物词，咏物而不滞于物，或以群花作比，或以梅菊陪衬，或评骘古人，从多层次的议论中，形象地展现了词人那超尘脱俗的美学观点和对桂花由衷的赞美和崇敬。桂花貌不出众，色不诱人，但却"暗淡轻黄""情疏迹远"又馥香自芳，这正是词人品格的写照，显示了词人卓尔不群的审美品位。

宋徽宗建中靖国元年（1101年），在李清照18岁、赵明诚21岁时，赵家吹吹打打地把李清照娶进家门，成为赵明诚的夫人，完成了"六礼"中的最后一礼——"迎亲"。

这一对才子佳人的结合，仿佛是有神灵的护佑，简直就是"天作之合"。用郎才女貌、珠联璧合来形容他们二人，都远远不足以体现他们婚姻的幸福和美满。其实，他们更像是一对志同道合的朋友，正如明代学者赵世杰在《古今女史》卷一中所评价的那样："自古夫妇擅朋友之胜，从来未有如李易安与赵德甫者，佳人才子，千古绝唱。"

酒阑人散之后，赵明诚挑起了李清照的红盖头。四目相对的那一刻，他竟然一阵恍惚，搞不清楚是梦还是真。她姣美羞涩的容颜，像一尊晶莹剔透的雪雕，只一瞬间，便融化在他如火的目光里，内心从此温软得不可收拾。

婚后，赵明诚恪守太学规则，平时住校，每月的初一、十五请假回家，与亲人团聚。在请假回家的那一天，他首先要步行到汴京最大的古玩市场——相国寺万姓交易市场，用自己平时省吃俭用积攒的零花钱，购买一些古玩字画、名人碑帖等。碰到特别心仪的宝贝，如果手头的钱不够，他会不惜当掉身上所有值钱的物件，包括衣服，然后把宝贝淘回家。在购置碑文书画的同时，他还总是不忘留下一点钱，买回一些妻子爱吃的时鲜果品。回到家里，小两口一边亲昵地在一起吃着零食，一边欣赏着买回来的碑文书画，宛如一对让人艳羡的神仙眷侣。

生活是艺术的源泉。李清照沉浸在丈夫温柔的眼波里，被他宠着、惯着、呵护着。不仅眼角眉梢都是娇俏可爱，就连她这个时期填的词，也充满了小女人的娇羞与幸福，这首《减字木兰花·卖花担上》就是其一：

卖花担上，买得一枝春欲放。泪染轻匀，犹带彤霞晓露痕。
怕郎猜道，奴面不如花面好。云鬓斜簪，徒要教郎比并看。

在这首词中，李清照精心剪裁下了自己新婚中浓情蜜意的一个小小片段，读来让人耳目一新。

当时，正当仲春时节，各种时令鲜花都已竞相绽放。清晨，花农挑着卖花担子，开始走街串巷地叫卖，吆喝声飘进了刚刚梳妆完的李清照的耳朵里。和所有那个年龄的少女少妇一样，李清照也爱花，所以，她急忙跑出来看。那卖花担子上简单、随意绽放着的形形色色的春花，带着清晨的露珠，娇艳欲滴，就像新妇脸上略带羞涩的欢欣。她买了一枝，花枝上露珠轻颤，让人爱不释手。

她拈着这枝花儿，盈盈地向院里走去。她想让房里那个他，跟她一起分享这份欣喜。走着走着，轻快的步子突然变得有些迟疑。手中的这枝花含苞带露，娇艳欲滴，如同少女盈盈的眼眸，她因此不禁心里生了怯。"怕郎猜道，奴面不如花面好。"他会不会觉得这枝芳姿倾城的花儿，比自己更好看呢？

想到这里，一个调皮的小伎俩升腾在脑海里。她将这枝春花斜插在云鬓上，悄悄走进房里。他正背对着她，她因此轻轻地伸出双臂，环绕在他的腰间，满怀期待，娇嗔地问道："花美，还是人美？"

他识破了女儿家的这点小心思，笑而不语。看着她撒娇的样子，像宠着一个任性的孩子。

这一年的暮春时节，琼林苑里芍药花开得正盛。王皇后要去观赏芍药，要求朝廷大员的女眷前去伴驾。赵挺之的夫人郭氏接到伴驾赏花的圣旨，说允许再带一名家眷同游，赏花期间还要比赛赋诗填词。

郭氏想来想去，决定带着新婚的三儿媳妇李清照前去赏花，并与其他的女眷比赛赋诗填词。而对于李清照来说，赋诗填词根本就不在话下。

琼林苑原是宋太祖赵匡胤所建，俗名叫青城，和另一座皇家园林金明池南北相对。这里，不仅是皇家游猎赏花之处，还是皇上宴请新科进士之处。宋太宗天平兴国二年（977年），太宗赵匡义赐宴新科状元于此，便有了琼林之名。琼林苑以佳花名木为胜，苑中小径由汉白玉铺成，两旁植以古松奇柏；花圃中栽有山丹、茉莉、瑞香、含笑、麝香等名贵花卉；苑中辟有石榴园、樱桃园、梅亭、牡丹亭等专园，以更好地养育花木。苑中还凿有明池，池上有一小桥，桥头被绿柳掩映，宛如画境，美不胜收。在牡丹亭边上，是一座占地十余亩的芍药园，万千花团如云如霞。

由于皇后要来赏花，芍药园附近已由宫中禁军守护起来。在皇后赏花之前，任何闲杂人等都被拒之于门外。此时，李清照也只能暂时站在一个高岗上远远地眺望，想象着芍药盛开时的模样。

这样大约过了半个时辰，就听远处有人喊道："皇后驾到！"听到喊声，女眷们纷纷跪拜，迎接皇后。

赏花开始了。李清照随着衣着华丽的女眷，簇拥着王皇后在小径上缓缓地走着、看着，大家不时地发出一声声的赞叹。李清照距离王皇后比较远，不用太过约束，因此，她可以随心所欲地赏起芍药来。

牡丹素来有"花中之王"的美称，而芍药便被称为"花相"。琼林苑里的芍药，不仅品种繁多，有单瓣的，也有复瓣的；而且花色多样，有紫红的、粉红的，也有黄色的和白色的。他们在徐徐的清风中轻轻地摇曳着，像是在向游人点头示意。

不知不觉中，前面队伍停了下来。李清照往前面一看，原来芍药园旁已经摆好了桌子，备好了笔墨纸砚，诗词比赛活动即将开始了。比赛采取自愿的方式，愿意参加的人，自己到前面领取纸笔。郭氏早就盼着这一刻了，她急忙走到桌子边，领取了一套纸笔，回来交到儿媳手中。她知道，儿媳李清照大展身手的时候到了。

李清照从婆婆手中接过纸笔，略一沉吟，便挥笔写下了一首《庆清朝慢·禁幄低张》：

禁幄低张，彤阑巧护，就中独占残春。容华淡伫，绰约俱见天真。待得群花过后，一番风露晓妆新。妖娆艳态，妒风笑月，长殢东君。

东城边，南陌上，正日烘池馆，竞走香轮。绮筵散日，谁人可继芳尘。更好明光宫殿，几枝先近日边匀。金尊倒，拼了尽烛，不管黄昏。

李清照收笔后，一直站在旁边的郭氏，简直不敢相信自己的眼睛。她虽然知道儿媳李清照是一位少有的才女，但她没想到，儿媳的才华居然如此的超群绝伦，果真是名不虚传！

当郭氏把李清照作的《庆清朝慢·禁幄低张》交到当值宦官夫人手中时，其他参赛的女眷大多还没动笔。她们有的正在构思，有的像涂鸦一般刚写出了一句半句。郭氏见了，心里不是一般的高兴。

等到所有参赛作品都被展出时，共计有八十六首诗词。经过几轮评选，李清照的《庆清朝慢·禁幄低张》毫无悬念地荣登榜首。此刻，李清照为赵家争了光，扬了名，郭氏的脸上备感荣耀。

第三章

政治风云突变幻,
世事翻覆深莫测

01 夫君爱好，鼎力相助

结婚之前，赵明诚曾一度担心李清照不喜欢他钟爱的金石书画事业。而在结婚以后，赵明诚发现，他的这种担心完全是多余的。

不知是爱屋及乌的原因，还是金石书画的收藏与鉴赏，跟诗词创作本来就不分家的缘故，结婚以后，李清照很快就对丈夫所喜爱的金石书画收藏产生了浓厚的兴趣。慢慢地，她开始学会帮助赵明诚收集和整理金石书画，既摆脱了空闺的寂寞，又找到了别样的快乐。因为赵明诚正在太学苦读，按照太学的规则，赵明诚平时要住校，每月的初一、十五才能请假回家，与李清照相聚。

在相聚的日子里，他们携手同游京城著名的山川园林，以及繁华的闹市街巷。赵明诚去太学的时候，李清照便独自在家，整理金石书画。累了，她就坐下来读书、写字、填词，偶尔还会作一幅画，弹几首曲子。日子虽然清寂一些，却也是怡然自在。

沉醉在书香里的人，往往都喜欢独处，不喜欢喧嚷。对李清照来说，热闹的车水马龙，往往没有墙角一隅那一株静默的梅花，更能吸引她的视线。

日子就这样轻轻浅浅、无波无澜地过着，但简单而又充满诗意的生活里，也难免会有一些小遗憾和小忧伤。赵明诚收集文物、鉴别文物，需要不断地去选购，这就需要经济来支持，也就是需要钱来做支撑。此时，赵明诚还在上学，经济上还完全依赖父母。

赵明诚的父亲赵挺之虽然是朝廷重臣，但他最初也是从贫寒的读书人一步一步走过来的，所以，他的家风很严，对赵明诚从不娇惯。他对赵明诚痴迷金石书画常怀警惕之心，生怕他玩物丧志而影响仕途，所以，在经济上自然严加控制。在父亲的约束下，赵明诚从来不像一般官宦子弟那样挥金如土，只有每月父母给的一些零花钱可以自由支配。尽管自己省吃俭用，但还是时常捉襟见肘，在这样一个经济状态下收集文物，确实是相当不容易的。

以李清照和赵明诚的经济状况来看，过平常日子应该还是绰绰有余的，但内行人都知道，金石书画收藏是一项相当奢侈的行业，没有一定的经济基础，是很难维持下去的。李清照深知这一点，但当她受赵明诚的影响也迷上了这个事业时，不仅全力支持丈夫采购金石书画，甚至还亲自出马，到文物市场去淘宝。

沉迷在丈夫所喜爱的事业里，李清照几乎忘记了自己。也许，这就是爱情的力量吧！

有时，在李清照的面前，赵明诚的内心禁不住地感慨道："今生有你为妻，我赵明诚是何等的幸运！"

李清照在自己所著的《〈金石录〉后序》里记载，为了收藏金石文物，她和赵明诚不得不时常去典当衣服。当赵明诚从太学回来时，他们夫妻二人就结伴到当铺去，夏天典当冬天的衣服，冬天典当夏天的衣服，然后拿着换来的钱，到相国寺的古玩市场去淘金石书画。一旦淘到中意的物件，回到家里之后，就会挑灯夜观，快乐至极。日子虽然简朴，生活却充满乐趣。在李清照的心目中，那样的快乐是无法比拟的。

一天午后，李清照正在家里读书，只见赵明诚气喘吁吁地跑了进来，身上连袍子都没穿，样子十分的狼狈。李清照赶紧为他斟了一杯茶，让他坐下来歇息歇息。过了片刻，赵明诚才慢慢地恢复了常态。他告诉李清照，他淘到了两幅苏轼和黄庭坚的墨宝，身上带的银两不够，就把袍子给当了。

对于赵明诚来说，香车宝马、良田广厦，都比不上那些带着岁月痕迹的文物。苏轼和黄庭坚是赵明诚最敬仰的两位前辈，也是李清照最看重的两位大师，所以，赵明诚遇见他们的墨宝，岂能错过收藏的机会？

李清照懂得赵明诚，深知金石书画在他心目中的分量。赵明诚刚一说完，李清照就从箱子里拿出两锭银子来，让他去将锦袍赎回来。赵明诚点头谢过，出去很快赎回了锦袍，还带回了几包特产小吃。李清照见了，安然地与赵明诚肩并肩地靠在一起，一边吃着小吃，一边满怀兴致地欣赏这些墨宝，两个人幸福的神态，连神仙见了都忍不住妒忌。

生活就是这样，有幸福的时候，当然也有失落的时候。

几个月后的一天，有客人到访，拿来了一幅徐熙的《牡丹图》。徐熙是五代南唐最负盛名的画家，他出身江南名族，一生以高雅自任而不肯出仕。他的花鸟作品飘逸潇洒，无不富有生动的意趣。在画法上，他一反唐代以来流行的晕淡赋色，独创一种落墨的表现方法，即先以墨写花卉的枝叶蕊萼，然后傅色，不掩笔迹，神韵自然生动，人称"落墨花"。

徐熙的《牡丹图》，是闻名天下的绘画神品，百余年来许多人都在追寻，却始终未见踪影。没想到，竟然有人送上门来，这让李清照和赵明诚欣喜万分。不久后，客人告辞而去，却将画留下了，说让他们仔细观赏鉴别，三天后再来听回音。客人还说，画的价钱已在包袱中的字条上标明。想必，赵明诚的人品在收藏界是有口皆碑的，所以，客人很放心地留下了这幅绝世名画。

把客人送走后，李清照和赵明诚便迫不及待上楼，小心翼翼地把画卷取出来，恭恭敬敬地挂在墙上。两个人远观观近看看，"啧啧"之声不绝于口。他们又把画从墙上取下来，放在书案上，对纸质、印章、款识等，都做了认真的鉴别，确定为真品无疑。

夫妻俩观摩着，欣赏着，既激动又兴奋。忽然，李清照想起了客人临走时说的话，便打开装画的包袱，果然看到一张字条。然而，当她看到字条上的数字"二十万"时，一下子惊得目瞪口呆。犹豫了片刻后，才将纸条递给了赵明诚。赵明诚接过纸条一看，同样也是吃惊不小。

两个人进行一番交流后，都觉得以徐熙的名气，又是他最具代表性的神品，这个价钱，也是值得的。

可对他们来说，二十万这个数字，实在是无能为力。在当时的京城，别说他们这对简朴的夫妻，就算是豪门贵族的子弟，一下子拿出二十万来，也不是很容易的事情。

恋恋不舍却又囊中羞涩，两个人实在是无可奈何。他们只好细细地观摩了两个晚上，最后在连连的叹息中，将画品奉还给了它的主人。为此，夫妻二人怅然若失，郁闷了好几个月。还好，他们最终还是放下了。他们的心里都明白，不属于自己的东西，是不该强求的。

又一天，太学放假，赵明诚心里非常高兴，觉得可以利用假期陪李清照到处走走。李清照听说大相国寺那边的大市场特别繁华热闹，不但聚集着各省来的商贩，还有外国商人在那里做生意，成为古玩交易的集散地。于是，她提出让赵明诚带她去那里见识见识。赵明诚非常激动，李清照的要求，也恰恰是他的想法，两个人简直就心有灵犀。

李清照与赵明诚一路步行，不急不缓，没过多久，就来到了大相国寺。他们对别的交易都不感兴趣，径直来到了资圣门。赵明诚悄悄对李清照说："若是运气好，今天没准还能见到传世之宝呢！"

资圣门两旁是一间接一间的书肆、画社、笔墨庄、玉器轩、古董斋等店铺。有些店铺的主人，显然与赵明诚十分熟识，见他来了，纷纷出来问候，打招呼。

他们随意走进一家书庄。这家书庄的老板，是一位年近花甲的老者。老者大概看出了他们两位都是行家，便小声对他们说："本庄前日收下一卷古文，不知公子和夫人有没有兴趣看？"

听说有一卷古文，赵明诚一下来了兴致，便说："古文是谁写的？不妨拿出来看看！"

老者回了话后，把李清照和赵明诚带到了楼上，在一个清净的客室中请他们落座。老者从一口木箱中，慢慢取出一个麻布长包，他又解开麻包，取出了一只包着桐油布的木匣。老者小心翼翼地打开木匣，从里面取出一卷边缘已有些破损的绢轴来，然后轻轻摊开，只见卷首上写着三个篆体字：甘泉赋。

看到三个字，赵明诚和李清照立刻眼睛一亮。《甘泉赋》是汉代大文学家扬雄的一篇赋作，是汉代宫殿赋的代表作之一。全赋铺陈夸张，想象丰富，气魄宏伟，文辞流丽。这卷古文，实为难得一见的珍品。

夫妇二人仔仔细细地看了又看。因为二人还从未见过扬雄的手迹，所以对它的真伪难以把握。

老者似乎看出了他们的顾虑，指着绢轴说道："公子和夫人，这是洛阳的一位客人送来的，委托小店代售。说实在的，开始我也担心怕是赝品，不想经手。后来，他出示了龙眠居士李公麟写的鉴考，我才放心了。"老者停下来，指着绢轴背面的一方朱砂印章，又说道："这是他在上面留下的。"

赵明诚凑近看了看，印章上面是"伯时之印"四个字。

"伯时"是李公麟的字。李公麟不但擅绘山水人物，而且书体独树一帜，曾受到王安石的推许。他画的《五马图》《九歌图》等名闻遐迩，被誉为"宋画第一"。可惜，这位书画大家已经谢世了。

看到了李公麟的印章，赵明诚才放心地问道："请问，此卷索价多少？"

老者说："那位客人说，此物应归有德有缘有识之人，所以，他当时并未定价，只说让我遇见德识兼备之人，酌情作价即可。今见公子夫人，我便一眼断定你们就是符合那位客人所提条件之人。"

老者看着李清照和赵明诚，沉思了一会，然后继续说道："客人既然让我作价，就是信得过我。平心而论，此物可值八万钱，但今天既然遇见你们，便是有缘，只要公子夫人喜欢，三万钱便可。"

听了老者的话，赵明诚简直不敢相信自己的耳朵：三万钱？这实在是太便宜了！

但是，即使是三万钱，对于李清照和赵明诚来说，也是一个难以承受的数字。平日，父亲每月给赵明诚三千钱，母亲又会悄悄塞给他一千钱，加起来，总共四千钱。他省了再省，每月积攒下来一些钱，但只能在资圣门购得一两件石刻、图册之类的古物。现在，他和李清照虽然成婚了，家中每月也只多给他一千钱，加上近几个月都没来淘宝，才勉强积攒下一万多钱，离三万钱还远着呢！

想到自己囊中羞涩，赵明诚满脸愧意，就对老者说道："谢谢你的一番好意！可我确实一时凑不出三万钱来。"然后回过头来对李清照说："清照，咱们走吧！"

在一旁的李清照，仿佛没听见赵明诚的话，仍在俯首欣赏着《甘泉赋》。她看得非常认真，好像绢上的文字对她的目光有一种特别的吸引力。忽然，她摘下了手腕上的一对翡翠手镯，递给了老者，说道："请问，这对手镯能否值得三万钱？"

对李清照的这一举动，老者竟一时没回过神来。他看了看李清照，知道她是出自真心的，手镯也是上乘之品，在东京的玉器行里，少说也值十万钱，便说："若以此镯交易这件《甘泉赋》，夫人恐怕就吃亏了！"

"老人家！"李清照似乎很是坚定地说，"这件《甘泉赋》不是也不止三万钱吗！"

老者笑着说："夫人言之有理，那老夫就先收下这副手镯了。"

因为事情发生得有些突然，赵明诚被李清照这一大胆举动惊呆了。当他明白过来，正欲阻止时，老者已经把《甘泉赋》小心翼翼地包好，递给了李清照，而且李清照已将《甘泉赋》紧紧地抱在了怀里。

其实，老者说得很对。李清照那对手镯，是生母王淑贞出嫁时，姥姥命人请了东京最好的琢玉高手，用上等的坯料雕琢打磨而成的，价钱在十万钱以上。

两个人在回家的路上，赵明诚埋怨李清照不该把她最珍爱的一对镯子换成了《甘泉赋》。面对赵明诚的埋怨，李清照笑着说："翡翠手镯天下不缺，但《甘泉赋》绝对是天下独一无二的，一副手镯换来这卷《甘泉赋》，太值太值了！当时，我还担心店主不肯换呢！"

显然，有了李清照，赵明诚心里的幸福是一般人无法企及的。这不仅仅是因为他娶了个才华横溢、娇俏可人的女子，最主要的是，这个女子理解他所钟爱的金石书画事业，更能尽心协助他完成这项事业。李清照的鼎力相助，也使乏味艰深的金石之学，变成了一项趣味横生的乐事。

李清照的大胆与奔放，不仅体现在她全力支持丈夫的金石书画事业上，还在于她能把柴米油盐的日子过成诗，过成自己想要的模样，而不必在乎别人的指指点点，品头论足。这一点，从她的一首《丑奴儿·晚来一阵风兼雨》中就能看得出来：

> 晚来一阵风兼雨，洗尽炎光。理罢笙簧，却对菱花淡淡妆。
>
> 绛绡缕薄冰肌莹，雪腻酥香。笑语檀郎：今夜纱厨枕簟凉。

李清照在这首词中，创造了这样一个情景：傍晚，来了阵风，下了场雨，洗尽了白天逼人的暑热，天气变得凉爽起来。女主人公款款出场。她先是低眉信手地弹了几支浓情蜜意的曲子，不过男主人公没解风情。于是，她只好对着菱花镜子，开始细细描眉，轻轻点唇了，上一点薄薄的晚妆，那意思再明显不过了。

要是换作别的妻子，为了表现自己的矜持，维护自己的淑女形象，说不定就此罢休了。可词人不是一般的女人。自己化了妆还不够，还要穿着绛红薄绡的透明睡衣，朦朦胧胧的，雪白的肌肤若隐若现，醉人的幽香阵阵袭来。然后，又脉脉含情，温言软语地说："郎君，今天晚上的竹席可真凉爽啊！"

新婚燕尔的小两口，床笫之欢都是再正常不过的生活场景。李清照的大胆，就在于她敢于把这些写出来。这样露骨的撩拨，也难怪会引来当时那些所谓的卫道士的指摘与贬损。当时，甚至有人骂她："不知羞耻，荒淫放肆！"可李清照完全不在乎。她就是这样，清凌凌地活着。在她看来，日子是过给自己的，心情也是写给自己的，与旁人无干。

02 父被罢官，遭受株连

李清照与赵明诚结婚以后，度过了一段无忧无虑、逍遥快活的时光。那段时间，他们琴瑟和鸣、低吟浅唱；杯酒清欢，私语缠绵；赏画读书，吟诗填词。他们互相欣赏，相看两不厌。

只可惜，世事无常。这样神仙眷侣一般的生活，只维持了一年多一点，就被无情的政治风浪所摧毁。

就在李清照和赵明诚沉醉于金石书画的购置收集和抄写整理之时，建中靖国元年（1101 年）正月，从宫廷传来向太后去世的消息。

向太后生于宋仁宗庆历六年（1046 年），宰相向敏中的曾孙女，青州知府向经之女。治平三年（1066 年），向氏嫁于颍王赵顼，封安国夫人。治平四年（1067 年），宋英宗驾崩，颍王赵顼即位，是为宋神宗，向氏因此立为皇后。后来，宋神宗为立太子之事一直犹豫不决，向皇后便称赞第六子安郡王赵煦贤达，极力举荐，赵煦由此成为太子。元丰八年（1085 年），宋神宗驾崩，赵煦即位，是为宋哲宗，向氏被尊称为皇太后。元符三年（1100 年），宋哲宗猝然驾崩，向太后开始临朝听政。因宋哲宗无子，向太后独断决策，迎立端王赵佶即位，是为宋徽宗。宋徽宗即位仅仅过了一年，向太后去世，享年 56 岁。

向太后去世的消息，对于并不怎么关心政治的李清照来说，如过耳之风，没有引起任何微澜。但是，当她听到朝廷将用了不久的"建中靖国"年号改为"崇宁"年号时，内心的天空似乎出现了一丝丝的阴霾。

毫无疑问，李清照与赵明诚的幸福结合，是在政治的烽烟中筑起来的，这才"门当户对"。但是，由于李格非与赵挺之政见不同，分属于当朝新旧两党相争的两个党派，一旦朝廷政局发生微妙的变化，两个人必然有一人遭受株连。因此，这也给李清照与赵明诚暂时安稳的生活，埋下了危机的伏笔。

说起朝廷的党争，还得从宋神宗谈起。宋神宗这位被史学家称为谦和务实、励精图治的皇帝，曾真心实意地想要倚重王安石重振朝纲，任其为宰相实行变法，以期达到富国强兵的目的。但是，变法主张却遭到司马光、苏轼等保守派的反对。再加上王安石变法期间任人不良，新法施行起来与法令本身偏差越来越大，导致民怨沸腾，变法遭到失败。

宋神宗元丰八年（1085 年），神宗皇帝英年早逝，只有十岁的哲宗赵煦继承大统。哲宗即位后，实际上是神宗之母高太后听政。高太后一直支持保守派反对变法，垂帘后，她一味重用司马光和苏轼等老臣，尽废新法。元祐八年，高太后薨逝，哲宗亲政，改元绍圣，重新启用新法，并任用章惇为相继续推行新法。宋哲宗元符三年（1100 年），哲宗去世，徽宗即位，向太后听政。

徽宗即位后，向太后"权同处分军国事"。向太后在神宗时，就属于守旧派，当政后，任命守旧派韩琦的长子韩忠彦为执政，不久又升任为右相，而左相章惇、执政蔡卞等相继受攻击，蔡卞被贬任知府。同时，向太后恢复被贬逐的守旧派官员的名位，守旧派官员接着相继上台。

向太后还政于徽宗不久，反对立徽宗为帝的左相章惇又被罢相，韩忠彦升任左相，曾布升任右相。当时，守旧派与变法派的斗争日趋激化，也有官员认为元祐、绍圣均有失误，应该消除偏见，调和矛盾。于是，改次年为建中靖国，以示"本中和而立政""昭示朕志，永绥斯民"。在这样的一个时期，站在完全对立两个政治立场上的李家和赵家，才有机会走到联姻这一步。

但实际上，新旧党争不仅没有停止，反而愈演愈烈。宋徽宗建中靖国元年（1101）十一月，邓洵武首创徽宗应绍述神宗之说，攻击左相韩忠彦并推荐蔡京为相，得到执政温益的支持，并为徽宗所采纳，朝廷新旧两党的斗争缓和了没多久，此时又变得异常激烈，社会矛盾也是异常尖锐。为了改变这样的局面，宋徽宗改年号为崇宁，任用蔡京为相，试图恢复熙宁年间王安石所推行的新法。

蔡京是一个在政治上非常善于投机的人。司马光执政时，他积极参与破坏新法；章惇为相后，恢复新法，他转而依附章惇。后来，他被贬到杭州，结交赴杭收集书画的宦官童贯，蔡京便以擅长书法，逐渐受到可以称之为画家、书法家的宋徽宗的赏识，从而被再度启用。可悲的是，这样的奸佞小人，在很长时间以来，占据了宋朝的政治舞台。蔡京等人上下勾结，狼狈为奸，他们打着绍述新法的旗号，无恶不作，贿赂公行，卖官鬻爵，搅得整个朝廷都变得乌烟瘴气。

宋徽宗赵佶即位之初，尚能采纳忠臣的意见，但是，向太后死后，宋徽宗失去了约束，轻佻、浪荡的个性暴露无遗。他对朝政不感兴趣，整天醉心于笔墨丹青，把大部分时光浪费在嬉戏玩乐上。

宋徽宗崇宁元年（1102 年）七月，尚书右仆射兼中书侍郎蔡京上书宋徽宗，弹劾旧党朝臣。李格非因与苏轼交好，故被列为"元祐奸党"。

一戴上"奸党"的帽子，危机也就步步紧逼了。宋徽宗听信了蔡京的谗言，命人把"奸党"的名单刻在端礼门上，并由他亲自书写刻石，称为"元祐党人碑"。意思很简单，就是要让这些人永世不得翻身。不幸的是，李清照的父亲李格非就在被打击的人当中。作为苏轼的门生，李格非与"苏门四学士"中的晁补之、张耒等人常有往来，而且他生性耿直，对蔡京等人常有不满之语，又不肯参与编纂元祐奏章，在这场政治斗争中，必然遭受到沉重的打击，名字自然被刻在了党人碑上。

朝廷权力的倾轧，向来都是几家欢喜几家愁。那几年，赵挺之青云直上，不久就晋升为尚书右丞。一时间，赵府变得门庭若市，前来道喜的人，几乎踏破了赵家的门槛。李清照看着官员们趋炎附势的模样，暗自为父亲的处境神伤。

自古以来，政治的起落沉浮，都是伴随着腥风血雨，官员的命运更像浮萍，起起落落乃是常事。更何况，北宋自王安石变法以来，党争就从来没有停止过。这样的危机，是每个臣子都会预料到的。李格非对此倒也没有太多的怨尤，只是静静地听候发落。可对于李清照而言，她又怎能对自己的父亲袖手旁观呢？她因此跑去向正在春风得意的公公求情，而赵挺之为了避嫌，竟对李清照避而不见。

赵明诚眼见自己的岳父落难，而父亲又执意避嫌，不肯伸出援手，深感左右为难。思忖再三，他想出了一个主意：父亲一向看重李清照的才华，何不以诗词打动他老人家的心？在赵明诚的启发下，李清照以纸托心，蘸泪为墨，写出了"何况人间父子情"的词句。赵明诚替妻子将信笺交给了父亲，希望父亲能看在清照一片孝心的份儿上，帮李格非一把。可这时，新党正在得势之时，恨不得把旧党赶尽杀绝。赵挺之根本不愿意给对手留下翻身的机会。于是，李清照的肺腑之言，变成了烛台旁的一堆灰烬。

父亲深陷党争旋涡之中，被不断贬谪，李清照非常难过。父亲守护了她十九年，而她却不能在父亲遭遇危机时，保护父亲一次。这个从小在幸福的蜜罐中泡大的女子，第一次深切地感受到了什么叫作世态炎凉。但她无论如何聪明，如何才华横溢，归根结底只是一个弱女子。纵然笔下丘壑万千，但是对于朝廷之事，对于官场争斗，她显然是无计可施。公公的态度，让她既伤心又失望。于是，愤懑中的她写了一首诗，对公公赵挺之的冷漠无情进行嘲讽，其中有一句就是"炙手可热心可寒"。

宋徽宗崇宁元年（1102年），一纸诏书，把李格非由礼部员外郎贬为京东提刑。消息传到李清照耳中，担忧之余，她更多的是暗自庆幸。还好，父亲只是贬官，没有治下其他莫须有的罪名。此时，李格非表现得很是淡然，宦海沉浮，他觉得本就如此。在他看来，自己的遭遇，跟已经过世的恩师苏轼所遭受的磨难比起来，又算得了什么呢？

可是李清照并不这么认为。她眼中的父亲，心怀天下，有着经天纬地之才，如今却因为政治立场的原因，受到利益集团的倾轧。而公公的冷漠无情，更让她彻底心寒。在她心里，父亲是她永远的依靠，而自己的夫家，又与自己的父亲是完全对立的政治立场。一时间，李清照处于非常尴尬的两难境地。从前那个天真活泼的少女李清照，仿佛一夜之间变得成熟了。而这份成熟里，却有着不为人知的苦涩。

李格非虽然被贬了官，但却没有一蹶不振，苏轼的豁达风骨，一直在深深地感染着他。在被贬谪的日子里，李格非在工作之余依然吟诗作画，激扬文字。他依然怀着希望，希望有一天旧党的政治主张被采纳。

可是朝廷政局的发展，并没有李格非想象的那么乐观，更猛烈的暴风雨接踵而来。两个月后，朝廷重订元祐党籍名单，李格非又被罢免了京东提刑李格非被罢官后，回到了山东老家，而李清照留在赵府。作为罪臣之女，她的处境也是十分尴尬的。面对冷眼与讥嘲，鄙薄与指斥，她就像一只失去庇护的雏鸟，既愤懑又不安。她担忧年迈体弱的父亲，将如何面对此后清贫的日子，不知道以罪臣之女的身份，今后将如何在赵家立足。

重压之下，李清照病倒了。她多日高烧不退，没有任何食欲，身体虚弱到了极点。请医问药，都无济于事。郎中说，是外感风寒，内结怨气，如果解不开心结，吃药调理都无济于事。家里人都来劝解，可是，谁也无法让她消除心内的郁结。

那些日子，赵明诚从太学回来，在李清照身边，看她病恹恹的样子，心中既心疼又难过。可是，他也想不出安慰李清照的办法。他知道，在这样冰冷的岁月里，他是李清照仅剩的依靠。虽然他无法让李清照远离病痛折磨，但有他在她身边陪伴，李清照就能感到一丝丝的温暖。

李清照明白，自己心里的结，只有靠自己去化解，任何人都无济于事。因此，李清照一直在沉思。虽然她的身体很虚弱，但她的思绪却一直非常清晰。世事的起伏跌宕与人情的沉浮冷暖，在她的脑海中转了无数遍。仿佛暗夜之中突然遇见了灯火。终于，她在一瞬间感悟了：世事无常，人生如梦，又何必过于执着？

李清照感到，她在赵家的日子越来越艰难。也许，对她这个特立独行的才女，她的大胆与奔放，本身就令那些习惯于循规蹈矩的女人颇有微词。如今，她又家道中落，成为罪臣之女，几乎一夜之间成了众矢之的。曾经那么骄傲的公主，一下子成了飘零之草，每天承受着来自四面八方的冷眼与不屑，时不时还会夹杂一两句指桑骂槐的讽刺与挖苦。

幸好，赵明诚一直待她如初。想要借父亲之力援救岳父李格非未果，赵明诚终觉对李清照有愧。他对父亲的冷漠与决绝非常不满，但是，却又无可奈何。毕竟，他是一个文弱书生，对父亲近乎冷血的行为，他无力抗议和指责。但他的政治立场却非常分明，与父亲赵挺之完全不同。在那场打击元祐党人的风暴中，朝廷下令毁掉苏轼、黄庭坚等人的诗文集子，无论官员还是平民，都不准收藏和阅读他们的诗文作品。在这种背景下，赵明诚还一如既往地收藏着苏轼和黄庭坚的诗文书画作品。

以他文弱的性格，收藏苏轼和黄庭坚的作品，未必是为了表达对父亲的抗议。一方面，是因为他确实喜欢这些作品；另一方面，也是为了给妻子李清照一个莫大的安慰。毕竟，李格非是苏轼的门生之一，并且与苏门弟子之间的关系非常密切。

赵明诚虽然不喜欢父亲的政治手段，但却不得不活在父亲的荫庇之下。他的前程，他的未来，都必须依仗父亲的安排与决断。每天生活在父亲与妻子的夹板中间，赵明诚有时候也会很累。父亲，他得罪不起；妻子，又如同一只受伤的小鸟，急需他的抚慰。渐渐地，赵明诚只能选择在李清照面前，对父亲的态度和安排进行遮遮掩掩，而敏感的李清照，也逐渐从丈夫飘忽不定的眼神中，猜出一些端倪。就这样，两个人之间，渐渐就产生了隔阂。

沉默越来越多，李清照渐渐感到了无助。除夕之夜，她独自在书房，几卷诗书，几杯淡酒，虽然孤独，但至少不需要面对那些势利之人的嘴脸。万家灯火，星星点点，照着她年华深处的凄凉。

很快，这场政治风波就波及到了李清照。宋徽宗崇宁二年（1103年）九月，朝廷下诏，元祐党人以及他们的子孙，不能在京城居住，也不能在京城做官，其他官员，不能与元祐党人联姻。若已经定了亲的，只要尚未交换聘礼和聘帖，就必须退亲。

当权者显然是要处心积虑，把元祐大臣及其子女赶尽杀绝，因此，李清照的处境越来越难了。而此时，赵明诚也是无能为力，夫妻俩只能是相对无言。李清照心想，以自己的身份，继续留在京城，也许会给赵明诚带来不必要的麻烦。同时，她也十分思念远在故乡的父亲，不知道此刻的父亲是否安好。

思来想去，李清照决定离开京城，投奔父亲。当她向婆家提出回明水省亲时，赵家人竟然非常痛快地答应了。很显然，为了保持政治上的所谓清白，他们早就想让这个"罪臣之女"离开京城。赵明诚也没对李清照格外挽留，他内心清楚，那些日子，李清照过得憋屈。他知道她回到家乡可以远离纷扰，他希望她能找回曾经的悠然快意。

就这样，李清照踏上了返回家乡的道路。而几乎与此同时，赵明诚在父亲的安排下，开始走上仕宦之路。

03 回乡省亲，却生离愁

　　李清照的父亲李格非受朝廷党争的牵连，最终被罢免了所有的官职，只好按照朝廷的规定，带着家眷离开京城，返回故里。李清照也受到父亲的株连，在夫家郁郁寡欢，忧闷成疾。无奈之下，李清照向夫家提出回乡省亲。得到允许后，她随即起身，投靠父亲。

　　经过一路的颠簸，故乡就在眼前。李清照依稀想起了年少时家乡的一草一木，那一丛丛的翠竹，那一眼眼的清泉，那盈满童年欢声笑语的溪亭……

　　李清照回到家中，原以为迎接她的，还是先前那个和睦温馨的大家庭。可哪曾想，这个大家庭中的灵魂——她那慈祥无比的祖父，已经去世了。听家里人讲，祖父弥留之际，一直在想她，一直在喊着她的名字……

　　听到这些讲述，李清照难过极了。她一边哭着，一边飞快地向祖茔跑去，想再看一眼慈祥的祖父。她知道，祖父一定在那里慈爱地等着孙女去看他。在祖父的坟前，李清照放声大哭，仿佛一年多以来所有的委屈与不幸，都在这一刻释放出来。想当年，祖父把自己视若掌上明珠，而如今，她却没能在祖父人生的最后时刻陪在他的身边，没能送他最后一程。李清照一边哭着，一边用手捧了一些新土撒到祖父的坟上。她想：既然没能陪伴祖父度过最后一段时光，那就让我为祖父加一层新衣吧！

李清照最担心的，是返回故里的父亲难以熬过艰苦的日子。这次她向夫家请求回来，为父亲带回了不少食物和衣料，也为弟弟李远带回了很多书籍。让李清照感到欣慰的是，家里的日子虽然清简一些，但却依然是平静而恬淡。一家人布衣素食，粗茶淡饭，日出而作，日落而息。

李格非不愧为苏东坡的门生，虽然他被罢了官，但并未因此而消沉。他回到明水后，很快找回了最初的自己。几亩薄田，几卷诗书，跟老师苏东坡当年一样，读书写诗，莳花种草，把恬淡俭朴的日子，过得极富有诗意。最主要的，他每天还可以亲自教儿子李远读书写文章。虽然他早已看淡了功名，却认为人可以不做官，但不可以没学问。其实，此时的李格非，内心是非常矛盾的，他既希望儿子李远能够出人头地，又不愿让他遭受宦海沉浮之苦。

看到父亲在清静的生活中找到了自己的乐趣，李清照的心境也渐渐平和了。她不再对父亲被罢官，而公公却不愿出手相救的事情耿耿于怀。这一场突如其来的风暴，让曾经天真烂漫的李清照，变得更为成熟，也更为冷静。她又重新拾起了书卷，沉浸在书香诗画里，那流转的才思，也跟着翩翩起舞。

读书填词之余，她有大把的时间用来写字作画。这期间，她的书画水平有了长足的进步。有清风明月作伴，与诗词书画为伍，她的日子过得充实而惬意。而让她愁闷的，是对丈夫的思念变得越来越浓郁，她时时想起他们曾经幸福的点点滴滴。她爱他，她也开始理解他，因此，心中的思念如潮水一般蔓延着。

此时，住在东京汴梁的赵明诚，对李清照的思念也越来越深。相爱的人，是心有灵犀的。在她思念他的时候，他也在思念着她。于是，一封封写满思念的信笺，就从京城传递到明水，传到李清照的手上。

不知不觉之中，就到了七夕。七夕，也称七夕节，是中国传统节日之一。每年七月七日夜里，人们都会遥望天上的织女星和牵牛星，重温牛郎织女的美丽传说，心中无不充满感伤。在这样的日子里，正在经受着别离之苦的李清照，内心更是百感交集。与赵明诚的往事历历在目，让她的心情百转千回。想着想着，心里就被离愁填满了。于是，在夜色的掩映之中，她填了一首《行香子·七夕》：

　　草际鸣蛩。惊落梧桐。正人间、天上愁浓。云阶月地，关锁千重。纵浮槎来，浮槎去，不相逢。

　　星桥鹊驾，经年才见，想离情、别恨难穷。牵牛织女，莫是离中。甚霎儿晴，霎儿雨，霎儿风。

　　上阕中"草际鸣蛩。惊落梧桐。正人间、天上愁浓"这几句，描述了这样的情景：秋草已经枯黄，稀稀落落的，蟋蟀在草丛中幽凄地鸣叫着。明明夜里无风，梧桐树叶却窸窸窣窣地飘落，好像是被蟋蟀的长鸣声惊扰到了。蟋蟀的歌声，仿佛是为夏天唱的挽歌，梧桐的叶子已经所剩无几。这样萧条的七夕，没有温暖的秋阳，也没有凌霜竞开的菊花，人间和天上一样，都笼罩着一片愁云。

　　"云阶月地，关锁千重。纵浮槎来，浮槎去，不相逢"这几句的意思是，望着银河，望着云、月，词人在幻觉中进入了想象中的天上世界。"浮槎"是可以渡水的。据说，乘着浮槎从海上出发，航行十余天，就可以到达天上，就可以看见天庭恢宏而壮丽的城郭房舍，还可以看见织女在宫中织布，牛郎在天河岸边饮牛。在云阶月地的星空中，牛郎和织女被千重关锁所阻隔，一年只有一度的短暂相会之期。而其余时光，则有如浩渺星河中的浮槎，游来荡去，终不得相会聚首。这几句，在字面上是写的天上，实际上是写人间的有情男女被"关锁千重"深深阻隔，不得会合团聚，寄托了词人的离愁别恨。

　　下阕仍然是作者仰望银河双星时浮现出来的想象世界。"星桥鹊驾，经年才见，想离情、别恨难穷"这几句的意思是，传说在七夕之夜，会有成群的喜鹊在银河衔接为桥，渡牛郎、织女相会，称为"鹊桥"，也称"星桥"。分别一年，只得一夕相会，离情别恨，自然年年月月永无穷尽。"想离情、别恨难穷"这句，既包含着对牛郎和织女的痛惜、体贴及慰藉之意，又有承上启下的作用。

　　"牵牛织女，莫是离中"是说，正当人们悲叹牛郎、织女常年别离时，刚刚相会的人们就要别离了。再看天气阴晴不定，忽风忽雨，该不是牛郎、织女的相会受到什么阻碍了吧？许多人都知道，七夕这一天，天气总是一会儿晴、一会儿雨、一会儿风，民间认为，那是织女一会儿哭、一会儿停的阵阵泪水洒向人间。而李清照婚后不久，崇宁年间的政治风云同样变幻莫测。所以，"甚霎儿晴，霎儿雨，霎儿风"三句，并不单纯是修辞学上的一语双关。从社会心理层次上看，它巧妙地传达了词人的心声。

从整首词作来看，幻想与现实的巧妙结合，天上与人间的遥相呼应，对意境的开拓，气氛的烘托，都起到重要作用，也展示了词人丰富的想象力和阔大胸襟。此外，本词叠句的运用，口语化的特色，都增加了词作的感染力。

转眼间，李清照就在老家明水住了快一年。李清照离开夫家时，赵明诚就和她说好了，她在家乡小住一段后，赵明诚就接她回来。可是，由于朝廷局势一日比一日堪忧，而且朝廷定下规矩："党人弟子以及所有受党争牵连罢职的臣僚，一律不准入京城。"因此，赵明诚也就迟迟没办法来接她。

在难以预料中等着盼着，不知不觉中，又是一年春来到。

这一天，李清照守在闺房里，什么也不想做。她点了一炷香，以此来消磨时光。她看着窗上的日影一点一点地偏移，直至下到帘钩背后。一天就这样恍惚流过，便又到了黄昏。往日里，自己种下的那株江梅，如今已长得越来越好。一想到以后可以在自家院里赏梅，而无须临水登楼，李清照的心里感到非常欣慰。于是，她便写了一首《满庭芳·残梅》：

小阁藏春，闲窗锁昼，画堂无限深幽。篆香烧尽，日影下帘钩。手种江梅渐好，又何必、临水登楼。无人到，寂寥浑似，何逊在扬州。

从来，知韵胜，难堪雨藉，不耐风揉。更谁家横笛，吹动浓愁。莫恨香消雪减，须信道、扫迹情留。难言处，良宵淡月，疏影尚风流。

这首词，李清照将录题为"残梅"，就是想借咏残梅来抒怀。

词的起笔，似乎与词题无关，但却描绘了一个特殊的抒情环境。前人称这种写法为"先盘远势"。词的上半阕，词人把女主人公的无聊、孤寂渲染得淋漓尽致，仿佛一个人深深地掉进了残缺的境地，因为无聊，心也跟着闭锁起来。

作者首先写出了女主人公住处的寂寞无聊："小阁藏春，闲窗锁昼。""小阁"即小小的闺阁，这是妇女的内寝，"闲窗"即表示内外都是闲静的。

阁小，窗闲，春藏，昼锁，这正是典型的词境。词境以深静为佳。清代词评家况周颐就曾经用"人静帘垂，灯昏香直"八个字，来形容词境。这是一个狭小而深邃的、自我封闭的空间，形象地具现了词人那最隐蔽、情感最丰富的内心的一隅。唐宋时期，富贵之家的内寝，往往有厅堂相连结。小阁设画堂里侧。春光和白昼俱藏锁住了，暗示这里并未感到春光和白昼的存在，因而"画堂无限深幽"。"深幽"极言其堂之狭长、暗淡、静阒。作者似乎已习惯这种环境，对于它的深幽，感到很满意。

古时候，崇尚雅洁的人，都喜欢焚香。篆香，一种盘成篆形文字状的香。篆香烧尽，作为时间意象，暗示着时间的推移。词人静对手种之梅，孤芳独赏，竟不知日影西斜。寂寥中，人与花已融为一体，对语、交流，恰似南朝梁诗人何逊在扬州的以梅花为伴。何逊著有《扬州早梅》一诗，人们在写到梅花时，常用到何逊的典故。如杜甫在写《和裴迪登蜀州东亭送客逢早梅相忆见寄》时，就有"东阁官梅动诗兴，还如何逊在扬州"的句子。

词的下阕，从赏梅写到赞梅、惜梅，实际上是作者的自惜、自怜，字里行间，充满着不平的意味。人们从来都称赞梅的风韵风骨，其实，梅并没有人们想象的那样坚强，它也像其他花那样很是脆弱。李清照说它"难堪雨藉，不耐风揉"，意思是风风雨雨的搓揉，本来已经难以承受了，可偏偏又"更谁家横笛，吹动浓愁"。唐代大诗人崔道融在《梅花》一诗中写道："香中别有韵，清极不知寒。"与杨万里、陆游、尤袤合称为南宋"中兴四大诗人"的范成大，在《梅谱·后序》中写道："梅以韵胜，以格高。"由此可见，"梅以韵胜"是文人传统的看法。韵，在这里指梅花抗寒傲雪的贞刚、高洁的内在美所反射出来的神韵、风骨。这种风韵风骨，与世俗格格不入，难禁风雨的摧残。藉、揉二字，既惜花，更惜人。

而"横笛"数句，由形而声，用"梅花落"的曲调，来渲染由梅花引起的由物及人的联想。不要一味埋怨梅香已消，梅色已旧，你要相信，就算风雨扫尽了梅的踪迹，它的风姿也依然存留。良窗淡月下，暗香疏影，有一种难以言说的美。

几乎在同一时期，李清照还写了一首《多丽·咏白菊》：

小楼寒，夜长帘幕低垂。恨萧萧、无情风雨，夜来揉损琼肌。也不似、贵妃醉脸，也不似、孙寿愁眉。韩令偷香，徐娘傅粉，莫将比拟未新奇。细看取、屈平陶令，风韵正相宜。微风起，清芬酝藉，不减酴醾。

渐秋阑、雪清玉瘦，向人无限依依。似愁凝、汉皋解佩，似泪洒、纨扇题诗。朗月清风，浓烟暗雨，天教憔悴度芳姿。纵爱惜、不知从此，留得几多时。人情好，何须更忆，泽畔东篱。

李清照很少用"多丽"这个词牌。多丽又名"绿头鸭""陇头泉"等，双调139字，上阕六平韵，下阕五平韵。变格改用仄韵，140字。

这首词，充分展现了词人是如此的矛盾与痛苦，一面沉浸在相思寂寞中，自伤自悼；一面又宽慰自己，看淡这些，自求解脱。始终让自己保持一种中正自守、平和淡然的情怀，不以物喜，不以己悲，不以情迁，远离种种诱惑，活出自我。

所以，在词人的眼里，这朵经受了"无情风雨，夜来揉损琼肌"的白菊，虽然备受摧折，却依然"风韵正相宜"。微风起处，清芬蕴藉，不减酴醾。它的美，在于她的芬芳，它的蕴藉。不张扬，不喧哗，不热烈，耐得住秋的寂寞，也享得起香的长久。她不似贵妃醉脸的媚，也不似孙寿愁眉的惑，不似韩令偷香的异，更不似徐娘傅粉的矫情。如果硬要拿什么与白菊的韵致相比，也只有"朝饮木兰之坠露，夕餐秋菊之落英"的屈子，"采菊东篱下，悠然见南山"的陶渊明，风韵与之相宜。

孙寿愁眉、韩令偷香、徐娘傅粉是三个有名的历史典故。

孙寿是东汉权臣梁冀的妻子。梁冀虽身世显赫、飞扬跋扈，却极怕他的妻子孙寿。《后汉书·梁冀传》是这样写孙寿的："色美而善为妖态，作愁眉、啼妆、堕马髻"，也就是说孙寿长得非常漂亮，又特别善于魅惑人，且私通家奴。夫妻二人为非作歹，贪赃枉法，奢靡无度。后来，孙寿和梁冀在政治斗争中双双畏罪自杀。

韩令偷香，韩令即韩寿，是指西晋初年，有个叫韩寿的美男子，被晋惠帝的老丈人贾充征召为他的雇员。贾充的小女儿贾午见到韩寿后，立刻被他的帅气征服了。于是，她打发她的婢女去找韩寿说明自己的心意。韩寿听说贾午长得很漂亮，也就动了心。于是，他约好时间进府与贾午私会。后来，贾充闻到韩寿身上有一种奇异的香气，而发出这种香气的香料，是外国进贡的，一沾到身上，就会几个月不消失。贾充暗想，晋武帝只把这种香料赐给了自己和陈骞，其它人家是不会有的，因而怀疑韩寿与自己女儿私通。经过调查，事实果然如此，贾充只好顺水推舟，把女儿贾午许配给了韩寿。

徐娘傅粉中的徐娘，就是南朝梁元帝萧绎的妃子徐昭佩。萧绎是南朝梁武帝的第七个儿子，字世诚。由于他生下不久就患了眼病，虽经医治，但没有治好，一只眼睛便失明了。但萧绎并没有自暴自弃，他凭着聪明的天资，好学不倦，不但练就了一身武艺，而且工书善画，很受时人的推崇。梁武帝十分爱怜萧绎，在萧绎七岁时，便封他为湘东王，十岁时，就为他娶了信武将军徐绲的女儿徐昭佩，并册封她为湘东王妃。在迎娶徐妃的那天晚上，迎亲的花轿遭受了一场狂风雨雪。萧绎虽然只有十岁，但已经懂得新婚之夜遇到这种恶劣的天气，是个不祥的预兆，因此，虽然徐昭佩长得十分漂亮，他却一直没有好感。而徐昭佩看到萧绎瞎了一只眼睛，十分难看，心中也不是滋味。等到萧绎长大成人后，对徐妃仍然没有好感，甚至一年也不进徐妃的房中一次。徐妃心生怨恨，决心进行报复。一次，她得知萧绎将到她房里来，便刻意把半边的脸化妆了一番，等候萧绎的到来。傍晚，萧绎来到徐妃房中，看到徐妃半面浓妆艳抹，半面一点脂粉也没有，不由十分奇怪，问："你为什么只化半面妆？"徐妃冷笑着说："殿下向来只用一只眼睛看人，而且根本不把我放在眼里，所以，我只要化半面妆就可以了！"萧绎受到徐妃的嘲弄，气得脸色发白。但徐妃是他的原配王妃，而且受过册封，他当着宫人的面，不便大发雷霆，便悻悻离去。从此以后，他再也没进徐妃的房中。

可李清照词中的这朵白菊，它终究是要萎谢了。似郑交甫"汉皋解佩"的憾，似班婕好"纨扇题诗"的悲。"天教憔悴度芳姿"，纵然对它万般爱惜，也不知从此还能留它几多时？

"汉皋解佩"指的是郑交甫在汉皋台偶遇两位衣着华丽的女子，并表示希望女子能将她们身上的明珠，各赠他一颗以作纪念，女子便解佩相赠。道别后，郑交甫想再拿出明珠观赏，却发现明珠早已不见踪迹，而那两位女子亦已是了无踪迹。他这才明白，自己刚才所遇到的两位女子，并非凡间女子，而是汉水之上的神女。

班婕好"纨扇题诗"的典故是这样的：班婕好才貌双全，一度颇受汉成帝的宠爱。后来，赵飞燕姊妹进宫，独擅帝宠，班婕好自请退居长信宫，服侍太后。因作《怨歌行》诗，以纨扇自比，自伤自悼。

  词人分明是说，不必为苦忆昔人而萎谢，此地便有惜菊爱菊的知音。因为有她这样的知音，菊的愁苦终于化解了。可是她自己呢？寻寻觅觅、兜兜转转，始终没有彻底解脱，还在寻觅，还在等待。她知道赵明诚有难处，也知道人世间的阴阳错违，有时候是根本由不得自己的。她只有将满腹心事和委屈，欲说还休。

  这首咏白菊的诗，李清照用典故铺张得淋漓尽致，一反她词不宜多故实、掉书袋的主张。这些典故，是一种间离，用以冲淡她欲说还休的心事。

  显然，一个女子的婉约，是藏不住的。

04 重回京城，岁月静好

不知不觉之中，李清照在家乡明水，陪父亲、继母和弟弟住了两年了。因为心中的思念越发强烈，所以每天的日子显得非常漫长。不过，李清照觉得，除了偶尔泛滥的离愁别绪，更多的时间里，生活倒也比较清闲。粗茶淡饭的日子里，总有一种难得的清静和祥和。她每天看看书，写写字，填填词，或者陪父母聊聊天，散散心。自从嫁给赵明诚，她很少有这样的闲暇时间来陪伴父母，这两年，也算是了了自己的一桩心愿。

而远处的朝堂上，政治斗争仍然在继续，表面的平静背后，却暗藏着勾心斗角、刀光剑影，让人防不胜防。

宋徽宗崇宁四年（1105 年）三月，赵挺之升任尚书右仆射兼中书侍郎，即为宰相，与蔡京平起平坐。不过，政治舞台上永远不会有风平浪静，权力的倾轧，利益的纷争，永远都不会休止。对付旧党的斗争刚刚结束，新党内部之间的争权夺利又开始了。赵挺之与蔡京之间，已经形成了剑拔弩张之势。

六月，赵挺之假称身体抱恙，辞去相位。实际上，他是因为与蔡京的矛盾日渐尖锐，感觉已无法在一起共事。蔡京是十足的佞臣，自从登上相位之后，恶行可谓是罄竹难书。他不仅大肆搜刮民脂民膏，还大搞党派之争，从中窃取权力。与此同时，他还堵塞言路，把醉生梦死的宋徽宗孤立起来。一时间，因为上书进言而获罪的不下万人。

蔡京喜欢拉帮结派，他把自己的亲信全都安插在重要位置，朝纲几乎成了摆设。他甚至还胆大到假借皇上的圣旨、打着皇上的招牌来弹压百官的程度。总之，因为他的上下其手，倒行逆施，导致从朝堂到民间到处都是怨声载道。在这样的情况下，赵挺之便辞官罢相，来躲避蔡京的暗算。

赵挺之罢相后，得到了宋徽宗皇帝的格外恩赐。

首先，宋徽宗将汴京府司巷的一处豪宅赐给了赵挺之。其次，对他的三个儿子，皇帝也各有封赏，分别在朝廷给他们谋得了不错的差事。其中，小儿子赵明诚被授予的职位，是鸿胪寺少卿。这个官职，相当于现在的外交部礼宾司司长。让赵明诚高兴的是，兄长赵思诚的职位，是负责掌管皇家文书，这样，他就可以大量借阅皇家的书画和典籍。

李清照得知赵明诚受封的消息后，决定悄悄返回汴京，看看情况再作今后的定夺。她不敢冒昧地去赵家豪宅，而是先到娘家的旧宅有竹堂。

走进有竹堂，李清照就像见到了久违的老朋友一样亲切。她先去查看了自己亲手栽下的那株江梅。她惊喜地发现，这株江梅，仿佛在刹那间要从花苞中绽开靓丽的笑脸，来表达它对主人的无限情谊。李清照在惊喜感动之下，连夜写了一首《玉楼春·红梅》：

红酥肯放琼苞碎，探著南枝开遍未。不知酝藉几多香，但见包藏无限意。
道人憔悴春窗底，闷损阑干愁不倚。要来小酌便来休，未必明朝风不起。

这首词，是李清照词中，最著名的一首咏梅词。在李清照的咏物词中，咏梅之作所占的比例最大，有七八篇之多。由此可见，李清照与梅有着一种特殊的情缘。按说李清照是北方人，北方是没有梅的。我国北方气候寒冷，而梅在低于零下十四摄氏度时，就很难生存。虽然难以生存，但在北方的一些大都市的皇家园林或者达官贵人的府第中，大多都有梅树栽培。

说起这株江梅的来历，李清照自然要想起自己的父亲。那还是李清照刚随继母搬到汴京，父亲将一株从许昌、洛阳一带生长的江梅，作为珍贵的礼物送给女儿。李清照收到父亲的礼物后，亲手把它栽到自己闺楼近旁的向阳之处。也就是从那时起，她便和江梅结下了不解之缘。梅成了她的生命的化身和休戚与共的朋友。这一株红色江梅，堪称梅中的上品，它仿佛带有某种灵性，在主人被迫离它而去时，它会收起笑脸。

傲立霜雪，一枝独秀的梅花，历来都是文人墨客的吟诵对象。特别是宋代，咏梅词更多，但能尽得梅花神韵的上乘之作，却并不多见。李清照的这首《玉楼春·红梅》，当属其中的佼佼者。这首词不仅写活了梅花，而且活画出赏梅者虽然内心愁闷，却仍禁不住要赏梅的矛盾心态。

首句以"红酥"一词，来比拟梅花花瓣宛如红色凝脂，以"琼苞"一次，来形容梅花花苞美好。无论是"红酥"，还是"琼苞"，都准确地抓住了梅花的特征，形容得惟妙惟肖，恰如其分。作者用"肯放琼苞碎"，巧妙地描绘了梅花"含苞未放"的优美姿态，其用词新巧，显示了词人独出心裁的创造性。而词的上阕，皆从此句生发。"探著南枝开遍未"一句，便是婉转说出梅花未尽开放。"不知酝藉几多香，但见包藏无限意"两句，则是一组对偶句，仍写未放之花，"酝藉"和"包藏"，皆点明此意。而"几多香"和"无限意"，则写梅花盛开后，所发的幽香、所呈的意态，精神饱满，慧思独运。

这首词，上阕主要写梅花之情态，下阕转而写赏梅之人。

下阕中的"道人"，意为学道之人，这是作者的自称。"憔悴""闷"和"愁"，都是讲李清照的外貌与内心情状，"春窗"和"阑干"是交代了客观环境，表明词人当时困顿在窗下，愁闷煞人，连阑干都懒得去倚。这是一幅名门闺妇的春愁图。不写梅花的盛开，却由含苞，直跳到将败，这是咏梅的奇笔。写赏梅，却先道自己的憔悴和愁闷，这是赏梅之妙想。虽然心境不佳，但梅花还是要赏的。所以，"要来小酌便来休，未必明朝风不起"中"休"字，在这里是语助词，含罢、了的意思。这似乎是作者的自语：想要来饮酒赏梅的话，自便来罢！说不定明早风一起，你我都要遭殃。

这首词，借对红梅未来命运的关注，寄寓了作者本人因受党争株连，沦落到朝不保夕境地之叹。

宋徽宗崇宁五年（1106年）正月，蔡京被罢相，赵挺之复出为相。朝廷同时下诏，毁掉了由蔡京领头一手炮制的元祐党人碑，大赦元祐党人，所有前几年被贬谪和罢免的官员，朝廷都重新起用。由此，李清照的父亲李格非被授予一个"监庙差遣"的职务。但李格非已年过花甲，早就厌倦了险恶的官场。他远离尘嚣这几年，每天养花种豆，饮酒读书，早已习惯了这种悠然清净的生活。从此，他不再过问庙堂消息。

党禁解除后，李清照也于这年正月允许重返汴京。

李清照得以允许重回汴京，重回到日思夜想的丈夫身边，在无比的喜悦和激动中，写下了一首《小重山·春到长门春草青》：

春到长门春草青，江梅些子破，未开匀。碧云笼碾玉成尘，留晓梦，惊破一瓯春。

花影压重门，疏帘铺淡月，好黄昏。二年三度负东君，归来也，著意过今春。

上阕开头的"长门"，指的是汉代长安城的一座离宫，是汉武帝皇后陈阿娇失宠后居住的地方。后来，多用它来指代冷宫。李清照以"长门"入词，应该是恍惚觉得自己因元祐党人之禁而被迫离京的下场，与幽居长门宫的陈阿娇极为相似。因太过相思，居然感觉自己像失了宠一般备受冷落。不过，阿娇的长门宫一年到头都是冬天，而李清照盼来盼去的，到底盼来了春天。党禁解除，重新回到日思夜想的爱人身边，这是莫大的荣幸。

人在极度喜悦的时候，只有欢呼出来，才会确定这不是一场大梦。"春到长门春草青"，起调是五代时期花间派词人薛绍蕴的原句，李清照一字不改地直接套用，可见这句话已经完全戳中了她的心思。

此时，江梅嫩蕊初绽，迫不及待地要开出薄厚不均、颜色深浅不一的花朵。江梅还没有完全绽放，汴京的春天才刚刚开始，词人便兴致勃勃地取出名贵的"碧云"茶团，碾碎煎煮。词人本想一边品茗，一边回味早晨的梦境。哪知一经重温"晓梦"，惊破了品尝茶香的雅兴。"惊破一瓯春"的"春"字，语意双关，不仅体现了茶色的纯正、香气的馥郁，更暗示了词人的"晓梦"，与一种春景春情有关。

词的下阕，作者承"晓梦"而转入对"黄昏"景象的描绘，只轻轻两笔，就勾勒出一幅清幽的黄昏景色。开头的"花影压重门，疏帘铺淡月，好黄昏"，就如同一幅水墨写意画，虽无明丽的色彩，但却能在黑白中见精神，在清淡中显神采，愈发给庭院增添了几分恬静与优雅。一个"压"字，委婉地描绘出了花儿的繁盛，体现出了花儿的蓬勃生机。如果花儿稀疏零星，花影就不会重重叠叠，给人以浓重如"压"来之感。一个"铺"字，形象地显示了月光的朦胧和清淡。此时，因为夕阳才落，月亮刚刚升起，月是淡月，光是微光，若有若无，像是薄如蝉翼的轻纱一般，铺蒙在疏帘之上，显得是那样轻灵，那样柔美。而且，一个"铺"字，又写出了月亮"多情"的神态，就像是在含情脉脉地关注着女主人公，表现出深深的依恋。总之，"压""铺"二字，都用得精彩而传神，在用墨的浓淡、轻重、明暗、虚实上，形成相互辉映之势，使得整个画面体现出朦胧和谐之美。

结尾的"二年三度负东君，归来也，著意过今春"中的"东君"，意为司春之神，管得了春天却管不了凡人。词人认为，自己两年三度辜负了春光，辜负了韶华，但这些，还不是她遗憾的全部内容。举案齐眉、琴瑟和谐，是每一个女子心中最美好的祈愿。而叹只叹，一旦婚姻以政治为背景，即使是再美好的爱情，都变得不由自主。

统观全词，上下两阕，一早一晚，布局精严。虽然每一阕都是由景及人，但通篇读来，词意层层递进，情感节节发展，既显示了李清照词淡笔点染、自然隽永的风韵，也显示了李清照词的炼句炼意之功。

每一个经历过离散的人，都不愿意再回首那段黯淡低回的时光，李清照也是一样。回到东京汴梁后，她经常不由自主地从睡梦中惊醒。午夜梦中，回忆总是像一棵藤缠绕着她的思绪，让她想起在故乡的那些日子，想起父亲的两鬓霜华，想起继母眼角的沧桑，想起门庭冷清的老宅，还有那个为盼夫君来信而望穿秋水的自己。

重回京城后，李清照的生活又恢复了平静。在吟风赏月里，在琴声墨韵里，在诗酒金石里，她和赵明诚的生活，依旧那样清淡而潇洒。

赵明诚出仕后，李清照夫妻俩便有了固定的经济收入，这样，他们就有了充分的条件，开始大量地收集金石书画。正像李清照在《〈金石录〉后序》中所说的那样："穷遐方绝域，尽天下古文奇字之志。"意思是说，为了收集金石，他们愿意倾尽所有。

而难能可贵的是，李清照身为一介女流，本是吟风赏月之人，却热衷于在那些古旧物件上寻寻觅觅，若换成是一个寻常女子，大抵是无法做到的。可李清照到底非比寻常，她有着跟丈夫志同道合的事业，有着跟丈夫一样的兴趣与爱好，还有着对丈夫无条件的爱与付出，有了这些，也就足够了。

李清照的心思，永远都是这样空净澄明，像一泓清水。只要跟丈夫在一起做喜欢的事，哪怕是粗茶淡饭，布衣荆钗，她都毫不在乎。

闲暇时，赵明诚还是像以前一样，陪着李清照策马出游，看尽京城的风景，或者一起去街头巷尾寻访文物。在赵明诚的影响下，李清照对金石书画的兴趣越来越浓厚。有时，即使是赵明诚不在家，李清照也能自己去古物市场寻访文物。

有一天，李清照穿着一件新衣，去街市上游玩。在一个不起眼的角落里，有一位老人守着一个旧书摊。李清照走到跟前，随便翻了翻，突然，她眼睛一亮。是角落里的一本封面有些残破的线装书，瞬间吸引了她的注意。那是一本《古金石考》，是李清照和赵明诚在市面上找了很久都没有找到的书。没想到，今天在这里意外地遇见了，真是"踏破铁鞋无觅处，得来全不费工夫"。此时，李清照哪肯放过！她把书捧在手里，仔仔细细地翻看一遍，确认就是自己要找的那本无疑。之后，她才问那位守摊的老人："老人家，这本书多少钱？"

老人拿过书来仔细看了看，然后伸出三个手指，用苍老的声音说："这是我家传的古书，得三十两才卖。"李清照一听，非常高兴。但她摸摸自己的钱袋，却发现只有十两银子。

李清照问老人："老人家，我今天钱没带够，能否帮我留着这本书，我明天来买？"

老人叹了口气说："唉，不是我不愿意给你留着，是因为我家出了急事，今日日落时分，就必须得出城，以后都不会再来了！"

李清照一听，立即对老人说："那您等我一会儿，我去去就来。"话音刚落，李清照就融入熙熙攘攘的人流里。

仅一会儿工夫，李清照就回到了摊前，掏出三十两银子，放在了老人手中，说道："给您，这是三十两，我可以把这本书带走了吧？"李清照这么快就弄到了三十两银子，老人感到很惊讶。而他再仔细一看，才发现她身上那件美丽的外衣不见了。原来，李清照是把自己身上的新衣当了。

成功买到了那本《古金石考》，李清照兴奋得像一个刚刚得到糖果的孩子。她捧着书，兴高采烈地回家了。

到了晚上，赵明诚刚进家门，李清照就像献宝似的，把书捧在赵明诚面前。赵明诚一看，兴奋得把李清照抱起来，在屋子里转了好几圈。

经历了那场政治风雨的洗礼，李清照和赵明诚仿佛像劫后余生一样敞快。虽然家里还是满地狼藉，一片废墟，可日子终究是安定下来。如今的他们，更加珍惜眼前安安稳稳得来不易的幸福。

也许，他们已经体悟到，岁月静好才是他们对人生最大的期许。

05 夫家遭难，再离汴京

　　虽然李清照与赵明诚的生活恢复了往日的平静，甚至两人比以往更加懂得相互珍惜，但由于赵明诚与他的父亲赵挺之都在朝廷为官，这也无疑给他们未来的生活增添了许多变数。

　　此时，赵挺之虽然复相，但在朝廷里，诸如枢密院事、门下侍郎、尚书左丞、尚书右丞等重要位置，还都是蔡京的党羽。尽管赵挺之位极一人之下、万人之上，地位极其显赫，但他还不能放心大胆地行使权力，因为宋徽宗对他还不完全信任。

　　复相后不久，赵挺之就与蔡京的嫡系党羽张康国、吴居厚、何执中、邓洵武等人，就是否在西部地区用兵的问题上产生了争议。他们在朝堂上唇枪舌剑地争论，而赵挺之因势单力孤，遭到了蔡京一伙党羽的围攻。最后，这些人又从各方面诋毁构陷赵挺之。这样，朝廷里的明争暗斗日趋激烈。宋徽宗见势不妙，无奈之下，只好再次启用蔡京。

　　宋徽宗大观元年（1107年）正月，蔡京复相。赵挺之虽然对此早有预感，但让他没想到的是，这一天居然来得这么快。此时，虽然他与蔡京还分别为左右相，但他心里清楚，有蔡京这个奸佞小人当权，他的好日子所剩不多了。

作为游戏政治的人，他深深明白政治斗争的无情。人在其中，随时都会被碾成齑粉。但对于年近古稀的赵挺之而言，已没有什么可遗憾的。此时的他，虽然地位岌岌可危，但毕竟还是位于权力的顶峰。他所担忧的不是他自己，而是他三个儿子的前途。经过一番深思熟虑后，赵挺之觉得，与其在斗争中败北成为犯官，不如主动请辞，以保儿子们的平安。

不久，赵挺之便向朝廷递交了辞呈，但未得到批准。此时，让赵挺之尤其感到无奈的是，在他递交辞呈的同时，蔡京的同党们纷纷得到晋升。因此，赵挺之备感郁闷，便称病拒绝上朝。终于，在宋徽宗大观元年三月，他被罢了相。因郁结于心，赵挺之马上就病倒了。

而对于这位曾经"炙手可热心可寒"的公公，李清照并没有太多的怨恨。经历了这么多风风雨雨，她理解了很多，也看淡了很多。她理解政治的无情，也理解政治游戏中的人的不由自主。

在公公患病期间，李清照时常在旁边服侍，亲手端汤喂药，这也让赵挺之一家宽慰不已。尤其是赵明诚，更是被妻子的深明大义所感动。

赵挺之罢相后卧床不起，赵家上下都惶恐不安。他们都知道，如果赵挺之离世，全家都将面临无法预料的危险，覆巢之下，岂有完卵？

宋徽宗大观元年三月末，赵挺之病逝。临终，他把全家人叫到跟前，做了最后的嘱咐，尤其对赵明诚和李清照做了额外的叮嘱。他说，宦海风云变幻，谁都无法预测前程，潜心于金石书画文物，倒也是个不错的选择，至少可以少经历些风风雨雨。对于赵明诚尚无子嗣这件事，赵挺之额外叮嘱李清照，要以赵家香火为重，尽力协助赵明诚。言下之意，若赵明诚为了子嗣而纳妾，李清照应该全力支持。李清照虽尽力答应着，毕竟她不能拒绝一个将死之人。但她的心里，却极不情愿，她不希望另外一个女人，介入她和赵明诚的生活。

大厦已倾，赵家上下都很惶恐。在他们看来，宋徽宗对赵挺之的态度，并没有他们想象得那么好，皇上也未必能保赵家人周全。虽然早已预料到了危险，可谁也没想到，危险竟然来得这么快。赵挺之去世不久，蔡京就对赵家人展开了疯狂的报复。蔡京诬告陷害，无中生有，用这种办法让赵挺之死不瞑目，同时，也让赵家人在京城几无立锥之地。

政治斗争就是这样。只要被对手击败，必然会惨遭赶尽杀绝的厄运。对于蔡京这等阴毒狡诈之人来说，更不会给对手留下任何翻身的余地。

首先，蔡京诬告赵挺之多年前在青州时，就曾有贪污之事，随即将有关人员拘捕入狱，用尽各种办法严刑拷打，但最后调查结果，却是子虚乌有。由于当年赵挺之是由元祐党人刘挚推荐的，所以蔡京一伙党羽便挖空心思栽赃陷害，说赵挺之曾经极力庇护元祐奸党。为了构陷赵挺之，蔡京一伙党羽绞尽脑汁，无所不用其极。于是，宋徽宗收回之前赠与赵挺之的"司徒"的封号，又撤销了他"观文殿大学士"之名。

赵挺之在朝廷小心翼翼，苦心经营多年，到最后竟落得如此悲惨的下场。

果然，人生如梦，世事如风。政治，更是一个不小的讽刺。曾经所有的追逐与索求，都会在一瞬间化为乌有。当年，赵挺之为了支持王安石新法，极力排斥旧党，曾两次弹劾苏轼，几年前还在清算旧党人物。可没想到，死后却落得个包庇元祐党人的罪名。

既然蔡京一伙党羽想尽一切办法，要把赵家人赶尽杀绝，赵家三兄弟的官职不保，也是很自然的事情。但此时此刻，赵明诚根本来不及对自己丢官的事情作出反应，眼下最重要的事情，是操持父亲的葬礼。

赵挺之在官场上炙手可热、顺风顺水之时，家里门庭若市，新朋旧友纷纷前来走动。而如今，赵家失势，墙倒众人推，那些赵挺之生前的同僚好友，不落井下石就不错了，好些人都是唯恐避之而不及。因此，赵挺之的葬礼相当凄凉，门庭冷落，前来吊唁的人寥寥无几。当宰相失了名号，居然连普通百姓都不如。此时，李清照再一次看透了人世间的沉浮冷暖。

就这样，葬礼在全家人的悲戚中草草结束了。还没等葬礼的悲哀散尽，又一轮新的打击就已经接踵而来。宋徽宗听信了蔡京的谗言，下令将赵挺之在京城的亲属里边所有担任官职的人，全部抓捕入狱，赵氏兄弟当然首当其冲，给他们定的罪名是贪污。好在数月后，经查证罪名并不成立，他们都被释放，但封荫的官职自然保不住了。

从崇宁元年到大观元年，短短五年时间，李清照的人生经历了数次起落。从父亲受党争之祸罢官返乡，到自己以罪臣之女身份被迫离京，本以为这次回京后会云开月明，从此可以安安稳稳、岁月静好。却不料，政治的硝烟依然没有放过她这个灵秀明朗的女子。仅仅几天之间，从前的豪门相府，如今却变成一个萧条冷落的空架子，而丈夫赵明诚，也从此成了庶民百姓。

赵明诚的母亲郭氏经历了这许多变故之后，原本就多病的身体变得更加虚弱。显然，京城已没有赵家人的容身之处。赵明诚跟两位哥哥商议，决定让母亲带着家眷先去青州，三兄弟先留在京城善后。

再一次收拾起行囊，李清照望着满屋子的书籍和笔墨纸砚，还有那些珍贵无比的金石书画，心里油然升腾起满满的留恋与不舍。虽然这些物件都是能够带走的，可是这间屋子，这座宅院，这里的一草一木，却是要永远留在这里了。多少个不眠之夜，他们在这间屋子里饮酒、品茶、吟诗、赏画，这里曾留下她和丈夫多少欢乐的笑声，多少美好的回忆。而今以后，这里又将会住进什么人？又会发生怎样的故事？这些，她都无从知晓了。

李清照正在暗自神伤时，一双手已经轻轻地搭上了她的肩上。不用回头，她已感觉到了那熟悉的温度和清楚的鼻息。瞬间，她的眼泪像决堤的洪水，倾泻而下。他们紧紧地拥抱着，像两个分别失去家庭庇护的孩子，互相安慰着，互相依靠着。

将行李搬上马车后，赵明诚与母亲、妻子和家人们一一道别。李清照的又一场长途跋涉开始了。坐在马车里的她，依依不舍地望着马车外面的丈夫，望着这个熟悉的地方。她不知道，舟车劳顿之后，他们将停在一个怎样的地方，又将会面对怎样的生活。但她知道，这一次，恐怕是真的要和汴京的繁华说再见了。

多年前，因父亲的官场得意，她踏上了这片热闹繁华的土地。后来，父亲失官返乡，她又追随父亲的脚步返回故乡。再后来，因为党禁解除，丈夫的仕途一片坦荡，她又重新回到了天子脚下。而如今，因为公公在官场争斗中败北，京城将再一次让她无法立足。这次不只是她，就连整个赵氏家族，都必须离开这里，离开这个让她快乐又伤心的地方。她忽然感到，原来与这里的一切缘分，全部来自宦海沉浮的支配与主宰。

看着马车渐渐离去，赵明诚的心里更是一片怅然。他知道，他与这座城市的缘分，只剩下苟延残喘的一点希望，他还想全力进行最后一搏，以期东山再起。可是，在吃了一次又一次的闭门羹之后，他终于想明白了，也死心了。人是一种多么现实的动物啊？锦上添花的时候，蜂拥而至，而需要雪中送炭的时候，却消失得无影无踪。那些所谓的父亲的老部下、旧相识，连父亲的葬礼都不肯参加，怎么可能还会向他伸出援助之手呢？这就是政治，同仇敌忾的时候是盟友，一旦涉及到切身利益，翻脸比翻书还要快。

于是，赵明诚卖掉了京城的老宅，也火速赶往了青州。

第四章

清欢岁月多少事，
忧思缱绻惹闲愁

01 相聚青州，携手归隐

　　李清照跟随婆婆一家人刚到青州不久，赵明诚也快马加鞭地到了青州。

　　山东青州是一个山明水秀的好地方。这里有许多名胜古迹，像佛光崖、云门山、驼山石窟等，都是当地很有名的风景区。提出著名的"先天下之忧而忧，后天下之乐而乐"理念的范仲淹，就曾经在青州担任过太守，并修建了洋溪泉和醴泉亭。

　　也许是赵挺之在与蔡京较量的过程中，早已预料到了失败的结果，所以，他未雨绸缪，早早为自己，也为子孙后代准备了后路。青州的这座私宅，是他早年在这里为官时置下的，搬到京城以后，这所院落一直在安排专人打理，一直都没有荒废，以备未来之需。这座宅子，依山傍水，虽然不富丽，不奢华，却假山亭台应有尽有，非常舒适典雅，非常适合居住。

　　来到这里后，李清照一下子就喜欢上了这里的环境，觉得像是专门为她准备的一样。在这里，不求闻达、不慕虚荣的李清照和赵明诚，放下一切心理包袱，自认随心随愿。他们取陶渊明《归去来兮辞》之意，把自己的书房命名为"归来堂"。李清照以文中的"倚南窗以寄傲，审容膝之易安"之句自勉，她把自己的居室叫作"易安室"，从此自号"易安居士"，这里有遥追陶渊明之意。不知道是心有灵犀，还是因缘巧合，让李清照最为景仰的前辈晁补之，在辞官退隐后，也将居住的地方命名为"归来园"，自号"归来子"。而且，晁补之在其《归来子名缗城所居记》一文中，还有一段让李清照很感兴趣的话："读陶潜《归去来辞》，觉己不似而愿师之。买田故缗城，自谓归来子。庐舍登览游息之地，一户一牖，皆欲致归去来之意。"

李清照和赵明诚来到青州居住，事实上并不算归隐，但他们的生活，却分明充满了隐居的陶然和意趣。由此来看，赵家从汴京府司巷的"御赐高第"，变为青州的"寻常百姓"之家，对李清照来说，可以算得上是因祸得福。

李清照与赵明诚两个人志趣高雅，各个门类的艺术修养都是造诣极深，而且藏书丰富，平日里更是以读书为乐。

归来堂前，本就有茂林修竹，李清照和赵明诚又植江梅数棵，便使周遭变得更加犹如人间仙境。

归来堂内，李清照与赵明诚每得到一本古书，便共同校勘，整理完毕后，做上题签，并分门别类。每得到古人铜彝、金鼎等文物时，二人就反复摩挲观赏，指摘评点其中瑕疵。有时候，他们也会到青州的街市上浏览，遇到中意的古器字画，便不惜一切代价买回家中，然后共同校勘，考订版本，整集笺题。

两个志同道合的人沉浸金石书画其间，常常在不知不觉中，一天的时光便悄然过去了。到了晚上，点上蜡烛后，又继续白天的课题。尤其是书画之上，如有缺损之处，能自己修补的就自己动手修补。烛火下的两个人，无须缠绵悱恻，就已是幸福满满。他们往往一夜要燃尽不止一根蜡烛，后来，两个人约定以燃尽一根为限。

随着书籍字画的越来越多，李清照和赵明诚在归来堂里，建起十余间书库，并制定了严格的管理规章。他们为每个书橱的藏书，进行了仔细的分类，并登记编号、列出纲目、排列次序、备有索引，以便查阅。如果需要阅读评说某部书籍时，就要先做借读登记，再取出有关卷帙。由此可见，夫妻二人对藏书已经建立了专业化管理体系。

赵明诚在所著的《金石录》中说，从哲宗元祐年间十岁左右开始收藏，"凡二十年而后粗备"。到赵明诚三十岁左右时，也正是宋徽宗政和年间他与李清照在青州居住时期，他的收藏品已经遍及古今中外，用他自己的话说，"上自三代，下及隋唐五季，内自京师，达于四方遐邦，绝域夷狄"。

做这么一个大书库的"图书管理员"，可不是一件容易的事情，必然要牺牲好多的时间和精力。可李清照却恰恰做得不亦乐乎！

此时，李清照觉得，再也不能像以前那样闲适安逸，随心所欲做自己所喜欢做的事情，无论是生活，还是事业，都应该有遵循，有规律。于是，她从点点滴滴做起，给自己做了一个比较详细的规划：膳食方面，每顿只一个荤菜即可；衣饰方面，只需要准备一件贵重一点的衣服，预备出入场合穿即可，其余珠宝首饰等，都可以从简；室内的器具，以简单实用为主，不必描金刺绣。而从这些方面省出的钱，用于购置副本书籍。当然，这些副本书籍，也是经史子集等古书中字画完整、版本较好的。赵家本来就有家传大量古籍，如《周易》《左传》等，这些书籍，不仅在案头茶几上随处可见，就连卧室枕席之上，也随处都是。随时随地看到这些书籍，李清照就能从中得到一种灵感，对其精彩之处，能够心领神会。这种极大的享受，不仅让李清照沉醉其中，就连赵明诚也把全部精力投入其中而不能自拔。

不仅如此，就连夫妻之间的私房密语，都在李清照的精心策划下，充满文化的意味。一次在枕席间，赵明诚以戏谑的口吻对李清照说："你把这些书籍古器侍弄出灵性，难道不是想让它们产生《淮南子·时则训》的效果？"听了赵明诚的话，李清照马上明白了，原来赵明诚是说书画古器能如刘安所云：大可"去声色，禁嗜欲"。于是，她便不无顽皮地回敬赵明诚道："岂止什么歌舞女色不能与书籍字画相比，即使充满宫室的狗马奇物，亦宜视为殷鉴，不得沉迷其中！"赵明诚听了李清照的话，更是暗暗对妻子佩服得五体投地。她能在无任何准备的情况下，立即以《史记·殷本纪》之意，应对他所用《淮南子·时则训》之事。不仅如此，他还听出她的话里带着弦外之音。不过，赵明诚向来和蔼宽厚，更何况夫妻逗趣之时，他根本不是李清照的对手。于是，他便亲昵而爱抚地说："宓妃下凡有何声色犬马堪比！"每当听到赵明诚这样评说她时，李清照虽然表面上故作嗔怪，可心里却觉得美滋滋的很受用。

李清照和青州的归来堂之间，仿佛有一种特别的联系和感应。她一走进归来堂，便顿觉头脑特别清晰，灵感也油然而生，做事的效率，也开始事半功倍。同时，归来堂也因为李清照的入住，让人们顿觉满堂生辉。在赵家人看来，李清照仿佛就是归来堂的灵魂，而归来堂也恰恰是李清照的心之所归。

李清照常常在饭后煮上一壶茶，和赵明诚在归来堂中相对而坐。有时，她就指着堆积如山的书籍，一个接一个说出某个典故或者某段诗词，让赵明诚猜出这些典故和诗词来自于哪本书、第几卷、第几页、第几行，以猜中与否来决定饮茶先后。

李清照记忆超群，几乎每次都能赢赵明诚，得到优先喝茶的权利。可她往往刚刚端起茶杯来，就忍不住与赵明诚相视而笑，前仰后合之中，便不由地弄翻了杯子，茶水也飞溅到了身上。

读书，本来就是一桩雅事。两个相知相惜、相亲相爱的人，在日常生活中能用赌书游戏来增加生活情趣，更是有如神仙眷侣一般快活潇洒。即使不小心将茶水溅了一身，也依然会兴致不减，留下满身清香。这样的生活，难怪李清照和赵明诚不约而同地发出了"甘心老是乡矣"的感慨。

而玩笑过后，两个人又一起把当日获得的古书订正勘校。有时候，所获的古书需要用丝绳稍作装订，这当然是李清照最为拿手的本事。有时，还要题写书名，或略作评点和字句推敲等，这也往往是李清照做得比较快捷，也比较生动。有时，赵明诚外出寻访古迹或购置书籍器物而感到疲劳时，题笺之事，自然由李清照以美女簪花格代笔。由此来看，归来堂中所有的藏品，都能做到纸扎精致、字画完整，在收藏行业中，自然是首屈一指的。

与李清照交好的文坛前辈，大多都跟她的父亲李格非一样，罢官的罢官，贬黜的贬黜，已纷纷流落到各地，很少有书信来往。但是，李清照与晁补之却一直保持着书信往来。此时，晁补之正在缗城（山东省金乡县）守母丧。不久，解除元祐党籍，即将诣吏部候调。这一年，适逢晁补之57岁诞辰，李清照与赵明诚一起，从青州前往缗城为晁补之贺寿。李清照的父亲李格非也从章丘赶来，这是一个不同寻常的相遇。

李清照和父亲李格非一同见到了晁补之，三个人之间，千言万语都化作了满眼激动的泪水。他们不约而同地回忆起了那年初遇的时光。那时，晁补之第一次在李格非家中见到童年时的李清照，就被李清照这个聪明绝顶、爱好读书写诗词的小女孩给震撼了。同时，李清照也对这位文学前辈崇敬有加。在她的眼里，她早已把晁补之看作是自己的老师。很多年以来，他们都是亦师亦友，而且交往甚密。直到元祐党人一一被贬逐时，他们才无奈地各奔东西，从此天各一方，不得相见。

早在元祐年间，晁补之就写了一篇题作《评本朝乐章》的重要词评，文中历评柳永、欧阳修、苏轼、黄庭坚、晏殊、张先、秦观等七家词。他一面肯定苏轼"横放杰出"，不受曲子的音律束缚；一面又不满黄庭坚"著腔子唱好诗"，认为作词还须讲究当行本色。相比于苏门其他人的论词，晁补之的见解，还是比较全面的，也有利于词体的发展。

这次缗城之行，李清照仔细拜读了晁补之的这篇词评，无疑从中受到极大的启发，于是，她按耐不住心中的亢奋，也写了一篇非常厚重的《词论》：

乐府声诗并著，最盛于唐。开元、天宝间，有李八郎者，能歌擅天下。时新及第进士开宴曲江，榜中一名士先召李，使易服，隐姓名，衣冠故敝，精神惨沮，与同之宴所。曰："表弟愿与坐末。"众皆不顾。既酒行，乐作，歌者进，时曹元谦、念奴为冠。歌罢，众皆咨嗟称赏。名士忽指李曰："请表弟歌。"众皆哂，或有怒者。及转喉发声，歌一曲，众皆泣下。罗拜曰："此李八郎也。"自后郑、卫之声日炽，流靡之变日烦，已有《菩萨蛮》《春光好》《莎鸡子》《更漏子》《浣溪沙》《梦江南》《渔父》等词，不可遍举。

五代干戈，四海瓜分豆剖，斯文道熄。独江南李氏君臣尚文雅，故有"小楼吹彻玉笙寒""吹皱一池春水"之词。语虽奇甚，所谓"亡国之音哀以思"者也。

逮至本朝，礼乐文武大备，又涵养百余年，始有柳屯田永者，变旧声作新声，出《乐章集》，大得声称于世。虽协音律，而词语尘下。又有张子野、宋子京兄弟、沈唐、元绛、晁次膺辈继出，虽时时有妙语，而破碎何足名家。至晏元献、欧阳永叔、苏子瞻，学际天人，作为小歌词，直如酌蠡水于大海，然皆句读不葺之诗尔，又往往不协音律者。何耶？盖诗文分平侧，而歌词分五音，又分五声，又分六律，又分清浊轻重。且如近世所谓《声声慢》《雨中花》《喜迁莺》，既押平声韵，又押入声韵；《玉楼春》本押平声韵，又押上、去声，又押入声。本押仄声韵，如押上声则协；如押入声，则不可歌矣。王介甫、曾子固，文章似西汉，若作一小歌词，则人必绝倒，不可读也。

乃知词别是一家，知之者少。后晏叔原、贺方回、秦少游、黄鲁直出，始能知之。又晏苦无铺叙；贺苦少典重；秦即专主情致，而少故实，譬如贫家美女，虽极妍丽丰逸，而终乏富贵态；黄即尚故实，而多疵病，譬如良玉有瑕，价自减半矣。

这篇《词论》写完后，李清照连标题都没有添加，就把它拿给晁补之看，请他加以指正。晁补之读完，惊诧不已，甚感后生可畏。他把这篇文章跟自己的那篇《评本朝乐章》珍藏在一起，便匆匆赶往达州（今四川省达州市）赴任。后来，晁补之又改任泗州（今江苏省盱眙县境内），不久便病逝于任所，享年58岁。直到南宋时期，著名文学家胡仔，就在著录《评本朝乐章》的《晁补之》一条下面，载录了李清照的这篇文章。因文章没有标题，所以只称作"李易安云"。而《词论》这个标题，无疑是后人加上去的。

《词论》这篇文章，篇幅虽然不大，但它继承了苏门论词的菁华，并提出了自己新的词学观点，在中国词史上，具有划时代的意义。它不仅批评时弊切中要害，而且有史以来，首次为诗和词划出了明确的界限，并提出了词"别是一家"的论点，对南宋中后期江湖词派的词学理论发展，具有深刻的影响。

宋徽宗政和四年（1114年）秋天，李清照迎来了她的31岁生日。生日这一天，赵明诚为她准备的礼物，是一幅画像，名为《易安居士画像》。这幅画上，还有题字："易安居士三十一岁之照。清丽其词，端庄其品。归去来兮，真堪偕隐。政和甲午新秋，德甫题于归来堂。"

清丽其词，端庄其品。归去来兮，真堪偕隐。能和这样的女子携手归隐，赵明诚的内心，怎能不是无比欢愉呢？

02 倾注金石，心有灵犀

山东青州是一座历史文化名城，古城文明历史悠远，人文资源积淀深厚，地域文化特色鲜明，是"东夷文化"的发源地，为青、冀、兖、徐、扬、荆、豫、雍、梁——中国古九州之首。

青州古城是古齐国腹心地区，是古老的文物之邦。由此，李清照和赵明诚在当地收集到了一大批碑文石刻资料，像《东魏张烈碑》《北齐临淮王像碑》、唐李邕撰书《大云寺禅院碑》等。同时，他们还收藏了青州当地出土的有铭古戟，昌乐（今山东省昌乐县）丹水岸出土的古觚、古爵等。

与李清照一起在青州居住，赵明诚备感清幽闲适、身心放松。他专心于个人的嗜好趣味，也与友人学士等多有交集，日子过得丰富而多彩。

宋徽宗大观二年（1108 年）十一月，三朝宰相文彦博之子文及甫路过青州，特意前来拜访赵明诚。赵明诚迫不及待地和他共同观赏前辈蔡襄的《进谢御赐书诗卷》，并兴致勃勃地邀请文及甫为诗卷作题跋。蔡襄是北宋中叶著名书法家，后来人都非常珍视《进谢御赐书诗卷》的书法价值。这部诗卷，是赵挺之生前的收藏之物。赵挺之为相时，北宋末期著名书法家米芾，曾在赵挺之府邸见过此卷，并留有序跋。在赵明诚三兄弟中，惟独赵明诚喜爱前贤字画收藏，因此，赵挺之在临终前，把这幅诗卷交给了赵明诚收藏。好友相见，赏名人诗卷，赏大师书法，让文及甫大开眼界，欣然留下题跋。

宋徽宗政和元年（1111年）二月，友人王寿卿来访，赵明诚请他一起欣赏自己所藏徐铉的《小篆千字文》真迹，并请他题跋。

在青州居住期间，每当有朋友到访，赵明诚都会拿出家藏的诗文墨宝，与友人一同观赏交流，这无形中也提高了他自己的品位。而他的朋友也会投其所好，发现有价值的拓片等，也会送给赵明诚。鄂州嘉鱼县出土楚钟，钟上有铭文，王寿卿专门给赵明诚寄来拓片。刘跂也给赵明诚寄来《汉张平子残碑》的拓本。就这样，归来堂的宝物越来越多，也越来越精，这也标志着他对金石文化的研究也越来越厚重。

有一天，正在灯下研究拓本的赵明诚，略有所思地抬起头来，对正在伏案填词的李清照说，他想写一本《金石录》，将多年的心血记录下来，供后人研究参考。李清照听了，高兴地说："好想法，我支持你！"

赵明诚写《金石录》这个念头，并不是他一时突发奇想，而是在心里已经酝酿埋藏了许久。早在沉迷金石之初，赵明诚就立志有朝一日要写一本金石研究方面的专著，以让自己的研究成果流传于后世。如今，经过多年文化沉淀和经验累积，终于到了可以开花结果的时机。对于赵明诚的这一想法，李清照给予了极大的支持。

赵明诚觉得，要编撰金石文化的研究专著，前辈欧阳修所著的《集古录跋尾》无疑是一个绝好的参照。他在京城任职期间，就幸运地得到了欧阳修的《集古录跋尾》手稿（劫余仅存的4篇跋文，被后人奉为传世名帖），此手稿的内容，就是欧阳修的部分金石文化研究专论。出于共同的爱好和对前辈的敬仰，赵明诚把欧阳修的手稿视若珍宝。但由于父亲去世，家庭突遭变故，赵明诚离开汴京时又走得非常匆忙，没有来得及带上这本《集古录跋尾》。

正当赵明诚为《集古录跋尾》这件宝贝的遗失而惆怅沮丧之时，李清照却从自己书架的底层，拿出一本书递到赵明诚眼前。原来，李清照与其他家眷先于赵明诚离开汴京时，就非常看重这本书的价值，因此特意把它带了出来。面对失而复得的宝贝，赵明诚除了欣喜之外，更多的是为李清照的用心而感动。于是，赵明诚把它进行了重新装裱，珍藏于身边，以便随时拿出来观赏研究、学习借鉴。

就这样，赵明诚开始撰写《金石录》。他深知，珠玉在前，他必须做到青出于蓝而胜于蓝，但这确实不是一件容易的事。他一边更加精细地研读欧阳修的专著，一边将多年来收藏的金石文物进行仔细的分类。为了更好地支持和配合赵明诚从事研究，李清照专门买来了许多箱子，并一个个做了编号，将金石收藏品分门别类地安放妥当。

在撰写《金石录》进程中，为了获取更多的碑文资料，赵明诚的足迹遍及名山大川，古刹名观，想方设法地寻访同道友人，广泛收罗名人字画。

宋徽宗大观二年（1108 年）秋天，赵明诚与自己的妹夫李擢第一次攀登上仰天山。这一次，他根据从民间打听到的消息，带上干粮独辟蹊径，期待有所发现。但他乘兴而去，扫兴而归，此行一无所获。

宋徽宗大观三年（1109 年）端午节，赵明诚在几位友人的陪同下再游仰天山。这一次，他们走的虽然是一条新的线路，但结果还是一无所获。同年九月十三，赵明诚又与李擢、李跃等几位好友，游览了靠近济南的长清灵岩寺，在那里，赵明诚发现并买下了一些古物。

宋徽宗政和元年（1111 年）八月十五，赵明诚第三次登上仰天山，可依然没有重大收获。同年九月，赵明诚游历泰山，竟然意外地得到了《唐登封纪号文》两种碑刻。

宋徽宗政和三年（1113 年）八月，赵明诚相约太原的王贻公，再次专程去泰山，拓《秦泰山刻石》。

宋徽宗政和五年（1115 年），赵明诚在洛阳天津桥之故基，找到《汉司空残碑》。

宋徽宗大观二年到宋徽宗政和五年，赵明诚一旦外出，李清照总是留在家中，帮助赵明诚整理金石书画以及他写下的金石笔记。

宋徽宗政和六年（1116 年）二月，赵明诚再次游览距青州约 170 里的名刹灵岩寺。这一次，赵明诚逗留的时间比较长。李清照一个人留在家里，深闺寂寞，断肠心事难以寄托，于是，在满怀思念之时，创作了一首《木兰花令·沉水香消人悄悄》：

沉水香消人悄悄，楼上朝来寒料峭。春生南浦水微波，雪满东山风未扫。
金樽莫诉连壶倒，卷起重帘留晚照。为君欲去更凭栏，人意不如山色好。

词的上阕，是借景借物抒情。清晨，春寒料峭，房间里燃了一夜的沉水香早已熄灭，只留下一堆冷冷的香灰，泛着毫无生机的寒光。在词人看来，这些香灰是在渲染着离别的寒意，但词人并不喜欢这样的感觉。在这冷冷清清的清晨里，词人只感到周身倦怠无力。沉水，是一种香料名。"沉水香消"，是指香料燃尽没有再点。

南浦的春水正泛着微微的柔波，而东山的梨花雪白一片，开得正当时。这样美好的景致，这样明媚的春光，因为离别，也只是倍增惆怅而已。此时此刻，因为心里这份柔情，使得南浦和东山都笼上了柔软的光。而这种柔情，瞬间就被离别的伤感给湮没了。在这样的清晨为君送别，心情真是百转千回。

词中的"南浦"和"东山"，并不是作者随便信手拈来的两个地点，而是两个有着丰富内涵的意象。

南浦引自屈原《九歌·河伯》之中："子交手兮东行，送美人兮南浦。"在这里，南浦这个地方，上演着一场绝望而深情的人神之恋。南朝文学家江淹在他的《别赋》之中，也有这样的句子："春草碧色，春水渌波，送君南浦，伤如之何！"因此，南浦这个地方，既是爱情的滋生地，又是离别的伤心地。

而东山当然也不是普通的山，东晋名士谢安曾隐居此地。据史料记载，谢安是陈郡阳夏（今河南省太康县）人。他出身士族，跟王羲之是好朋友。年轻的时候，他经常与王羲之在会稽东山游览山水，吟诗谈文。在当时的士大夫阶层中，谢安的名望很大，大家都认为他是个非常有才干的人。但他不愿做官，甘愿在东山隐居。有人推举他做官，他上任仅仅一个多月，就说什么也不干了。当时，在士大夫中间流传着这样一句话："谢安不出来做官，叫百姓怎么办？"谢安到了四十多岁的时候，才重新出来做官。后来，人们把他重新出来做官称为"东山再起"。

李清照跟赵明诚在青州居住多年，两个人之间既有南浦那样深情的爱恋，又有对东山隐逸那样清净恬淡生活的留恋。因此，作者是在借用这两个地方的意象，来表达自己的依依不舍。

词的下阕是写别后的情形。"金樽莫诉连壶倒，卷起重帘留晚照"两句，"金樽莫诉"是劝酒辞，"莫诉"的意思是不要推辞饮酒。不得不说，词人真的是个很能喝酒的女子，她的很多词里，都有饮酒的句子。但在这里，更有借酒浇愁的意思。"留晚照"是说留住夕阳。词人早已喝得醉醺醺的了，浑浑然醒来，天色已近黄昏。一天的光景，就这样浑浑噩噩地溜走了，不如卷起重帘，留住夕阳晚照吧！

结尾的"为君欲去更凭栏，人意不如山色好"两句，意思是因为你的离去，我一次次凭栏远眺，望尽天涯路。遥远的天际，笼罩在暮色的余辉中，让人感受到一种温暖的光感和宁静的旷远。如此美丽的山色，虽是暮景，倒比人意还要好。

同上阕一样，下阕的"晚照"与"凭栏"，也是两个经典的意象。

晚照即是黄昏，凭栏即是登高。黄昏与登高，自《诗经》《离骚》以来，一直承载着离情别意、相思乡愁。

作者看似漫不经心的低调，但她词作里所表现出来的绝代风华，却像身体由内而外散发出的光芒，是永远遮挡不住的。

宋徽宗政和七年（1117年），在李清照的全力协助下，赵明诚大体上完成了《金石录》初稿。那些书案前相伴的夜晚，那些红烛见证的陪伴，全都变成了一字一句的金石巨著。《金石录》共著录金石刻词三十卷，成为中国金石文化研究领域，具有开创性的重要专著。其实，这是李清照与赵明诚两个人共同的心血，是伉俪情深的爱情及梦想的结晶。

写完《金石录》之后，李清照和赵明诚像是携手完成了一次长途跋涉，到达终点的他们，终于可以长长地舒了一口气。

在《金石录》的开篇，赵明诚写了一篇《〈金石录〉序》：

余自少小喜从当世学士大夫访问前代金石刻词，以广异文。后得欧阳文忠公《集古录》，读而贤之，以为是正伪谬，有功于后学其大。惜其尚有漏落，又无岁月先后之次，思欲广而成书以传学。于是益访求藏蓄，凡二十年而后粗备，上自三代，下迄隋唐五季，内自京师，达于四方，遐邦绝域，夷狄所传，仓史以来古文奇字，大小二篆，分隶行草之书，钟鼎簠簋尊敦甗盘杅之铭，词人墨客诗歌赋颂碑志叙记之文章，名卿贤士之功烈行治。至于浮屠、老子之说，凡古物奇器丰碑巨刻所载，与夫残章断画磨灭仅存者，略无遗矣。因次其先后，为二千卷。

余之致力于斯，可谓勤且久矣。非特区区为玩好之具而已也。盖窃尝以谓诗书以后，君臣行事之迹悉载于史，虽是非褒贬出于秉笔者私意或失其实。然至其善恶大节，有不可诬而又传之既久，理当依据。若夫岁月地理官爵世次，以金石考之，其抵牾十常三四。盖史牒出于后人之手，不能无失。而刻词当时所立，可信不疑。则又考其异同，参以他书，为《金石录》三十卷。至于文词之美恶，字画之工掘，览者当自得之，皆不复论。

　　呜乎，自三代以来，圣贤遗迹著于金石者多矣，盖其风雨侵蚀与夫樵夫牧童毁伤沦弃之余，幸而存者止此耳，是金石之固犹不足恃，然则，所谓二千卷者，终归于磨灭，而余之是书，有时而或传也。孔子曰："饱食终日无所用心，难矣哉，不有博弈者乎，为之犹贤乎已。"是书之成，其贤于无所用心，岂特博弈之此乎。辄录而传诸后世，好古博雅之士，其必有补焉。东武赵明诚序。

　　赵明诚这篇自序，无论意蕴，还是文笔，都堪称上佳，确实是文如其人。由此可以看出，李清照为什么对他那么深情和爱恋。当然，从这篇序文中，也隐约可见李清照的"笔削"痕迹，也可以看到两个人的共同志趣和文风的潇洒自如。这篇序文，所征引的《论语·阳货》关于博弈的见解，后来李清照在所写的《打马赋》中复加征引，由此也可看出，夫妻二人的志趣之相投和见解之深刻。

　　除自作序言外，赵明诚还特请当时著名学者刘跂题写了一篇《后序》：

　　东武赵明诚德父，家多前代金石刻，效欧阳公《集古》所论，以考书传诸家同异，订其得失，著《金石录》三十卷，别白抵牾，实事求是，其言斤斤，甚可观也。昔文籍既繁，竹素纸札，转相誊写，弥久不能无误。近世用墨板模印，便于流布，而一有所失，更无别本是正。然则誊写模印，其为利害之数略等。又前世载笔之士，所闻所见，与其所传，不能无同异，亦或意有轩轾，情流事迁，则逾离失实，后学欲窥其罅，搜抉证验，用力多，见功寡，此雠校之士，抱椠杯铅，所以汲汲也。昔人欲刊定经典及医方，或谓经典同异，未有所伤，非若医方能致寿夭，陶弘景亟称之，以为知言。彼哉卑陋，一至于此。或讥邢邵不善雠书，邵曰：误书思之更是一适。且别本是正，犹未敢曰可，而欲以思得之，其讹有如此者。惟金石刻出于当时所作，身与事接，不容伪妄，皎皎可信，前人勤渠郑重，以遗来世，惟恐不远，固非所以为夸。而好古之士，忘寝废食而求，常恨不广，亦岂专以为玩哉？余登太山，观秦相斯所刻，退而按史迁所记，大凡百四十有六字，而差失者九字，以此积之，诸书浩博，其失胡可胜言！而信书之人，守其所见，知其违戾，犹勿能深考，猥曰是碑之误，其殆来之思乎？若乃庸夫野人之所述，其言不雅驯，则望而知之，直差失耳。今德父之藏既甚富，又选择多善，而探讨去取，雅有思致，其书诚有补于学者。亟索余文为序，窃获附姓名于篇末，有可喜者，于是乎书。政和七年九月十日，河间刘跂序。

这篇《后序》的文风、文笔，都精致到了无可挑剔的程度，对所序之书《金石录》的评价，也是非常中肯可信的，其中所云"其言斤斤"，可以说是非常精细明白，实在是褒奖赞美得非常得体。从内容上看，这篇后序中的前面所引，与赵明诚自序衔接紧密。刘跂以其所观泰山碑刻，又亲自与史迁所记对照的事实，进一步阐发了"身与事接"的金石碑刻，比史书确凿可靠的观点。看来，刘跂不愧为赵明诚的知音。

俗话说，千金易得，知音难求，那么，刘跂是何许人也？他和赵明诚何以深知如此？

原来，刘跂是刘挚之子。刘挚，字莘老，永静东光人。宋仁宗嘉祐四年（1060年）中进士甲科。刘挚平生酷爱学习，他治学严谨，才华横溢，能力出众，政绩卓越，一生刚直不阿，正气森严，忠贞爱国。他所撰写的文集《忠肃集》，曾被后人广为流传。当时，王安石刚开始执掌政权，对刘挚非常器重，提拔刘挚为检正中书礼房公事。之后，刘挚又被提升为监察御史里行。王安石拜相后，推行新法，刘挚因赵挺之希行新法而予以援引。后来，刘挚认为新法有许多弊端，遂因废弃新法而被罢，直至被哲宗远贬新州而卒。当时，赵挺之变法的立场，既没有什么大的摇摆，也没有因自己始终信奉新法，而对废弃新法的刘挚落井下石。由此可见，刘挚和赵挺之两家，不仅是一般意义上的世交和通家之谊，更是经过北宋末年新旧党争洗礼的真朋友。

当然，晚辈之间的关系，不一定完全取决于其前人的交恶。赵明诚不但一直是一个宽容大度的好人，更是一个"忘寝废食"的"好古之士"。对于这样的人，刘跂的心情也许是不言而喻的，但他在评价这位好友的这一重要撰著时，以"别白抵牾，实事求是，其言斤斤，甚可观也……今德父之藏既甚富，又选择多善，而探讨去取，雅有思致，其书诚有补于学者"数语，平实道来，十分可信，使《金石录》更可增重于世。赵明诚可谓三生有幸，他所著的《金石录》虽然学术专业性太强，不可能得到普及，但有刘跂和李清照为其所作的两篇《后序》，赵明诚的名字连同《金石录》，必将永远彪炳于学术史册。

03 独守青州，相思莱州

与赵明诚一起在青州居住的那段时光，是李清照感觉平生里最美好的一段时光。她可以与赵明诚长相厮守，诗酒唱和，共录金石，日子虽然散淡一些，却尝尽了相守的甜蜜。因此，李清照在《〈金石录〉后序》中写道："甘心老是乡。"也就是说，如果可以，他们愿意在青州这个地方相守到老。

可是，终究是宦海沉浮，世事难料。

在宋代，朝廷比较看重并厚待文人士大夫，一些在政治斗争中曾经失败失势的文人，在经过一段时间打击处罚后，如果还愿意继续出仕，一般都会被重新起用。

赵明诚的父亲赵挺之虽然被罢职，但朝廷难以罗织罪名，所以，宋徽宗政和元年（1111 年）初，赵挺之的夫人郭氏奏请朝廷，请求朝廷恢复已故丈夫赵挺之被罢免的观文殿大学士之职。结果，宋徽宗下诏批复同意。

宋徽宗宣和二年（1120 年），赵挺之的冤案得以平反昭雪。不久后，赵明诚就被任命为莱州太守。同时，他的两位哥哥也相继恢复了官职，再度进入官场。在青州居住多年，赵明诚早已经习惯了这种清静恬淡的生活，他只想与李清照两个人默然相守，诗意而平淡地走完此生，不想再被俗事所打扰。更何况，官场之上，风云变幻莫测，人心诡诈无常。得失沉浮之间，让人颇感疲累。赵明诚本是无欲无争的素心之人，根本不适应官场的尔虞我诈。

但是，有个颇为尴尬的问题摆在赵明诚的面前，让他很是为难。原来，他和李清照一直居住在乡里，生活上诗情画意，经济上却越来越困窘。既要过日子，又要收藏文物，对于没有经济来源的他们来说，实在不是一桩容易的事情。尤其是最近两年，尽管李清照不断典当珠宝首饰，却也只能缓解燃眉之急，解决不了根本问题。

恰在此时，赵明诚接到了出任莱州知府的诏令。面对一纸诏书，赵明诚内心矛盾重重。他实在不情愿再次混迹于纷扰不休的官场，可他内心十分清楚，若做了莱州太守，虽然会被俗事缠身，却有丰厚的俸禄，既能满足生活之需，又能满足收藏的愿望。他和李清照经过反复斟酌思量，最终决定，赵明诚只身赴任莱州，李清照仍然暂居青州，来照管那些金石书画。

青州与莱州之间的距离，并非山高水长，但是离别在即，李清照还是不免有些怅然。在青州居住这十年时间里，是她和赵明诚人生岁月里最为难忘的幸福时光，她的心里非常知足。漫长的十年，赵明诚经常外出寻访文物，他们也常常离别，但却只是数日的小别。而这次分别是不一样的。这一次，赵明诚是去莱州赴任，短时间内肯定不可能回来。自己留在青州，少了依靠，少了陪伴，也自然少了很多生活的乐趣。从此，陪伴自己的，将是无边的寂寞。她的心里，多想他能够继续留下来。可是，好男儿志在四方，她不能成为丈夫仕途上的牵绊。

秋风渐起，落叶萧萧。虽是初秋时节，李清照却感受到了彻骨的寒意。她躺在床上，翻来覆去，彻夜无眠。不知不觉间，天已大亮。香炉里的香片早已熄灭，香炉也已经冰冷。都日上三竿了，她才慵懒地起来，被子凌乱不堪地在床上堆着，无心去叠放整齐。头发都懒得去梳，精美的梳妆匣，已经好久都没动过了，上面积满了厚厚的灰尘。凄清之际，看向镜中的自己，又憔悴了不少。不是因为醉酒，也不是因为悲秋。只是，心里有太多太多的话，此刻都不知道跟谁去诉说，只有伏案执笔，再填新词。一首著名的《凤凰台上忆吹箫·香冷金猊》就是在这种情况下诞生了：

香冷金猊，被翻红浪，起来慵自梳头。任宝奁尘满，日上帘钩。生怕离怀别苦，多少事、欲说还休。新来瘦，非干病酒，不是悲秋。

休休，这回去也，千万遍《阳关》，也则难留。念武陵人远，烟锁秦楼。惟有楼前流水，应念我、终日凝眸。凝眸处，从今又添，一段新愁。

这首词的上阕分三层：头两句间接描写了词人"慵、懒"的情态。"香冷金猊，被翻红浪"，这是一组对偶句，给人以冷漠凄清的感觉。词人选取的是典型的含蓄的镜头：室内，黄铜的狮形熏炉冰冰冷冷，床上锦被胡乱地摊着，在晨曦的映照下，波纹起伏，恍似卷起层层红色的波浪。"金猊"，指狻猊（狮子）形铜香炉。"被翻红浪"，是化用柳永《凤栖梧》中的"鸳鸯绣被翻红浪"一句。"起来慵自梳头"，则全写人物的情绪和神态。这三句，工炼沉稳，在舒徐的音节中，寄寓着作者低沉掩抑的情绪。到了"任宝奁尘满，日上帘钩"，则又微微振起，恰到好处地反映了词人情绪流程中的波澜。然而，她内心深处的离愁还未显露，只显露出一种慵怠的情态。"慵"，即为懒。炉中香消烟冷，无心再焚，此为一慵；床上锦被乱陈，无心折叠，此为二慵；髻鬟蓬松，无心梳理，此为三慵；宝奁尘满，无心拂拭，此为四慵；而日上三竿，犹然未觉光阴催人，此为五慵。词中所述，词人的慵态已达极点。词人为何大写"慵"字呢？目的仍在写愁。这个"慵"字是这首词的"词眼"，使人们从人物的慵态中，感受到她内心深处的愁。

词人经过种种铺垫和渲染，最终逼出了这样一句话："生怕离怀别苦，多少事，欲说还休。"万种愁情，一腔哀怨，本欲在丈夫面前尽情倾吐，可是话到嘴边，又咽了回去。如此吞吞吐吐，十分耐人咀嚼。而在词情上，也向前推进了一步，变得更加曲折跌宕。这些令人不快的事儿，如果告诉丈夫，只会给他带来烦恼。因此，她宁可把痛苦埋藏心底，自己折磨自己，也不愿在丈夫面前表露出来，真可谓用心良苦，痴情一片，难怪她会"慵怠无力"而复"容颜消瘦"了。

上阕结尾的"新来瘦，非干病酒，不是悲秋"三句，词人先从人生的广义概括致瘦的原因：有人是因"日日花前常病酒"，有人是因"万里悲秋常作客"，而她自己，却是因为伤离惜别这种不足与旁人道的缘由。

词下阕写别后的相思。词人从"悲秋"写到"休休"，这是一个大幅度的跳跃。一下子从别前跳到了别后，略去话别的缠绵和饯行的伤感，笔法极为精炼。开头的"休休！这回去也，千万遍《阳关》，也则难留"，惜别之情，跃然纸上。《阳关》，即《阳关曲》。"念武陵人远，烟锁秦楼"，把双方别后相思的感情，作了极其精确的概括。

"武陵人远"和"烟锁秦楼"是两个有名的典故。

"武陵"出自陶渊明的《桃花源记》，但这里的武陵，不是指世外桃源，而是延伸借用刘义庆《幽明录》桃源寻艳的故事：汉代刘晨、阮肇入天台山采药迷路，跟住在桃林中的仙女相爱，乐而忘返。等他们回到家中，妻子和孩子早已去世，这就是所谓的"山中方一日，世上已千年"。他们回家所见到的，乃是他们的第七世孙。所以，词中"武陵人"指代心爱的人。

"秦楼"一称凤楼、凤台。相传春秋时期，有个叫萧史的人，非常善于吹箫，那婉转悠扬的箫声，能够招来远处的孔雀白鹤。秦穆公的女儿弄玉酷爱箫乐，对于能把箫吹得出神入化的萧史，心仪已久。秦穆公明白宝贝女儿的心意，便把她许配给萧史，并专门为小夫妻建造了一座凤台，让箫声引得飞来的凤凰有了歇脚的场所。终于有一天，这对和谐美满的夫妻，在嘹亮的仙乐中双双跨上凤凰，一齐去做了仙人。在这里，"秦楼"借指词人自己的居处，并与《凤凰台上忆吹箫》这一词调相扣合。

李清照借用这两个典故，除了表达对赵明诚的思念，恐怕也有隐忧在心间。萧史和弄玉共居秦楼十年后，终于比翼同飞仙游远去了，而李清照和赵明诚共居青州十年，到头来却是她孤独地留下，心里的失落，不言而喻。她甚至担心，赵明诚会像武陵人那样，爱上别的女子，乐不思蜀。总之，她的心里七上八下，忐忑不安。所以，满目都是荒凉。

下阕词的后半部分，运用了顶真的修辞手法，不但使句子之间衔接紧密，而且语言节奏也相应地加快，感情的激烈程度，也随之增强，使词中所写的"离怀别苦"达到了高潮。"惟有楼前流水"一句中的"楼前"，是衔接上句的"秦楼"，"凝眸处"是紧接上句的"凝眸"。把它们连起来吟诵，便有一种自然的旋律推动吟诵的速度，而哀音促节便在不知不觉中拨动人们的心弦。下阕中的"惟有楼前流水，应念我，终日凝眸"三句，意思是似乎只有楼前流水能知道她在想什么，别人却无从得知。结尾"凝眸处，从今又添，一段新愁"三句中，"新愁"的含义是模糊的。惟其模糊，所以人们可以作出各种设想，却又觉得不能尽如人意，这大概就是语言的多义性与模糊性的妙处之所在吧！

俗话说得好：女为悦己者容。美丽若没有人欣赏，也就没有了爱美的动机。

心若被愁绪填满，万物也便失去了原本的美丽色彩。

李清照这浓得化不开的愁绪里，除了离愁别苦，还有一样让她说不出口的原因。这些年来，日子虽然平静如水，但是也充满了诗情画意。表面看来，李清照与赵明诚之间举案齐眉，亲密无间，没有任何的障碍与隔阂，实际上，他们的幸福是有缺憾的。那就是，他们成婚多年却还没有子嗣。孟子说，不孝有三，无后为大。赵挺之去世之前，还专门针对这个问题特别嘱咐了他们。想必，李清照和赵明诚也一定渴望他们的爱情能结出果实，他们的生命能够得以延续。更何况，在古代社会，无论做妻子的如何才华横溢，如何温婉贤淑，都会因为没有孩子而失去在家庭中的地位。对于一个女子来说，这就算人生的失败。虽然李清照一向特立独行，对世俗规则常常不屑一顾，但她始终爱着赵明诚，也因为不能满足丈夫儿女绕膝的愿望而自责。

当然，赵明诚从来没有因为子嗣的问题而埋怨李清照。或许，他的心里清楚，没有子嗣不见得是李清照的原因。但李清照的心里，却始终有些不甘心。

在青州居住的那段日子，虽然岁月静好，可对于李清照来说，没有子嗣这件事，定然成了她内心深处挥之不去的阴影。现在，赵明诚即将去外地赴任，将留下她在青州孤苦无依，许多心事蓦然间浮起，却又不知道跟谁诉说。更何况，这样的事情，又让她如何说得出口？所以，她只能说，多少事，欲说还休！

宋徽宗宣和二年（1120年）七月，赵明诚只身前往莱州赴任，他的身影，很快就消失在了遥远的天际。

赵明诚前脚刚走，李清照的一腔思念就如同潮水一般，一浪盖过一浪泛滥而来。归来堂里的一切，都成了李清照睹物思人的源头。院子里的一花一木，屋子里的碑、石、帖、画，无一处不弥散着赵明诚的身影，无一物不勾起李清照满满的回忆。白天，李清照不再有心思出门游玩散步，夜晚的灯下，也不再有人跟她做赌书泼茶的游戏。她满腔的愁绪无处诉说，点点相思都化作了纸上的词句。

季节，在写满相思的书来信往中悄然更替。这个秋天，一首《一剪梅·红藕香残玉簟秋》跨过千山万水，飞到了她日思夜想的赵明诚的手中：

红藕香残玉簟秋。轻解罗裳，独上兰舟。云中谁寄锦书来？雁字回时，月满西楼。

花自飘零水自流，一种相思，两处闲愁。此情无计可消除，才下眉头，却上心头。

这首词的上阕，意思是秋凉了，粉红色的荷花已经凋零，仍散发着残留的幽香。躺在精美的竹席上面，已经越发感到寒凉。轻轻解开绫罗裙，换上轻便的衣服，独自划着小船出去游玩。"轻解罗裳"，一个极富女性化色彩的字眼儿，一种细腻的感觉，透着女性的气息扑面而来。在"兰舟"上，她望见了大雁排成一个一个"人"字，匆匆向南飞去。大雁不论南飞，还是北返，都规规矩矩，有信有时，在离人的心里，它们是传递书信最好的使者。可云中谁寄锦书来？思念丈夫，望眼欲穿，真是一封"家书抵万金"。雁阵一点一点消逝，最后隐没在苍茫的暮色中，什么也看不见了。天空已没有了雁的痕迹，而思妇，就这样仰望着苍茫的夜空，直到一轮满月冉冉升起，冷冷的银光盈满了西楼。残缺与完美，在此时此刻相互映照着。无法排遣的相思，再一次爬上心头。

"雁字回时，月满西楼"两句，是她思夫的迫切心情，突然自现的外在表现。词人借助于鸿雁传书的传说，画面清晰，形象鲜明。它渲染了一个月光照满楼头的美好夜景，思妇在凭栏望眺。月已西斜，只见她站立楼头已久，这就表明了她思夫之情更深，愁更极。盼望音讯的她，仰头叹望，竟产生了雁字回书的遐想。

下阕中"花自飘零水自流"一句，是说眼前的落花流水，可不管你的心情如何，自是飘零东流，表明了词人对自己青春易逝的无奈，更为丈夫不能和自己共享青春，而让它白白地消逝而伤怀。这种复杂而微妙的感情，正是从两个"自"字中表现出来的。她之所以感叹"花自飘零水自流"，这也是她和丈夫赵明诚真挚爱情的具体表现。"一种相思，两处闲愁"两句，作者由己及人，互相思念。这是有情人的心灵感应，相互爱慕，温存备至，她想到丈夫一定也同样因离别而苦恼着。这种独特的构思，体现了李清照与赵明诚夫妇二人的心心相印、情笃爱深，相思却又不能相见的无奈思绪流诸笔端。

结尾的"此情无计可消除，才下眉头，却上心头"三句，意思是这种难言的相思笼罩心头，无法排遣，蹙着的愁眉方才舒展，而思绪又涌上心头，其内心的绵绵愁苦挥之不去，遣之不走。"才下""却上"两个词，把真挚的感情由外露转向内向，迅疾的情绪变化，打破了故作平静的心态，把相思之苦表现得极其真实形象，缠缠绵绵，牵牵绊绊，和李煜《乌夜啼》中的"剪不断，理还乱，是离愁，别是一般滋味在心头"一句，有着异曲同工之妙。

相思，总是把日子拉得很长，也不知道何日才是尽头。在漫长的思念与等待中，重阳佳节姗姗而至。"每逢佳节倍思亲"，佳节对一个孤独的人来说，无异于一种折磨。压抑的相思，在此刻开始泛滥，一如这首著名的《醉花阴·薄雾浓云愁永昼》：

薄雾浓云愁永昼，瑞脑销金兽。佳节又重阳，玉枕纱橱，半夜凉初透。东篱把酒黄昏后，有暗香盈袖。莫道不销魂，帘卷西风，人比黄花瘦。

人在慵懒无聊中，往往什么都不想做，就那么一个人懒懒地待在房里。"薄雾浓云愁永昼，瑞脑销金兽"两句，是从眼前所见写起，眼前所在应该就是女主人公的闺房。"薄雾浓云"，未必是外面的天气。"醉花阴"这个词牌，又名"九日"，其实就是指的重阳这个季节。这个时候，已届深秋，但却是秋高气爽。在古代没有雾霾、没有污染的空气环境下，这个季节，很难是"薄雾浓云"的那种阴霾天气。但在无比思念丈夫的女主人公的心中，又会产生一种愁云笼罩的感觉。那么，这种愁思的感觉是从哪里来的呢？"薄雾浓云"其实就是眼前所见，因为在古代，文人雅士的房间里，都离不开熏香。"瑞脑"就是龙涎香，又叫龙脑香，是一种非常珍贵的香。"金兽"就是一种兽型的铜香炉。作为一代金石考古的名家，女主人公家里的金兽形状的香炉，也不会是凡品，烧的又是瑞脑龙涎香。喜欢香道的人大多都知道，这种在居室之中、在铜香炉里燃起的龙涎香，会使得房间里升腾起袅袅的青烟，让人很陶醉。可就是这个本应让人陶醉的香雾缭绕的感觉，在女主人公那里，却演化成了"薄雾浓云"的愁绪。时光在一寸寸燃烧，这种愁绪，从早到晚都不间断，心里的哀伤也越来越浓，所以叫"愁永昼"。可是，为什么那么忧愁呢？因为马上就是重阳佳节了，可自己的丈夫在外赴任不能回来，自己与心爱的人天各一方，能不愁吗？

夜晚太长了。纱帐里，玉枕上，孤独的人辗转难眠。"佳节又重阳，玉枕纱橱，半夜凉初透"三句，"玉枕"就是玉瓷枕的美称，"纱橱"是碧纱帐。"玉枕纱橱"和前面这个烟雾缭绕的居室环境组合在一起，其实体现了一个女子精致的闺房。可是，在这种精致而唯美的居住环境下，女主人公却彻夜难眠。"半夜凉初透"中的这个"透"字，用得特别巧妙新奇。从白天的"愁永昼"，到半夜的"凉初透"，一个思念丈夫，独守空闺，彻夜难眠，度日如年的少妇形象，仿佛就在眼前。

下阕开头再点重阳。"东篱把酒黄昏后，有暗香盈袖"，这是在写重阳佳节赏菊饮酒。大概是为了应景，李清照在屋子里闷坐了一天，直到傍晚，才强打着精神，来到东篱把酒赏菊。可是，赏菊饮酒，并没有宽解她的愁思、愁绪，反而在她心中掀起更大的情感波澜。"有暗香盈袖"，是写淡淡的黄菊，清香溢满双袖，意思是菊花开得极美，让人陶醉不已。可是，这么美的眼前景，这么唯美的氤氲香气，却无法与自己思念的人共享。所以，所谓的"暗香盈袖"，又岂止是花香，也有作者那不尽的愁思。

紧接着，词人就亮出了"莫道不销魂，帘卷西风，人比黄花瘦"这一千古名句，这也恰恰是这首词的点睛之笔。写到这里，许多人都会觉得，这首词的上下阕的时间，似乎有些自相矛盾。上阕说的是"佳节又重阳，玉枕纱橱，半夜凉初透"，这已经说到彻夜难眠了。而下阕又说"东篱把酒黄昏后，有暗香盈袖"。作者怎么会先写到"半夜凉初透"，再写到"把酒黄昏后"呢？难道不应该先是黄昏后，再到"半夜凉初透"吗？其实，如果仔细揣摩这个"佳节又重阳"的感慨，事实上并非是重阳节当日的感慨，因为这种愁思、愁绪和思念，在前一天，也就是重阳节到来的前日，就满满地萦怀在词人的心中了。所以，词的上阕写的应该是重阳节的前一日。从重阳佳节到来的前一天，女主人公就在默默地思念她的丈夫，就在默默地惆怅，只剩下自己一人，该如何面对东篱盛开的菊花？该如何独自品味那暗香盈袖的佳节？这样，才能体现女主人公心中那终日的愁闷和彻夜的惆怅。

关于这首词的艺术成就，还有一个著名的故事。据元代学者伊世珍所著的《琅嬛记》中记载，当李清照的这首词寄到赵明诚手中时，赵明诚读罢叹赏不已。他虽自愧弗如，可又有些不服气，想暗地里跟妻子李清照比试一番。于是，他推掉一切事务闭门谢客，三个昼夜苦思冥想，不眠不休，最后，共作词五十首。然后，他将李清照的这首词混杂其中，请友人，也是宋朝时的著名文人陆德夫赏鉴。陆德夫品鉴再三，最后说："这些词作里，只有三句绝佳。"赵明诚连忙追问："哪三句？"陆德夫回答："莫道不销魂，帘卷西风，人比黄花瘦。"

陆德夫的话，让赵明诚终于对妻子的才华心悦诚服。从此，"黄花比瘦"的词坛掌故便不胫而走，成为佳话。

李清照把思念的信札，一封接着一封地寄给远方的赵明诚，可赵明诚的回信却稀稀落落，时间间隔得越来越久，回信的字数也只是寥寥数语、越来越短。李清照的心里隐隐地有些不安。虽说李清照与赵明诚曾经举案齐眉、伉俪情深，并且曾经携手相伴多年，一起经历了人生中最大的起落沉浮，可是，在功名面前，爱情又算得了什么？所谓爱情，也不过是凡俗生活里的一个雕饰而已，在岁月面前实在是不堪一击。赵明诚果真是这样看待他与李清照之间的爱情的吗？也许，只有赵明诚自己知道。

04 父亲病故，更添伤痛

赵明诚出任莱州知府后，不知不觉间，就来到了年关。他即将回到青州，与家人团聚。毕竟，家里除了妻子李清照，还有他八十岁的老母亲。

得知丈夫即将归来，李清照每一天都早早起床，精心地梳妆打扮，因为她不知道丈夫回家的具体日期，所以，时时刻刻都在精心地做着准备。为了让自己丈夫看见明艳照人的妻子，李清照还专门跑到街市上，为自己买了新衣服和新首饰。她甚至还跟乡邻小姐妹学会了刺绣的新花样，想亲手给赵明诚绣一个漂亮的荷包。一想到这些，李清照心里美美的，仿佛一下子年轻了好几岁。

那是一个又阴又冷的午后，赵明诚风尘仆仆地回到了家里。久别重逢，李清照欣喜得像一个久别后见到亲人的孩子，一瞬间，她忘记了曾经所有的失落与幽怨，张开双臂，准备与丈夫深情相拥，然后一起畅谈别后之情。可是，赵明诚表情淡淡的，只跟她简单寒暄了几句，就匆匆忙忙地赶去见母亲。于是，易安室里只留下李清照一个人木然地站在那里，心里空旷而且瞬间飘雪。而此刻，在婆婆郭氏的房里，欢声笑语已经溢满整个院子。

到了晚饭的时候，赵家一大家人围在一起，欢声笑语洋溢在每一个人的脸上。赵明诚除了陪母亲说说笑笑，还时不时地逗弄一下侄儿们，甚至把最小的侄儿抱在怀里，眼神里满是疼爱。李清照看着眼前这一切，心里感到无比愧疚和落寞。丈夫不在的日子里，李清照日思夜想，寝食难安。可如今，丈夫归来了，李清照以为从前的幸福时光，也会随着丈夫的归来一起回到自己的身边。可是，李清照明显感觉到，丈夫对自己的冷淡和疏离。在这其乐融融的场景里，李清照感觉自己仿佛是一个不和谐的存在。丈夫虽然回来了，可她却觉得自己离丈夫是那么遥远，就像父亲被贬黜的那段时光一样，她感觉自己心头一阵寒凉。可是，父亲被贬黜时，还有赵明诚在自己的身边可以依靠，而现在呢？让李清照感觉寒凉彻骨的，恰恰是赵明诚这个她一直深爱着、依赖着的丈夫。

过完了新年，赵明诚也结束了他的假期重返任所。这一次，他仍然没有要带走李清照的意思。而此时，李清照也早都已经预料到了，十几天与丈夫在一起的貌合神离、同床异梦，让李清照感到从来没有过的疲累与伤感。但李清照终归是李清照，倔强如她，刚强如她，在丈夫面前，她没有表现出一丝的委屈与伤感，也没有刻意地去迎合与讨好他。在李清照的心里，爱情从来都是平等的，她不想靠迎合与讨好，来换取丈夫的同情与怜悯。

赵明诚走后，李清照伪装的坚强一下子坍塌了。一个人的夜里，她伤心欲绝。她始终不明白，短短的几个月里，曾经温暖体贴的丈夫，何以变得如此冷漠，如此陌生？这一次相聚，仿佛是一场恶梦，让她有时候甚至不相信真的曾经发生过。但多数时候，她还是清醒地看清了现实，曾经所谓的爱情，也不过是一件精美的瓷器，虽然美丽，却容易破碎。

而对于李清照来说，想开了，也就释然了。冬天，终是要过去的。赵明诚走后没多久，从明水突然传来一个不幸的消息，李清照的父亲李格非病故了。

父亲突然故去的消息，仿佛是一个晴天霹雳，震得李清照差一点跌倒。她火速收拾行李，几乎是跌跌撞撞地踏上了回乡的路。从青州到明水，路途并不遥远，可李清照心急如焚，她仿佛觉得像走了一辈子那样漫长。

直到她踏入那个熟悉院子的那一刻，听到了亲人们悲悲切切的哭声，她才相信这样一个事实：父亲真的走了！伏在父亲的灵前，她哭得天昏地暗。她懊悔自己，没有在父亲最后的时刻陪在父亲身边。一想到这些，她哭得更加伤心欲绝。泪眼蒙眬中，她感觉自己的一双手被另一双手握住，像是一种无声的安慰。她知道，这是继母的手。只见继母哭得像一个泪人儿一般，仿佛一下子衰老了十几岁。李清照一下子抱住继母。这个曾经给了她无私母爱，给了她幸福童年的女人，从此以后，也将孤独度过余生了。想到这里，李清照再一次泪如泉涌。

得知岳父故去，赵明诚也伤心无比。他一路快马加鞭，在三日后赶到了明水。对这位和善的老人，赵明诚除了亲人间的深厚亲情，还有对文坛前辈的深深敬意。见到赵明诚，李清照仿佛一下子有了主心骨，有了依靠，她仿佛忘了之前的所有不愉快，伏在丈夫身上，又一次呜呜地哭了起来。

葬礼结束后，李清照一个人失魂落魄地回到了青州，继续她的孤独而黯淡的生活。而赵明诚直接回到了莱州任上，继续他的为官生涯。仿佛经历了一场暴风雨的洗礼、满目疮痍之后，两个人又各自回归原点。

春天还是如期地来了。

和风吹散了弥漫的乌云，淅淅沥沥下了大半天的雨也终于停了下来。河床上的坚冰，正一点一点融化，汩汩地流淌成欢快的小溪。被雨水清洗过的柳枝，鹅黄铮亮，柳芽睁开了蒙眬的睡眼，含苞的梅朵，也微微绽出了红晕。

春天的气息，已经迎面扑来。李清照想起以往在这个季节，他总是跟丈夫赵明诚一起出门踏青游玩。可如今，再也无法回到从前了。想到这里，李清照的眼泪不知不觉流了下来……

李清照终归是一个弱女子，她表面的坚强，都是做给别人看的，内心的脆弱，只有在独处的时候才会完全释放。

难过的时候，李清照就会填词。只有词，才能让她把内心的伤痛释放得淋漓尽致。于是，她写下了一首《蝶恋花·暖雨晴风初破冻》：

暖雨晴风初破冻，柳眼梅腮，已觉春心动。酒意诗情谁与共？泪融残粉花钿重。

乍试夹衫金缕缝，山枕斜欹，枕损钗头凤。独抱浓愁无好梦，夜阑犹剪灯花弄。

这是一首描写思妇的词。这位思妇，或许就是词人李清照自己。

上阕开头"暖雨晴风初破冻，柳眼梅腮，已觉春心动"这三句，首先点出了雨过天晴的早春季节，暖风破冻，梅柳初展，让人有一种想去郊外踏青游览的美好心情。"柳眼梅腮"这一句，用笔极工，堪称是易安奇句。它一语双关，既是对初春梅柳的拟人化描写，又是对思妇美貌的形象化比喻。

从"酒意诗情谁与共？泪融残粉花钿重"两句推断，所思之人，必定是丈夫赵明诚。上阕的意思是说，即使柳萌梅绽，春光大好，但爱人不在身边，也无心欣赏，只得暗自垂泪，以致把精致的妆容都毁掉了。"花钿重"中的"重"字，用得十分传神。头上的花钿，因无心梳妆整理，斜垂在一边，显得很重的样子，表现出了一种孤独无聊的心绪。

下阕描写了这位思妇，夜里苦苦相思，无法入睡的情景。开篇"乍试夹衫金缕缝，山枕斜敧，枕损钗头凤"这三句，虽然换上了漂亮的春装，但独自一人也无心出游。只得躺在床上，斜倚着枕头，任凭枕头压坏了头上的首饰。结句"独抱浓愁无好梦，夜阑犹剪灯花弄"，被称为"入神之句"，词意含蓄传神，思妇形象惟妙惟肖，颇有意趣。一夜相思，天快亮了还在拨弄着灯花，以此来排遣这"浓愁"。相传，灯花为喜事的预兆，思妇手弄灯花，比她矢口诉说思念亲人的心事，更加耐人寻味，更加富感染力。

这是一首正宗的婉约派词作，也是体现李清照"词，别是一家"观点的代表性词作。

春江水暖的日子，万千心事萦绕在李清照的脑海里，挥之不去，仿佛成了一个结，就算是和煦的春风，也无法把她的心结打开。原本，她是喜欢春天的。江湖水暖，杨柳依依，都无不令她由衷喜悦。呢喃燕子，杏花微雨也曾在她多情的笔下飞舞。那时候，春光有人共赏，心事有人倾听。可现在，身单影只，只得任心事凋零。

庭院萧条，寒食将近，她的心境很不好，需要排遣。于是，她写了一首《念奴娇·萧条庭院》：

萧条庭院，又斜风细雨，重门须闭。宠柳娇花寒食近，种种恼人天气。险韵诗成，扶头酒醒，别是闲滋味。征鸿过尽，万千心事难寄。

楼上几日春寒，帘垂四面，玉阑干慵倚。被冷香消新梦觉，不许愁人不起。清露晨流，新桐初引，多少游春意。日高烟敛，更看今日晴未。

李清照的这首词，叙写了寒食节词人对丈夫的思念。上阕的开头两句写景，融情入景，使景语亦为情语。"萧条庭院"，写词人所处的环境，给人以寂寞幽深之感，反映女主人心绪的落寞。庭院深深，寂寥无人，令人伤感；兼以细雨斜风，则景象之萧条，心境之凄苦，更觉怆然。一句"重门须闭"，写词人要把门关上，而实际上，她是想关闭心灵的窗户，这充分反映了女主人的孤怀凄怆。"宠柳娇花寒食近，种种恼人天气"，"柳""花"二字，用"宠""娇"修饰，隐有妒春之意。"种种恼人天气"一句，反映了女主人心情抑郁烦闷。这两句，由斜风细雨，而想到宠柳娇花，既倾注了对美好事物的关心，也透露出惆怅自怜的感慨。"萧条庭院"一句，在遣辞造句上，显示了词人独创的才能。"宠柳娇花"，则又是一句可以和李清照名句"绿肥红瘦"相媲美的神来之笔，足见其锤炼功夫之深。

接着，词人由天气、花柳，渐次写到人物。风雨之夕，词人写诗填词，醉酒以打发无聊的时光。然而，诗成酒醒之后，闲愁却依然无法排解，万千心事涌上心头，"别是闲滋味"。一个"闲"字，将伤春念远情怀，暗暗道出，耐人寻味。一句"征鸿过尽，万千心事难寄"，道出了词人闲愁的原因：自己思念远行的丈夫，"万千心事"却无法捎寄。

下阕开头"楼上几日春寒，帘垂四面，玉阑干慵倚"这三句，写出了词人懒倚栏杆的愁闷情志。接下来的"被冷香消新梦觉"一句，又写出她独宿春闺的种种感觉。"不许愁人不起"，则写出词人已失去支撑生活的乐趣。这里，通过人物的行为和景物的描写，揭示人物复杂曲折的心理，词旨婉约，情意绸缪。

从"清露晨流"一句到篇终，词境陡然一变。此前，词清调苦，婉曲深挚，此后，清空疏朗，低徊蕴藉。"清露晨流，新桐初引"二句，写晨起时庭院中景色。从"重门须闭""帘垂四面"，至此帘卷门开，顿然令人感到一股盎然生意。日既高，烟既收，本是大好晴天，但词人还要"更看今日晴未"，说明春寒日久，阴晴不定，即便天已放晴，她还放心不下。这是词人在暗中与前面所写的风雨春寒相呼应，脉络清晰。以问句作结，更有余味不尽的意味。

转眼又到了暮春时节，深闺里的李清照，仍然被无边的寂寞紧紧地包围着，每一寸柔肠，都被千丝万缕的愁绪紧紧缠绕。越是舍不得春天离去，春天溜走得越快，就连那渐渐沥沥的雨声，也仿佛成了催落满地红花，赶走春天的帮凶。

在这寂寞的暮春里，李清照遍倚阑干，尽管春意阑珊，却提不起一点兴致来，只是望着眼前一望无际的连绵芳草，盼着远方的丈夫早日归来。于是，李清照又填了一首《点绛唇·闺思》：

寂寞深闺，柔肠一寸愁千缕。惜春春去，几点催花雨。
倚遍阑干，只是无情绪。人何处，连天芳草，望断归来路。

　　这是一首借伤春写离恨的闺怨词。全词词情并茂，神韵悠然，层层深入，揭示了词中女主人公心中的无限愁情。

　　这首词构思别致。旖旎的春天归去了，意味着青春年华，也已悄然流逝。明媚的春光、宝贵的年华，不能与爱人同度。韶光不再，痛惜低徊，佳人未归，抑郁惆怅。因"伤春"而"伤别"，因"伤别"益"伤春"，相辅相成，融为一体。

　　开篇的"寂寞深闺，柔肠一寸愁千缕"两句，写的是深闺独处的相思之苦。词人将"一寸"柔肠与"千缕"愁思相提并论，使人产生了一种强烈的压抑感，仿佛她愁肠欲断，再也承受不住。李清照最擅长将抽象情感具体化。

　　"惜春春去，几点催花雨"两句，写的是青春易逝的闲愁。词人不再直言其愁，却于"惜春春去"的矛盾中，展现了女子的心理活动。冷雨无情，催花凋零，也催逼着春天归去的脚步。

　　"倚遍阑干，只是无情绪"两句，写的是自己相思难耐，唯有登高远眺。中国古典诗词中常用"倚阑"表示人物心情悒郁无聊。这里，词人在"倚"这个动词后面缀以一个"遍"字，活画出一深闺女子百无聊赖的烦愁苦闷。"只是"与"倚遍"相呼应，衬托出词人因愁苦而造成的"无情绪"，有力地表现了词人愁情深重，无法排解。

　　"连天芳草，望断归来路"两句，依然是在远望。无情无绪也别无选择，只是痴痴地望，仿佛这样就能望见丈夫归来的身影一样。直到目力尽处，芳草与天际连成了一片，把归路望断。这里，词人巧妙地安排了一个有问无答的布局，却转笔追随着女子的视线，去描绘那望不到尽头的萋萋芳草，把盼归的情绪表现得淋漓尽致。

　　李清照的这首词，上阕写伤春之情，下阕写伤别之情。伤春、伤别，融为柔肠寸断的千缕浓愁。寂寞愁、伤春愁，伤别愁以及盼归愁。由此，刻画出一个爱情专注执着、情感真挚细腻的深闺思妇的形象。结尾"望断"二字，写尽盼归不能的愁苦，此时，词人的感情已积聚至最高峰，全词达到高潮。

　　当李清照在守望着赵明诚盼着他归家时，心里也一定闪过这样的忧虑：毕竟自己已经不再年轻了，尽管他们之间有着金石书画这个共同的爱好，也可以说是联系二人精神世界的纽带。可是，有一点，让她一想起来就失去了所有的骄傲和自信，那就是，结婚这么多年以来，他们一直没有孩子。

　　不孝有三，无后为大。就算李清照再怎么洒脱，她的内心，也不可能对这件事毫不在意。

05 莱州相聚，爱情重现

对于李清照来说，远离丈夫的孤独就像野草一般，在心里面疯狂生长蔓延，蔓延成漫山遍野的寂寞和悲伤。但是，这种孤独却无人过问，只能自己一个人来默默地承受。而且，困扰李清照的不仅仅是远离丈夫的孤独，更多的是难以言说的焦虑。那欲说还休的心事，成为她心中永远绕不开的悲凉。

当望穿秋水也仍然看不到尽头的时候，李清照做出了一个大胆的决定，她要去莱州跟丈夫赵明诚相聚，以此来结束被动等待的局面。

李清照随即把自己要去莱州的想法，向婆婆郭氏毫不隐瞒地说了，婆婆并没有表示反对，这让她的内心多少有了些安慰。于是，她将归来堂的书库封好，将所有的书橱都上了锁，又请人查看了屋顶，把有可能漏雨的地方，都一一做了修葺，以确保他们收藏的金石书画，不会有任何的侵蚀。

李清照妥善地安置好所有的金石书画后，终于长长地舒了一口气。她知道，这些金石文物，是她和明诚半生心血的结晶，其重要性甚至不亚于她自己的生命。

宋徽宗宣和三年（1121年）八月，李清照带上了《金石录》图卷和题跋手稿，以及一些古典著作，赶赴莱州，去与在那里做知州的赵明诚相聚。

莱州此行，李清照虽然得到了婆婆的默许，但在她的心里，却有一种很是特别的隐忧。与丈夫相见后，还能否和从前一样和谐共处，恩爱如初，她已经没有了丁点的把握。漫长的思念，还有那不可言说的心事，早已变成了内心的忐忑不安。

临行，青州城内那些平日里与她交好的小姐妹，纷纷前来为她送行，这让她无比的激动，也无比的感伤。在青州孤单寂寞的岁月里，全凭这些姐妹陪她游玩散心，为她排忧解愁。如今，得知李清照要去莱州与丈夫相聚，她们纷纷前来与她告别，并送上她们的真诚祝福。惜别的泪水打湿了衣衫，洇湿了双腮，最后，在姐妹们的殷殷嘱托中，李清照登上了去往莱州的马车。

从青州到莱州，不过三五天的行程。这一天傍晚，李清照途经昌乐，渐渐昏暗的天空，突然下起了小雨。无奈之下，李清照住进了一家旅馆安顿休息。夜晚孤馆青灯，潇潇北雨，虽然马上就要跟丈夫团聚了，但她却高兴不起来。她想起了青州的那些好姐妹，想起了临行前众姐妹送别时的情景，李清照不由得再一次感慨万分。于是，在旅馆的青灯下，李清照填成了一首《蝶恋花·晚止昌乐馆寄姊妹》：

泪湿罗衣脂粉满，四叠阳关，唱到千千遍。人道山长水又断，萧萧微雨闻孤馆。

惜别伤离方寸乱，忘了临行，酒盏深和浅。好把音书凭过雁，东莱不似蓬莱远。

上阕"泪湿罗衣脂粉满，四叠阳关，唱到千千遍"这三句，意思是说，眼泪打湿了衣服，脸上的胭脂妆容都已化开。一开头，词人便直接表露出了难分难舍的情感。这时，她不由得想起了众姐妹送她出行时，一遍遍吟唱《阳关曲》时的情景。《阳关曲》也称《阳关三叠》，因唐代著名诗人兼音乐家王维在《送元二使安西》一诗中的"西出阳关无故人"一句而得名。王维的全诗是这样写的："渭城朝雨浥轻尘，客舍青青柳色新。劝君更尽一杯酒，西出阳关无故人。"后来，这首诗被乐人谱曲，成为一首著名的送别曲。《阳关曲》本是三叠，可李清照却在词中说成"四叠"，无疑在人们的心中多了一层烙印，然而，词人还不尽意，还要将这"四叠阳关""唱到千千遍"。四叠阳关唱了几千遍，还不足以表达自己内心对昔日姐妹的万种离情。"千千遍"以夸张的手法，极力渲染离别场面之伤感。这长长的山路，已将亲人隔于两地。她孤身一人在这异地的旅馆中，听着凄苦的潇潇雨声，心里无比感伤。她心绪全乱，乱得忘记了姐妹们给她饯行时，酒杯里的酒是否已满。词人最后告慰姐妹们，东莱并不像蓬莱那么遥远，只要鱼雁频传，音讯常通，姐妹们还是如同在一起。古代传说，蓬莱与方丈、瀛洲并为海上三神山，都处在渤海之中，世人不能登及，所以说它"远"。

经过几天的颠簸劳苦后，李清照终于踏上了莱州这片土地。到达莱州，李清照并没有想象中的开心与惊喜。面对这座陌生的城市，李清照竟然有些怀念青州，怀念青州的归来堂。李清照来莱州之前，并没有告诉赵明诚，所以，赵明诚也没有派人来接她，李清照完全是自己找到了赵明诚的官邸。

见面后，赵明诚既没有表现出惊讶之情，更没有想象中的激动和拥抱。他只是淡淡地说了一声："一路辛苦了！"然后，就随手接过了李清照的包裹。这时，一个年轻貌美的女子，摇曳着曼妙的身姿，款款向她走来，俯身浅拜后，叫了她一声"姐姐"。这一声"姐姐"，李清照瞬间就明白了。原来，自己所有的想象、猜测和怀疑，都不是空穴来风，而是真实存在，难怪丈夫对自己是如此的冷淡和疏离。想到这里，李清照有些眩晕，加上连日来旅途劳累，她眼前一黑，就什么也不知道了。

等她醒来时，已是接近第二天中午了。赵明诚早已出门办公，只有侍女在她的身旁守着。李清照睁眼看着屋顶，可内心却在淌血。虽然早已预料到是这个结果，但是，真要面对这一现实的时候，还是令她有些猝不及防。李清照支开侍女，想自己单独待一会儿，好好梳理一下自己半年多来疲惫不堪的心。

在青州，每次和姐妹们谈及自己的猜测和怀疑，姐妹们都是冷静地帮她分析，然后对她百般安慰。其实，在宋朝，凡士大夫以上的官员，家里都盛行蓄养侍妾，并形成了一种社会风气。就连李清照和赵明诚都非常崇敬的文坛前辈苏轼，也有王朝云等数位侍妾。可想而知，生活在这个时代，周围环境皆是如此，况且赵明诚如今作为一方太守，手里有了权力，又有了丰厚的俸禄，难免吸引一些年轻貌美的女子。更何况，他们结婚多年一直无后，公公赵挺之临终遗言犹在耳边。可她始终以为，她跟赵明诚有着共同的兴趣和爱好，他们有着深厚的感情基础，她是那么的爱着自己的丈夫，她不愿意看到他们的婚姻里出现任何的瑕疵。可事到如今，直到亲眼所见，她才相信这个事实，而从前的自己是那样的天真。她以为，自己会用眼泪来发泄自己的委屈，可是，她惊奇地发现，她竟然连一颗眼泪都流不出来了。哀莫大于心死，这话果然不假。

李清照起了床，简单梳洗了一下。现在，她觉得已经没有人在意她的妆容了，所以，也不必再费那份心思了。梳洗完毕，她来到书桌前，看到桌上有一本《礼韵》，便信手翻了翻，想着找一个字作为韵脚作诗。她看到里面的一个"子"字，于是，她便以此为韵作了一首《感怀·寒窗败几无书史》诗，前有序曰：

宣和辛丑八月十日到莱，独坐一室，平生所见，皆不在目前。几上有《礼韵》，因信手开之，约以所开为韵作诗。偶得"子"字，因以为韵，作感怀诗。

寒窗败几无书史，公路可怜合至此。

青州从事孔方兄，终日纷纷喜生事。

作诗谢绝聊闭门，燕寝凝香有佳思。

静中吾乃得至交，乌有先生子虚子。

李清照觉得，事到如今，她只有依靠诗词来抒发心里那复杂难言的情绪。诗的开头"寒窗败几无书史"这一句，首先描写了诗人所处的环境，窗户破败，桌椅陈旧，年久失修，既没有书籍，也没有字画。而她喜欢并早已经习惯的，是书香茶韵，是画意诗情，充分反映出诗人的心境的苍凉。然后诗人转入议论，"公路可怜合至此"中的"公路"，指的是袁术，因为袁术字公路。《三国志·袁术传》注引《吴书》：袁术兵败后，饥渴交至，叹曰："袁术至于此乎！"因为心有怨艾，诗人甚至觉得，自己的境遇，与三国时袁术兵败时的惨状相似。"青州从事孔方兄"一句，指的是好酒和贪财。《世说新语·术解》中写道："桓公有主簿，善别酒，辄令先尝。是谓青州从事，恶者谓平原督邮。"于是，"青州从事"便成了好酒的典故。对酒与钱，李清照都不像世人那样贪恋。虽然悲伤时、高兴时，李清照也经常要小酌几杯，但是，往往都是浅尝辄止，从来不会喝得酩酊大醉、心智全无。她把酒当作恋人，深情而不纠缠。而对于钱财，李清照虽然不能说视如粪土，却可以做到"食去重肉，衣去重采，首无明珠、翡翠之饰，室无涂金、刺绣之具"。她对世人疯狂追求这两样东西，如此地加以轻蔑，从而揭示出诗人高雅的人生追求：谢绝俗世烦扰，在赋诗填词中追寻"佳思"。诗最后"静中吾乃得至交，乌有先生子虚子"这两句照应开头，再次写空无所有，诗人在空与静中"得至交"，一个子虚，一个乌有，合起来便是子虚乌有，从而展示出诗人傲视出尘的精神风貌。

李清照对于酒和金钱的态度如此脱俗，而如今的赵明诚却已被这两样东西所俘虏，他们的思想，已经不在一条水平线上了，他们的心，已经渐行渐远了。身为莱州太守，赵明诚有了不小的权力。而权力和酒，从来都是孪生兄弟，不离彼此。看着醉倒在权力里的赵明诚，李清照生出了一种无力感，曾经亲密无间的爱人，仿佛已是陌路，他们再也无法走进彼此的世界。

赵明诚的侍妾年轻貌美，浑身上下焕发着无尽的活力，就像很多年前的李清照一样。原来，丈夫的喜好没有变过，他只不过是把对李清照的喜爱，转移到了更年轻漂亮的小妾身上而已。色衰而爱弛，真的是没有人能够逃脱的法则。

李清照开始后悔自己选择离开青州，到莱州来找赵明诚。与其在这里每天看着丈夫与别人缠绵，不如自己独守青州，最起码还能有美好的回忆。事实上，赵明诚每天公务繁忙，只有晚间才能回到家里，而李清照也只有在晚饭时间才能见到他。赵明诚没有让李清照住进主卧，而是把正房夫人安排在了偏室，全然没有了夫妻的情分。李清照不禁心凉彻骨。在那个时代，许多女子面对丈夫另娶新欢，大都选择默然接受。李清照却做不到，可她不会哭闹，也不会撒泼，风雅如她，只能将怨情写在诗里。

白天，李清照把自己关在书房里，读书、写字、作诗、填词，以此来打发无聊的时光。她虽然无时无刻不怀念归来堂的书香和隐逸，但她却不再想重新回到青州去。毕竟，在莱州，她还能看见赵明诚，哪怕只能是远远地看着。

过了一段时间后，赵明诚的公务似乎不那么繁忙了，他可以有一些闲暇时间了。不知是因为愧疚，还是念及一些旧情，这一天，他主动要求李清照跟他一起出游。

夫妻二人策马并行，慢慢悠悠沿着海边的小路向前走去。马蹄踏着落叶，发出一种温和的哒哒声。时光仿佛凝滞了，两个人沉默着，似乎都在等着对方先打破沉寂。赵明诚侧脸看向李清照，看到她神情落寞，曾经洋溢在脸上的活泼与自信，早已无影无踪。忽然，赵明诚内心闪过一丝隐隐的不安。眼前这个和自己相濡以沫十几年的女子，多少年以来，都曾把他的内心填得满满的，让他一想到她，脸上就有抑制不住的幸福与满足。新娶的妾室虽然年轻漂亮，可是新鲜感已过，也不过是个寻常女子罢了。而眼前的妻子，"清丽其词，端庄其品"，其他任何女子都无法与其媲美。想到这里，赵明诚的表情，忽然变得温和起来。他主动向李清照靠近了一步，把远近的各个景点，一一指给她看，并且给她讲了许多关于景点的美丽传说。

赵明诚态度的稍许转变，让李清照封冻的心，稍稍有了一点融化。回到官邸，李清照把书房又重新整理了一番，添置了一些摆放金石书画的盒子和架子。经过一番精心布置后，竟然有了一点归来堂的味道。赵明诚看到重新布置过的书房，心里非常满意，他把这个书房取名为"静治堂"。他希望自己从此收心养性，继续和妻子李清照一起，从事他们热爱的金石书画事业。而这，也正是李清照所希望的。

赵明诚真的开始捡起了搜集金石书画的爱好。后来，李清照在《〈金石录〉后序》中写道："今日忽阅此书，如见故人。因忆侯在东莱静治堂，装卷初就，芸签缥带，束十卷作一帙。每日晚吏散，辄校勘二卷，跋题一卷。此二千卷，有题跋者五百二十卷耳。今手泽如新而墓木已拱，悲夫！"意思是说：今天无意之中翻阅这本《金石录》，好像见到了死去的亲人。因此又想起明诚在莱州静治堂上，把它刚刚装订成册，插以芸签，束以缥带，每十卷作一帙。每天晚上属吏散了，他便校勘两卷，题跋一卷。这二千卷中，有题跋的就有五百零二卷啊。现在他的手迹还像新的一样，可是墓前的树木已能两手合抱了。悲伤啊！

据宋朝著名学者刘跂的评价，赵明诚的《金石录》，要胜过欧阳修的《集古录》，而对比于欧阳修，赵明诚也不愧为造诣深湛的金石学大家，功业对他的诱惑力，远胜于"声色犬马"。

赵明诚呕心沥血、孜孜不倦所作的大量题跋中，最为著名的有：

题跋《唐富平尉颜乔卿碣》，其中写道："有朝士刘绎如者，汉阳人，家藏汉、唐石刻四百卷，以余集录阅此碣也，辄以见赠。宣和癸卯中秋在东，一本阙'十年'二字，惟云'屏居乡里'，看来有'十年二字者为胜，兹取之'。"

题跋《后魏郑羲碑》，其中写道："盖道照尝为光州刺史，即今莱州也。故刻其父碑于兹山。余守是州，尝与僚属登山，徘徊碑下久之。"

题跋《后魏郑羲上碑》，其中写道："初余为莱州，得羲碑于州之南山，其末有云：'上碑在直南二十里天柱山之阳，此下碑也。'因遣人访求，在胶水县（今山东省平度市境内）界中，遂模得之。"

题跋《金石录》卷十三，其中写道："右齐钟铭，宣和五年，青州临淄县民于齐故城耕地，得古器物数十种，其间钟十枚，有款识，尤奇。最多者几五百字。今世所见钟鼎铭文之多，未有逾此者。今余所藏，乃就钟上摹拓者，最得其真也。"

共同的志趣爱好，再一次把夫妻二人的心拉得越来越近，李清照内心的伤口在一点一点地愈合，最终，她选择原谅赵明诚。

爱情，像是一位走失的少女，兜兜转转之后，又回到了曾经相亲相爱的两个人中间。

第五章

山河破碎国不在，

刹那沧海成桑田

01 转赴淄州，助夫剿匪

在莱州，赵明诚身为一方百姓的父母官，他一直秉承为官一任、造福一方的宗旨，恪尽职守地为百姓做事。作为郡守，他全面负责主持治安防务、赈灾救济、统领财赋事务、司法事务等，并负有监察保举之责。他每天都忙得团团转，有时，一连几天都在外奔波，在下属县域处理政务。

赵明诚不是腐儒愚笨之辈，即便在政治军事方面上不具备出将入相之才，但也远在一般人之上。面对复杂的人事民情，冤假错案，他处理起来，基本上是游刃有余，从不拖泥带水。在他的治理下，莱州逐渐变得井井有条。因此，在下属官吏和百姓的眼里，他是一个有口碑、有权威的郡守。

李清照与赵明诚二人因为志同道合、互相仰慕而走到一起。即使二人之间因为琐事有所摩擦，但只要感情基础还在，自然不会致使婚姻破裂。三年的莱州生活，李清照用自己的才华和真心，慢慢地赢回了赵明诚的初心。而渐渐地，赵明诚也不那么热衷于争名逐利。他一方面清正廉洁、严于职守；另一方面，在公余之暇，他仍然从事自己热爱的收藏事业，稍有空闲，就将精力放在金石书画事业上。

在工作之余，李清照与赵明诚两个人，走遍了莱州的每一块土地，或游历，或收集金石书画，仿佛又回到了在青州时的那段美好岁月。

宋徽宗宣和五年（1123 年），赵明诚担任莱州知州三年任期已满，按宋时的官制规定，在一个地方担任地方官三年期满，就会被调到新的地方继续任职。就这样，宋徽宗宣和六年（1124 年），赵明诚被调到淄州任知州。

淄州的管辖范围时大时小。唐代时，淄州大到了除了几乎包括今山东全境外，尚有今河南、安徽的部分地区。宋朝时，赵明诚所守之淄州，指的是古邑临淄（今山东省淄博市东北一带）。据《史记·齐太公世家》中记载，周夷王十一年（公元前 859 年），齐献公开始以临淄为都城，到秦始皇二十六年（公元前 221 年）灭国时，此地先后作为姜齐和田齐的国都长达630 余年。此后，临淄故城仍然是齐地的政治中心，一直到魏晋时期。因此，淄州无疑是一个历史悠久的古城，这里文物繁多，十分富庶。在遍地是文物的淄州古城任职，对于金石学家赵明诚来说，可谓得天独厚，也是他进行《金石录》撰著的大好时机。而对于与赵明诚有着相同志向的李清照来说，去淄州更是求之不得的。

没过多久，赵明诚就带着李清照，赶赴淄州上任。

到达淄州后，李清照想起父亲李格非早年作郓州教授时，所在的郓城就离淄州不远。她还记得父亲当时曾写的题为《过临淄》的一首诗：

击鼓吹竽七百年，临淄城阙尚依然。

如今只有耕耘者，曾得当时九府钱。

在淄州任职期间，赵明诚除了关心政务，把其余的精力和目光，都放在了收集金石书画上。他经常忘寝废食，孜孜以求，广为搜罗。在这一段时期，李清照和赵明诚形影不离。在赵明诚忙完政务后，他们有时就一起踏青游览，唱和酬答，纵情山水。有时，李清照还跟随赵明诚深入基层，访贫问苦，搜罗稀罕物件，常常为意外发现而欣喜。

在淄州，有三件弥足珍贵的文物，是通过赵明诚的努力得以留传后世。一是《汉成阳灵台碑》，赵明诚在题跋中写道："余为淄川，同官李茏，雷泽人，云冢正在城西南，盖《述征记》误也。"二是《唐淄州开元寺碑》，赵明诚在题跋中写道："右唐淄州开元寺碑，李邕撰并书，碑初建于本寺，后人移置郡廨屋下，余为是州，迁于便坐，用木为栏楯，以护之云。"三是得平陆戈铭及盂姜盥铭，收入《古器物铭》之中。

赵明诚郡守淄州虽然只有短短的三年时间，在金石书画方面的收获和进展却是相当可观的。淄州这块宝地，带给了他和李清照无尽的惊喜，他甚至觉得，调任到淄州，是上天对他的恩赐。

宋徽宗宣和七年（1125 年）春天，赵明诚骑着马独自一人出门体察民情，路过一个叫邢家村的地方时，被村庄美丽的景色、淳朴的民风所吸引，便与当地的村民进行了友好的交谈。与他交谈的人，刚好是这个村庄的族长，名字叫邢有嘉。赵明诚温和的态度、关切的语气，让邢有嘉深感惊讶。他万万没有想到，太守居然如此平易近人、关怀百姓，不由得对这个儒雅亲和的太守，心生诸多敬意。他把赵明诚请到自己家中热情招待，从言谈中，得知赵明诚是一位金石书画爱好者，便决定将家中珍藏了几代的白居易手书的《楞严经》，拿给这位体恤百姓的太守赏鉴。赵明诚自然知道白居易的手稿存世极少，而眼前的《楞严经》，是真正的稀世珍品。赵明诚的目光，一落到这份手稿上，眼睛里便立刻闪耀出惊叹的光芒。他立即想起来李清照，迫不及待地想让自己的妻子也看一看这世间难得一见的珍宝。于是，他言辞恳切地请求邢有嘉把这《楞严经》借回几日，让自己同样爱好金石书画的夫人见识一下。知书达理的邢有嘉得知赵明诚的夫人，就是当朝才女李清照后，当即同意了他的请求，将《楞严经》借给了他。

赵明诚千恩万谢，然后一路打马狂奔回家。他之所以着急，原因有两个。一是刚获至宝。白居易是唐代著名的大诗人，又是有名的佛教信徒，是历代文人士大夫都非常景仰的大师级人物。能够见到他亲笔手书的佛经，这该是一件多么令人狂喜的事情啊！于是，他着急回家进行仔细的欣赏。二是与夫人分享。每个人都有过相同的体会，看到一本好书、听到一首好听的曲子、发现一幅好画，总想第一时间跟自己最亲密的人一起分享。赵明诚得此书后，亦想尽快让李清照和他一同欣赏。因此，他快马加鞭地飞奔回家。

赵明诚回家后，便迫不及待地把宝贝拿给李清照看。李清照一见这可遇不可求的稀世珍宝，立刻两眼放光，讶异不已。李清照的反应，早在赵明诚的意料之中，因为他太了解妻子了。这些年的相知相伴，他知道李清照对金石书画的痴迷沉醉，一点不亚于他自己，甚至比他更痴迷。他们两个人的心，由于共同的兴趣爱好靠得越来越近。在赵明诚眼里，李清照已经不仅仅是他的妻子，而更多的是他的一个志同道合的知音。他们之间的爱情，已经超出了世俗的层面，上升到了精神层面。

李清照特意将酒端到书房，关上门，与赵明诚一边饮酒一边品赏。在泛黄的纸页上，白居易隽秀的楷书，微笑地与这对爱好金石书画的夫妻对视。二人共同欣赏了三个多小时，直至二更天，还越看越兴奋。酒喝干了，就泡上一壶上好的贡茶小龙团，然后继续品赏。过了二更天，又点起了两根蜡烛，一直看到了凌晨。他们两个人，就像得到了无价之宝，爱不释手，又小心翼翼，深恐把宝贝弄坏。就这样，他们一直品赏、摩挲到天亮。

在淄州任太守的赵明诚，与在莱州任太守时相比，判若两人。在工作方面，他更加恪尽职守，勤政爱民；在家庭方面，他对妻子爱重有加。特别值得一提的是，他被广大百姓视为"素心人"。"素心人"，意为心地淳朴之人，语出陶渊明《移居》诗"闻多素心人，乐与数晨夕"。陶渊明把他在浔阳"南村"的好邻居，称为"素心人"。赵明诚出任淄州太守，州人不重其"为兹州守"，而重其"有素心之馨"，在当时，这是一件很了不起的事。一个封建时代的州官，不但不横行乡里、鱼肉百姓，反倒以做百姓的好邻居为荣，由此可见赵明诚的人品境界。我国历史上著名的藏书家、目录学家缪荃孙，在他所著的《云自在龛随笔》中，对赵明诚如何得到白居易手书以及夫妇共赏的情形，进行了比较详细的描述：

唐白居易书《楞严经》一百幅，三百九十七行，唐笺楷书，系第九卷后半卷。赵明诚跋云："淄川邢氏之村，丘地平弥，水林晶清，墙麓硗确布错，疑有隐君子居焉。问之，兹一村皆邢姓，而邢君有嘉，故潭长，好礼，遂造其庐，院中繁花正发。主人出接，不厌余为兹州守，而重余有素心之馨也。夏首后相经过，遂出乐天所书《楞严经》相示。因上马疾驱归，与细君共赏。时已二鼓下矣，酒渴甚，烹小龙团，相对展玩，狂喜不支。两见烛跋，犹不欲寐，便下笔为之记。赵明诚。"前后有绍兴玺，末幅止角上半印，存"御府"二字。后有"宝庆改元花朝后三日重装于宝易楼，逊志题"。此册想见赵德父夫妇相赏之乐。自序云："靖康丙午，侯守淄川。"当跋于此时，固俞理初未见者。

对于赵明诚题跋白居易手书的真伪，历史上一直存有争议，且一直相持不下。赵明诚的这一跋语，不仅文笔生动传神，极有可读性，且详细描述了李清照与赵明诚夫妻二人的相赏之乐。赵明诚亲昵地称呼妻子李清照为"细君"，并且"上马疾驱"归家，烹名茶，深夜烛下，与妻子"相对展玩"……这一题跋，比当年苏轼在《上元侍饮楼上》一诗中，"归来一点残灯在，犹有传柑遗细君"两句所描绘的情节更耐人寻味。

由此看见，李清照和赵明诚之间，收藏金石书画、进行文物鉴赏，无疑是他们的爱情信物，只要信物还在，二人便会依旧如昨。不惑之年的赵明诚，或许会被身姿窈窕、明眸善睐的年轻女子吸引，但是，能够了解他的内心世界、真正与他分享高品位快乐的人，永远只有李清照，否则，他不会那样急切地打马回家，与她共同欣赏这幅珍贵的白居易手书。

李清照和赵明诚在淄州的生活，可谓是逍遥惬意，洒脱幸福。但是，他们两个人谁都想不到，外面的世界已是烽烟四起，战火弥漫。此时的北宋王朝，正面临着灭顶之灾。12 世纪初，与契丹人在斗争中发展壮大起来的女真人，崛起于白山黑水之间，成了北宋王朝新的梦魇。1115 年，女真部族首领完颜阿骨打（1068—1123）仿汉制称为皇帝，在北方建立了大金国。面对迅速兴起的金王朝，短视的宋徽宗君臣，却采取了联金灭辽的国策。

因为童贯、高俅等人长年主兵，导致"军政大坏"。被宋廷视为精锐的陕西军，在联合金军攻打残败的辽国时，过早向金军暴露出了宋军外强中干的本来面目。

无意之中，金王朝发现宋帝国原来是只纸老虎，他们联合宋军完成灭辽后，便立即开始厉兵秣马，旋即南下向宋朝发起侵略。

说起金宋关系，与辽宋关系有着截然的不同。辽人不过是宋的边患而已，而新兴的女真政权，却有灭亡宋王朝的野心。金军又与辽军不同，他们不但长于野战，而且也善于攻坚战。因此，女真人可以深入中原腹地，饮马黄河。此时，战乱主要还集中在汴京一带，并未波及山东一带。但山东也受到了战事的影响，一些战败的兵勇，一路逃窜到了淄州。他们进不能杀敌，而退又无路可退，所以，都变成了亡命之徒，到处烧杀抢掠，极大地威胁着淄州百姓的安全。

作为淄州太守，这个时刻，赵明诚必须要担负起保护百姓生命财产安全的重任。赵明诚出身官宦人家，自幼读书习文，根本没见过这种打打杀杀的场面。可如今，要面对这些强盗，对他来说，委实是一个不小的考验。在危急时刻，李清照给了他极大的支持与鼓励。那段时间，他们夜晚不在灯下研究金石书画，而是一起研究起了兵书战法。有了兵书战法的指导，赵明诚火速召集了一些民兵，日夜加以操练，不多日，便组建起了一支威严规整，有很强战斗力的民兵队伍。赵明诚亲自现场指挥作战，一举击败了那些亡命之徒。

赵明诚率淄州百姓护卫城池的事迹，传到了朝廷那里，朝廷龙颜大悦，给赵明诚加官一等。

可是，朝廷软弱无能，家国即将不保，对于赵明诚来说，升再大的官又有什么意义呢？

02 国家沦亡，文物遭殃

宋徽宗宣和七年（1125 年），李清照和赵明诚经历了人生中最为刻骨铭心的悲喜交加。上半年，他们还在烛光下享受金石书画的相赏之乐，而下半年，各种悲喜之事纷至沓来。

先是赵明诚因为平叛匪患有功，被朝廷加官一级。

十月，金国悍然撕毁宋金两国所签订的"海上盟约"，金太宗下诏伐宋，金军兵分两路大举南侵。所谓的"海上盟约"，是北宋与金国于宣和二年（1120 年）签订的联合攻打辽国的盟约。因为双方使节都由海上往返谈判，故名"海上盟约"。两国约定，共同出兵灭辽。长城以北由金国来攻打，长城以南由北宋来攻打，胜利后，燕云十六州归宋，宋则把每年给辽国的"岁币"转纳给金国。

由于北宋朝廷情报信息滞后，金军兵分两路大举南侵，宋徽宗和他的北宋朝廷全然不知。宋徽宗仍然任命傅察为接伴金国贺正旦使，前往边境，迎接金国使臣。傅察是赵明诚的小妹夫。傅察奉命出使，结果并未见到金国使臣，反被金国二太子完颜宗望生擒。金兵迫使傅察向完颜宗望跪拜，可傅察说："我是宋国的使者，只能拜见国王。太子虽是贵人，但总是臣子，所以，只能以宾礼相见。"傅察严词拒绝了金军的要求后，被金兵秘密杀害，以身殉国，时年仅37岁。傅察的遗骨被千方百计地运回了京师，殉职不屈之气直冲霄汉，各位同僚大臣纷纷为之请功。于是，朝廷下诏，赞美傅察曰："死有重于泰山，轻于鸿毛，顾所处如何耳。苟激于忠义，虽死犹生也……特赠徽猷阁待制。"

傅察死后，汴京城外已是战马嘶鸣，剑拔弩张，零落的生命，裹挟在冰冷肆虐的北风里，整个大宋山河，已是摇摇欲坠。

此时，徜徉在温柔乡里的宋徽宗，被战乱之声惊得六神无主。他那书写着瘦金体的毛笔，从慌乱而颤抖的手中跌落。与毛笔一同跌落的，也许还有曾经的华年盛世。

见大宋江山危在旦夕，无可挽回，宋徽宗匆忙将皇位传给太子赵恒。宣和七年十二月，太子赵恒即位，是为北宋的最后一个皇帝宋钦宗。宋徽宗自号教主道君皇帝，称太上皇。徽宗退位后，置北宋天下与众百姓于不顾，带领蔡京的儿子蔡攸等大臣、内眷，匆匆南逃，惶惶如丧家之犬。他们从东京南逃到亳州，又由亳州逃到镇江。

宋钦宗即位后，试图中兴宋朝，多有革新。鉴于时事危机，为重振朝纲，太学生陈东于十二月二十七日，联合其他爱国太学生上书，请诛蔡京等六贼。与此同时，诸位大臣共同上谏。不久，宋钦宗对蔡京等采取了从抑制到贬谪的做法，先贬为崇信军节度副使，后又将其远逐到海南。蔡京在贬谪途中因病而死，人们都说他是罪有应得。

京城军民在李纲的领导下，同仇敌忾，浴血奋战，再加上各地勤王之师的合力抵抗，致使金军久攻不下。而令人悲哀的是，当孤军深入的金军提出议和时，宋钦宗竟然马上同意了，并以割地赔款为代价，换取了金军的撤退。

事实上，因为各地勤王军队陆续到来，守卫汴京的宋军有二十万之众，而围城的金军只不过区区六万人。

金军撤退后，宋朝内部的投降派重新得势。他们在斥责主战派的同时，君臣又开始了醉生梦死的生活。

而此时，宋徽宗听说金兵由于惧怕宋朝军民的顽强抗击而被迫北退后，也返回了汴京，重新过起了花天酒地的日子。

蔡京倒台后，失势多年的赵存诚、赵思诚和赵明诚赵家三兄弟，相继东山再起，重振家门。几年前，赵明诚的两位兄长已分别以秘书少监和中书舍人的身份在朝中言事，地位越来越显赫。

宋钦宗靖康元年（1126 年）初，赵明诚依然任淄州太守，而赵明诚的妹夫李擢等赵家几门近亲中的人才，大都受到朝廷的重用。李清照的小弟，同样才华过人的李远，此时也已经走上了仕途。

靖康元年秋天，金军再度大举南侵，并于十二月初完成了对汴京的包围。他们切断了四面八方的大宋援军的来路。可惜，朝堂之上，早已没有了主战派慷慨激昂的呼声。此时，李纲已被罢官，到扬州担任知府去了，而另一主战派将领种师道，也不幸病死。剩下的，不是贪生怕死因乱谋利之徒，就是浑无韬略自以为是之辈。

闰十一月丙辰日（1127 年 1 月 9 日），东京汴梁城陷落，金兵的铁骑踏破了城门，占领了整个城池。靖康二年三月，太上皇宋徽宗和皇帝宋钦宗父子二人，以及皇子皇孙、后宫妃嫔帝后、王公贵戚与贵卿朝臣等共三千余人，全部被金兵掳走，北上金国，史称"靖康之变"。至此，东京城中公私积蓄为之一空，北宋从此灭亡。

同时，金军大肆搜掠后，立钦宗朝太宰兼门下侍郎张邦昌为帝，成为一个彻头彻尾的傀儡皇帝，国号"大楚"。张邦昌假惺惺地流了几滴眼泪，哭送被掳走的徽宗和钦宗两位皇帝后，从容接受了金人的册封，就此当了三十三天的"大楚"皇帝。四月，以康王赵构为主的宋朝统治者衣冠南渡，京城的百姓也纷纷往南逃难。一路上，到处都是流离失所的难民。为此，李清照在《〈金石录〉后序》中写道：

闻金人犯京师，四顾茫然，盈箱溢箧，且恋恋，且怅怅，知其必不为己物矣。

听到金军攻破汴京，都城已经被占的消息，李清照和赵明诚夫妻二人，都备感凄凉惶恐。他们环顾房子周围，感到茫茫然不知所措，知道这屋内所收藏的金石书画和文物古董，都注定不再属于他们了，只能怀着惆怅的心情，睹物留恋。

在"且恋恋，且怅怅"的同时，李清照和赵明诚也在积极想着办法如何保全这些珍贵的文物古董。

宋钦宗靖康二年（1127 年）五月，赵构在南京应天府（今河南省商丘市）即位，是为宋高宗，改元建炎，成为南宋第一位皇帝。

南宋政权建立初期，高宗赵构迫于政局压力和民心所向，一方面起用抗战派首领李纲为宰相，任用岳飞、韩世忠等主战派将领抗击金军；另一方面又重用主和派的黄潜善、汪伯彦、王伦、秦桧等人继续求和。但不久以后，他就罢免李纲的宰相之位，任命他为扬州知府。赶走了李纲，赵构便同宠臣汪伯彦、黄潜善等奸佞小人放弃了中原大地，从南京应天府一路南逃，一直逃到了扬州。

山河破碎，家国不在，朝廷最高统治者在金人的铁蹄面前，却噤若寒蝉，只剩下逃遁的力气。这样的皇帝和朝廷，让李清照感到非常的痛心！

在徽宗和钦宗两位皇帝被双双掳走的那段时间里，赵明诚的母亲郭氏在江宁（今江苏省南京市）病逝。消息传到了赵明诚的耳中时，恍若晴天霹雳，让他茫然无措。他的老母亲虽然八十多岁了，但身子骨一直很硬朗，赵明诚也从未想过有一天母亲会离他而去。他来不及多想，就提笔写下了丁忧的辞职报告，毅然辞去了淄州太守的职务，前往江宁奔丧。也正是此时，李清照与赵明诚夫妻二人为那满屋的金石书画，做了长久的思量打算。李清照在《〈金石录〉后序》里这样写道：

既长物不能尽载，乃先去书之重大印本者，又去画之多幅者，又去古器之无款识者。后又去书之监本者，画之平常者，器之重大者。

借此次奔丧之行，李清照决定协助赵明诚，把收藏在山东的金石书画迁移至江宁。要转移，就要做出一番取舍，而取舍的原则是：凡是那些体积和面积过大不能装车、装船的，就首先排除掉；那些书籍当中过重和过大的刻印本，也要排除；有很多连轴的字画，也得忍痛割爱予以排除；另外，那些没有落款、没有标记的古代器皿，那些太过巨大和笨重的古代器皿，也必须排除；还有一些就是国子监印行的刻本，这些书籍比较容易得到，不像那种珍贵的文物，也予以排除；还有一些比较平常的字画，也同时排除。这些全都排除之后，李清照就在《〈金石录〉后序》中记载道："凡屡减去，尚载书十五车。"虽然经过反复筛选，已经淘汰了那么多，但还装了满满十五车，可见其数量之多。说此去江宁奔丧，倒不如说是一场为了躲避战乱的文物大迁移。但这一次，李清照并未和夫君赵明诚一起南下江宁，而是回到了青州。因为在青州故里，还有大批的文物。李清照在《〈金石录〉后序》中写道：

青州故第，尚锁书册什物，用屋十餘间，期明年春再具舟载之。

据此判断，那青州老家的文物，远远不止十五车，而是满满十余间屋子。李清照决定，由自己在青州整理那些书籍文物，准备第二年春天再乘船走水路运往江宁。

可是，这一年的十二月，青州发生了一场兵变。起初，士兵聚众作乱，引起众愤。青州郡守就派一个叫王定的下属，前去平息叛乱，结果，王定带领的平叛部队大败而回。郡守十分生气，命令他们戴罪立功，不允许他们进城。并且下令，若不能平定叛乱，军法处置。王定非常气愤，与其坐以待毙，不如主动出击。于是，他鼓动手下的残兵败卒冲入城中。郡守知道事情不妙，但却没有躲避，而是在大堂上正襟危坐，厉声斥责叛贼。结果，他和自己的儿子一起被叛军当场杀害。随后，叛军开始在城里烧杀抢掠，李清照家中十余间屋子的金石文物，也被一把大火烧尽。李清照和赵明诚无论如何也不会想到，自己半生以来苦心孤诣搜集收藏的这些金石文物，在顷刻之间便烟消云散。

面对战火，李清照感到无能为力。看着燃烧过后的废墟，她欲哭无泪。而唯一让她感到欣慰的是，大火中尚有少量珍稀的字帖及一些文物，被李清照拼死抢出，其中，就包括蔡襄所书的《赵氏神妙帖》。李清照知道，在赵明诚的心目中，《赵氏神妙帖》有着非凡的意义，是他最珍爱的一件藏品，所以，她不惜冒着生命危险，把这幅字抢了出来。虽然没能将所有文物保护下来，但身为弱女子，独自面对战乱，她已尽了最大努力。

经历了那场大火，李清照马上意识到，青州已不是自己久留之地，况且金石文物尽毁，她已经没有了太多的牵挂。因此，她必须尽快离开青州，赶往江宁与丈夫赵明诚会合。尽管乱世之中江宁也未必安稳，但至少那里有自己的亲人，有一个可以依靠的肩膀。

几天后，李清照带着自己拼死抢出的所剩无几的金石文物，踏上了去往江宁的路。李清照无论如何没有想到，这个曾带给她人生最幸福时光的故乡青州，自此跟她永别，而在以后辗转漂泊的日子里，她再也没有机会回来过。

李清照这么一个孤身女子，就这样跌跌撞撞、磕磕绊绊地赶往江宁。一路上，叛军、兵匪、强盗随处可见，她凭着自己的机智和勇敢，能躲则躲，能逃则逃，躲过了一劫又一劫。

　　有一天，李清照行至镇江，刚巧又遇到叛军四处劫掠。而这一次，她没有以前那么幸运，差一点丧命，随身所携带的字画，大多都被抢走，只有那幅《赵氏神妙帖》幸运地保住了。

　　几经辗转、周折，历尽千辛万苦，李清照终于在宋高宗建炎二年（1128年）春天到达江宁，与赵明诚相聚。夫妻重逢，恍如隔世。昔日那风姿绰约、高贵典雅的贵妇，如今已变成瘦骨嶙峋、衣衫褴褛的老妪，可见这一路的风尘跋涉，让李清照历经了怎样的艰难困苦。那几百个颠沛流离的日日夜夜，仿佛是一场噩梦，让李清照常常感到惊悸与凄惶。来到丈夫身边，李清照感觉自己像一枚飘零许久的落叶，终于找到了自己的根。这一次，她再也不想与丈夫分开了。当李清照强压悲痛，向赵明诚诉说青州发生兵变、所有文物都毁于战火的时候，赵明诚简直呆住了。他们曾经最担心的事情，果然变成了悲惨的现实，夫妻俩多年的心血，全然付诸东流。当李清照颤抖着双手，从衣服的最里层拿出那本珍贵的《赵氏神妙帖》双手呈给丈夫，并向他讲述了自己如何拼死从战火中抢出此帖，又如何一次又一次机智地避开兵匪强盗的搜查时，赵明诚又悲又喜，这个七尺男儿，竟然忍不住失声痛哭起来。

　　当赵明诚平静下来时，他告诉妻子，自己已被任命为江宁太守兼江南东路经制使，数月之后即可上任。听到这个消息，李清照只是微微点了点头，她并没有表现出有多么兴奋与欣喜。一路的奔波跋涉，她看到了山河破碎，无数百姓流离失所，在兵荒马乱中艰难求生的情景；她也看到了无数灾民的生命被随意践踏、尸横遍野血流成河的惨状。此刻，对于偏安于江南的宋室君臣，她感到极度的失望。所以，她并不认为赵明诚复出为官，是一件多么令人高兴的事情。

　　深夜，疲累交加的李清照已沉沉睡去，赵明诚独自一人在烛光下，摩挲欣赏着《赵氏神妙帖》。想起当初购买此帖时的艰难，又想起妻子为保护此帖付出的艰辛，他不禁感叹此帖似乎有神工护持。于是，他决定为这本《赵氏神妙帖》写一段跋语，以记述自己的感受：

　　此帖章氏子售之京师，余以二百千得之。去年秋西兵之变，余家所资，荡无遗余。老妻独携此而逃。未几，江外之盗再掠镇江，此帖独存。信其神工妙翰，有物护持也。建炎二年三月十日。

03 乱世江宁，无限哀愁

宋高宗建炎二年（1128 年）八月，赵明诚正式出任江宁（今江苏省南京市）太守兼江南东路经制使。

赵明诚在母亲去世后，没有依制选择在家丁忧守孝，而是出任此时正处于战略要地的江宁最高军事长官，与金兵隔江对峙，主要是出于两方面的考虑。一方面，当时高宗赵构身边所用的官员实在太少，原来的许多北宋官员，要么采取观望态度，要么就曾附庸过伪"大楚"，还有一些仍流离在外。高宗曾数次下诏，要求身边近臣推荐可用官员，因此，刚好在丁忧守制期间的赵明诚，自然被高宗注意到。而另一方面，赵明诚虽然在北宋时期在青州居住十年，但后来在治理莱州和淄州平叛等方面的政绩，早已令他名声在外，被公认为是经术、吏才兼备的人才。因此，在这样的非常时期，赵明诚被委以重任也就顺理成章了。

赵明诚上任后，李清照终于得以身在江南。许多人都曾经无数次设想，李清照这个才思奇绝的女子，如果面对江南的杏花微雨、曲径回廊，该是怎样的文思泉涌和妙笔生花！或许，李清照本该属于江南的。

可令人遗憾的是，李清照来到江宁，却偏偏不是时候。乱世风雨里的江南，早已失去了原有的娴静与温婉。山河破碎，世事萧条，就连小桥流水、雕梁画栋，也被蒙上了哀伤的影子。而李清照自己，也因为颠沛流离、背井离乡，而倍加伤感无奈。

宋高宗建炎三年（1129年），赵构将江宁府改称为建康府，并作为宋朝的行都称为"东都"。江宁曾经是一个非常富庶繁华的地方。它地处秦淮河畔，游船画舫，楼台巷陌，玉笛声声，多少王侯将相在这里沉醉倾倒，多少风流才子在这里诗酒流连。可是，这一切，都成了回不去的旧梦。此时，李清照的眼里所能见到的，只有几许荒烟、几抹残阳掩映下的昔日芳华。站在江宁的月光水岸，李清照望见北方的天空下，依旧是烽烟弥漫，战火纷飞，无数的生命在绝望地呜咽，惨淡地凋零。此时此刻，李清照感到无限的悲愤与凄凉。

此时，江宁也很不太平，北方难民纷纷涌向这里，动荡与变乱随时都可能发生。虽有长江之隔，可亡国的迹象仍是清晰可见。李清照为此忧心忡忡，赵明诚也时常叹息。

那些日子，赵明诚为了应付战乱，维护江宁秩序，一直在忙忙碌碌，既无心情，也无闲暇再度沉醉于金石书画之中。他曾奏请皇上，驻跸江宁以安民心。可是，宋高宗早已被大金的铁骑吓破了胆，随时准备再度南迁。皇帝尚且贪图享乐，得过且过，大宋所剩的半壁江山，也变得摇摇欲坠，岌岌可危。为此，李清照更忧愤不已，赵明诚也是心灰意冷。

近三年的时间里，李清照的生活发生了巨大的改变。先是国都被破，国家灭亡，到青州文物俱毁，再到背井离乡、颠沛流离来到江宁。这种错认他乡是故乡的感觉，使她承受着难以想象的痛苦。她再也不像以前那样饮酒品茗，过着诗意高雅的生活。

江宁的冬天来了。这南方的冬天，竟然也飞舞着漫天的雪花。在故乡青州的时候，每逢下雪的日子，都是李清照最开心的时候，也是她最有诗意和灵感的时候。因此，她常常顶着漫天飞雪，在外面忘情地赏梅、嬉戏，像一个长不大的孩子。而现在，一看到飞舞的雪花，她又想起了故乡。

每逢下雪天，她仍旧喜欢顶雪出去，但不是为了赏梅，而是为了去寻找一些诗情。

北宋著名词人周邦彦之子、南宋藏书家周辉，在关于宋人杂事的著作《清波杂志》中，有这样一段记载："顷见易安族人言，明诚在建康日，易安每值天大雪，即顶笠披蓑，循城远览以寻诗，得句必邀其夫赓和，明诚每苦之也。"

踏雪寻诗，听起来似乎是很浪漫的情致，而实际上，却是李清照心情极度低落、无可奈何之举。每到下雪的日子，李清照就会戴上斗笠，披上蓑衣，登到城楼上寻觅诗句。而往往在此时，她就会拉着赵明诚同去，而赵明诚并非每次都是欣然前往。毕竟身为江宁太守，他每天都有很多政务要处理，不能每次都陪李清照同去。而且，他心里非常清楚，论踏雪寻诗，酬答唱和，他远远不是妻子李清照的对手。但是，他知道在那些日子里，李清照过得并不快乐。所以，尽管不太情愿，可他还是不想扫李清照的兴，尽量多陪陪她，让她感觉快乐一些就好。

江宁的钟山，因山顶常有紫云萦绕，故又称紫金山。自古以来，钟山虎踞龙盘，到处都是名胜古迹。李清照多次登临钟山观览，所到过的地方，非常著名的有依山筑城、因江为池的石头城、鸡鸣山麓的胭脂井以及水西门外的赏心亭等等。目睹江山沦陷，百姓流离，帝王与臣子都不能为收复江山而努力，只顾自己一路南逃，李清照的心中悲愤难平。她不禁吟出了"南渡衣冠少王导，北来消息欠刘琨"以及"南来尚怯吴江冷，北狩应悲易水寒"等诗句，以抒发自己心中的不平。

历史总是惊人的相似。王导是东晋宰相，五胡乱华之时，西晋也有两位皇帝被掳，司马睿被迫南渡，王导辅佐司马睿在建康建立东晋政权，史称晋元帝。南渡之初，过江的北方士人虽然一时安定，却一直心怀故国。每逢闲暇之时，他们便相约到城外长江边的新亭饮宴。期间，有个叫周顗（颛）的名士感叹地说："此处风景与北方没什么不同，只是面前的山河已非故国故土。"在座众人感怀中原落入夷手，一时家国无望，纷纷落泪。王导突然庄重地说："正因如此，我们才应当勠力同心，收复大好河山，而不是像囚徒一样，相对而哭。"众人闻听，顿时振作起来。与王导属于同一个时期的政治家、文学家、音乐家和军事家刘琨，元帝未立之时他上表劝进，而晋室南渡之后，他仍然在北方坚持战斗，忠心不移，以图收拾旧山河。可惜，八百年之后，却没有了像王导和刘琨这样的忠肝义胆且深谋远虑的臣子，而有的，只是贪生怕死之辈。这让具有男儿豪情的李清照没办法不愤慨。因为愤慨，所以原来最让她感到快乐的事情，都变得没有味道了。

一首《临江仙·庭院深深深几许》并序，就完全体现了这个时期李清照内心的真实感受：

欧阳公作《蝶恋花》,有"深深深几许"之句,予酷爱之。用其语作"庭院深深"数阕,其声即旧《临江仙》也。

庭院深深深几许?云窗雾阁常扃。柳梢梅萼渐分明。春归秣陵树,人老建康城。

感月吟风多少事,如今老去无成。谁怜憔悴更凋零。试灯无意思,踏雪没心情。

这首《临江仙·庭院深深深几许》,是李清照南渡以后的第一首能准确编年的词作。她的词风,也由此前的清新俊逸,变为如今的苍凉沉郁。国破家亡,奸人当道,个中愁苦,只能用曲笔婉达。少女时代的清纯,中年时代的忧郁,一一化作老年时期的沉稳悲怆。这首词,不单是李清照个人的悲叹,还道出了千千万万渴望恢复中原的南宋人民的心情。

词的上阕,是写春归大地。词人闭门幽居,思念亲人,自怜飘零。首句"庭院深深深几许?"直接化用了欧阳修《蝶恋花·庭院深深深几许》一词中的成句,连用三个"深"字。前两个"深"字,为形容词,形容庭院之深;后一个"深"字,为加重语气,起强调作用,这是一种比兴之作。表面似乎写闺情,实则蕴含国仇家恨。第二句"云窗雾阁常扃",化用了韩愈诗《华山女》中的"云窗雾阁事恍惚,重重翠幕深金屏",再次加强"深"的意境,"常扃"与陶渊明《归去来辞》"门虽设而常关"同义,云雾缭绕着楼阁,门窗常常紧闭,虽不深而似深,其孤寂之心,忧愤之情,跃然纸上。云雾缭绕,是地处闽北高山地区所特有的自然现象;而门窗"常扃",则是词人自己关闭的了。这无疑表明了词人自我幽闭阁中,不愿步出门外,甚至不愿看见外面景况,所以不仅闭门而且关窗。第三句写的是词人所不愿见到的景物:"柳梢梅萼渐分明。"柳梢吐绿,梅萼泛青,一片早春大地复苏的风光。李清照是一位感情十分丰富细腻的词人,对大自然的细微变化,有着敏感的悟性。在她一些早期作品里,所表现出的,都是喜春之情,如"雪里已知春信至"(《渔家傲·雪里已知春信至》)以及"春到长门春草青,江梅些子破,未开匀"(《小重山·春到长门春草青》)等等。可如今,却害怕见到春光。而"春归秣陵树,人老建康城"两句,则写出了怕见春光的原因。这两句内涵极其丰富,所蕴含的痛楚情怀,是相当深沉的。两句铺叙,合时、合地,境界自成。"春归"是时间概念,"秣陵树"是空间概念,意谓南宋偏安建康又一度春光来临了；"人老"是时间概念，"建康城"是空间概念，哀痛北人将老死南陲，创造出一种悲恸欲绝的境界。秣陵、建康，同地异名，被词人分别置于上下对句之中。上句写春归，是目之所见；下句写人老，是心之所感。词人把空间的感受，转化为时间的感受，由初春来临，联想起人的青春逝去，情致丰富，丝毫不显得单调、重复。

承接上阕中的触景伤怀，下阕中的"感月吟风多少事？如今老去无成"两句，前句当指李清照与丈夫在青州时，花前月下相从赋诗等标志着的诸多往事，而对下句的"无成"，却不能理解为词人在感叹事业无成。因为在当时，女子们谈不上事业有成无成，这应该是作者自叹年华已去，丈夫又甘做月下不归的"武陵人"，自己再无老蚌生珠之望，故谓"无成"。总之，笼罩在词人内心世界的，是这样一个深重而难言的苦衷，难怪连正月十四日预赏花灯和踏雪寻诗这样的雅兴，亦不复存在了。

李清照在其《词论》中，曾对欧阳修词表示不满。虽然，她在音、声方面，对欧阳修是非常苛刻的，但作为名公大臣的欧阳修，却热衷于作"小歌词"，这在当时，确是一件口碑不佳之事。况且欧词又不乏秾艳鄙亵之语，这对致力于词的纯洁和尊严的李清照来说，对之有所不满是正常的。那她为什么又说"酷爱"欧句，这不是自相矛盾吗？原来，这其中有她的一段令人不易觉察的小秘密。欧词中的女主人公，既与班婕妤的命运相类似，也与某一时刻的李清照有同病相怜之处。李清照是借"醉翁"的酒杯，抒发自己对丈夫赵明诚曾经的所作所为的不满情绪。所以，李清照不满和"酷爱"欧词都有道理。

词中的"秣陵"和"建康"，都是指今天的南京市。作为古都的南京，曾历经数次更名。楚威王灭越后，建立金陵山，故称金陵。秦始皇统一六国后，五次南巡。他看到金陵之地有王气，于是便命人在卢龙山以北的江边埋金，挖断龙脉，以泄王气。做完这一切后，秦始皇还是忐忑不安，又把金陵改名叫秣陵。秣是草料的意思，意思这里只是养马的地方，不该称金陵。东汉建安十六年（211年），孙权将治所从京口迁往秣陵。建安十七年（212年），改秣陵为建业。281年（晋太康二年），秣陵开始分为两个部分，秦淮河以南称秣陵，以北置建业。因"建业"含有建国立业之意，统治者害怕此处出皇帝，第二年便将"建业"改名为"建邺"。313年时，西晋的最后一任皇帝司马邺在长安即位，为了避皇帝讳，朝廷又将此地改名为建康。南京在历史上有多个时期都叫过江宁，江宁府最早出现在五代十国时期，当时的南唐

（937—975）在金陵建都，改金陵府为江宁府。宋高宗建炎三年（1129 年）五月，又改称建康府。此处说明，李清照用语既有根据，又灵活多变。

与此同时，李清照又作了另外一首《临江仙·梅》：

庭院深深深几许，云窗雾阁春迟。为谁憔悴损芳姿。夜来清梦好，应是发南枝。

玉瘦檀轻无限恨，南楼羌管休吹。浓香吹尽有谁知。暖风迟日也，别到杏花肥。

这是一首赏花词，李清照在词中所选取的角度十分特别。第一个画面，是描绘春天的姗姗来迟，梅花久不开放；第二个画面，是描绘梅花凋零，浓香已被吹尽，而梅花盛开的场面，只是在"清梦"中一闪而过。在词人的眼中，梅花似乎没有经历过枝头烂漫的好时光。作者这样苦心孤诣、独具慧眼的艺术选择，只是要赋予"咏梅"以悲苦的含义。事实上，南渡漂泊的词人，也无心赏识灿烂绽放的梅花，只是躲在房中，空任大好春光在身边悄悄流逝。而一旦词人走出户外，梅花却又已经残败。其中，"憔悴损"和"玉瘦檀轻"的形象描绘，仿佛是南渡之后，在愁苦中煎熬的词人外貌形态的写照。上下阕"为谁""有谁知"的两度追问，又透露词人出世无知音的痛苦。身为女人，李清照无法参与闺房以外世界的各种事情，只能空嗟叹。这样的托物言志作品，与作者南渡前咏梅花之作，甚至是咏其他花卉之作，都有很大的差别。

在李清照的心里，世间繁花，唯梅花最珍贵。

在《临江仙·庭院深深深几许》和《临江仙·梅》这两首词作中，词人都写到了梅花的绽放与凋零，还有自己容颜的憔悴。她劝告院子外面不知从何处传来的羌笛之声，不要自顾自地吹奏下去，免得心爱的梅花还没来得及绽放，就要被吹落了。她甚至希望春日和煦的暖风，也别急着来，以便在杏花开之前，给梅花留有充足的时间。

有道是诗言情，歌咏志。此时此刻，远离故土的李清照，把代表战火的羌笛之音，作为她词作中新的意象。在春天即将到来的时候，她担心梅花凋零，可谁又能说，她不是为了祖国山河动荡而忧虑，同时，也是为自己青春已逝、容颜憔悴而感伤呢？写这首《临江仙·梅》的时候，李清照已风华不再，芳姿渐损。从古至今,人们都特别恐惧衰老,尤其是女人,更加担心自己容颜的老去。

满目疮痍,烽烟四起,李清照仿佛还深陷在丧失金石文物的剧痛,以及一路仓皇奔波的噩梦里,无以自拔。在人日这一天,李清照听见天空传来北归大雁的嘶鸣,她不由得又想起了北方,那正在被金人铁蹄蹂躏着的故乡。在挥之不去的伤感与寂寥里,李清照写下了一首《菩萨蛮·归鸿声断残云碧》:

归鸿声断残云碧。背窗雪落炉烟直。烛底凤钗明。钗头人胜轻。
角声催晓漏。曙色回牛斗。春意看花难。西风留旧寒。

人日,即每年的正月初七。传说这一天是人类的诞辰日,即人的生日,又叫"人日节"或"人胜节"。在这一天,人们要吃七宝羹、面条。女子们用彩纸、丝帛、软金银等材料,制成小人的形状,戴于鬓发上,或者贴于屏风等处,亦或者剪纸花互相馈赠。如果这一天天气晴好,则意味着未来一年人事和悦、吉祥平安。在这一天,文人学士喜欢登高赋诗。

而在这个人日节,李清照却提不起一点兴致。

已是薄暮时分了,却听见北归的大雁声声鸣叫,使人断肠的鸣声,消失在布着丝丝残云的碧空中。背窗的雪,架不住屋内的阵阵暖意,已经落了。屋内,炉烟袅袅,直直向空中飘去。往年的这个日子,都是热热闹闹;而今年,她却恹恹的,毫无意绪。一个人待在室内,守着一炉轻烟,呆呆出神。心里那种莫名的怅惘,怎么也挥之不去。微微的烛光,映着她头上插戴着明亮的凤钗,烛影下,钗头上贴的人胜轻轻摇了一下,更显轻盈寂寞。

声声号角催着更漏,裹着战火的气息,让人听起来胆战心惊。曙色天光里,牛斗星已渐渐隐去,又是一夜无眠。春天来了,报春的花儿,想是快开放了吧!但是,时在早春,西风还余威阵阵,花儿仍然受到料峭春寒的威胁,哪有心思出来争春?

这首词,是李清照后期词作的名篇之一。

词的起首两句,渲染了飘零异地之感。望归鸿而思故乡,见残云而起乡愁,几乎是唐宋词的一个普遍规律。然而,在李清照的笔下,这些意象却有着不同的特色。作者通过声觉"归鸿声断"和视觉"残云碧",渲染了一个凄清冷落的环境气氛。雪花与炉烟内外映衬,又给人以静而美的印象。

这首词，通过景物的变换和情绪的发展，把时间和空间在不知不觉中转移。从"残云碧"到"凤钗明"再到"曙色回牛斗"，既表明空间从寥廓的天宇，到狭小的居室以至枕边，也说明时间从薄暮到深夜，以至天明。

下阕前两句中的"角声"，是指军中的号角。"漏"，是指古代的计时器铜壶滴漏，引申为时间。一个"催"字，似乎是一夜角声把晓色催来，反映了词人彻夜不眠的痛苦感受。周邦彦在《蝶恋花·早行》一词中写道："月皎惊乌栖不定，更漏将残，辘牵金井。"周邦彦的这首词，与李清照的《菩萨蛮·归鸿声断残云碧》所表达的细节虽不相同，手法却相似，都是通过客观景物的色彩、声响和动态，表现主人翁通宵不寐的神态。有所不同的是，周邦彦的词写的是男女临别之夜的辗转不安，而李清照的词则写漂泊外地、流落他乡的惆怅情怀。周邦彦词的风格较为妍艳，李清照词的风格较为沉郁。

大金的铁蹄踏破了北宋的旧梦，偏安江宁的南宋，在经历了短暂的阵痛之后，依然沉醉在苟安之中。在没有更大的巨变来临之前，李清照与赵明诚的生活，也渐渐恢复了常态。李清照心中积聚的哀愁，也渐渐淡去了色彩，成为一种习惯。

04 忧国情怀，魂牵梦绕

宋高宗建炎二年（1128 年）三月初三，这一天是传统的"上巳节"。中国古代以"干支"纪日，三月上旬的第一个巳日，谓之"上巳"，也叫"上巳节"。魏晋以后，"上巳节"改为三月初三，故又称重三或三月三。"上巳节"是古代举行"祓除畔浴"活动最重要的节日。人们结伴去水边沐浴，称为"祓禊"。随着朝代的更替，"上巳节"又增加了祭祀宴饮、曲水流觞等内容。经过历朝历代的沿袭，"上巳节"则变成了水边饮宴、郊外游春的节日。东晋时期著名书法家王羲之鼎鼎大名的《兰亭集序》，写的就是一次文人雅士从事祓禊的活动。七百多年前东晋时期的这一天，王羲之、谢安、孙绰等数十位文人墨客，在会稽山阴的兰亭雅集，曲水流觞，饮酒赋诗。席间，王羲之挥毫泼墨，笔走游龙，写下了绝世名篇《兰亭集序》。

建炎二年的三月初三，是李清照到江宁后的第一个节日。此前，她听说堂兄李迥带领族人长途跋涉自东郡南来江宁，欲投靠随驾居行在的李远。听到这个消息，李清照和赵明诚夫妻二人都异常兴奋，他们决定布设家宴，为新近南渡金陵的李、赵两亲族接风洗尘。家宴的日子，就定在上"上巳节"这一天。除了李、赵两亲族，他们还宴请了赵明诚的一些部属同僚以及韩驹等诗朋酒友。

这个"上巳节"，虽然没有青年男女踏春交游的浪漫温情，也无文人雅士的风流韵事，但乱世之中，亲朋好友相聚异乡，品着清茶淡酒，闲话人间百态，话题很快就聊到了惨淡的时局。金人的烧杀抢掠，百姓的流离失所，当朝统治者的懦弱逃亡，这一切，无不让在场的所有人都痛心疾首。见此情景，李清照忙安慰大家说，虽然国家经历巨变，但朝廷毕竟还有半壁江山，若上下同心，卧薪尝胆，收复中原则指日可待。亲友欢聚的喜庆，暂时驱走了李清照连日来的悲伤与愤慨。但宴会结束后，随着亲朋好友的纷纷离去，李清照又重新陷入深深的失落之中。于是，她填了一首《蝶恋花·上巳召亲族》：

永夜恹恹欢意少。空梦长安，认取长安道。为报今年春色好，花光月影宜相照。

随意杯盘虽草草。酒美梅酸，恰称人怀抱。醉里插花花莫笑，可怜春似人将老。

李清照南渡江宁后，朝廷政局动荡，金兵不断进攻，忧国忧民的悲愤情绪，使得她隽永含蓄的词风，变得沉郁苍凉。词的上阕，写"上巳节"的夜晚，词人深深怀念故国乡关。首句"永夜恹恹欢意少"开门见山，写词人整夜病病恹恹，郁郁寡欢，这是实写；次两句"空梦长安"是虚写，化虚为实，梦里长安街道的景象还是真实的；末两句"为报今年春色好，花光月影宜相照"，写今年的自然春色和往年一样好，而今年的政局，却远远不如从前。"为报"二字，点明这个春天的消息是从他人处听来的，并非词人游春所见。实际上是说，今年建康城毫无春意，虽是朝花夜月如故，而有等于无。"宜相照"的"宜"字，应作"本来应该"来解释。"相照"前的"宜"字，其意似说它们没有相照，更确切一点，是词人对此漫不经心，反映出她的忧闷。

下阕写"上巳节"宴会以慰乡思。"随意杯盘虽草草。酒美梅酸，恰称人怀抱"三句承上启下，点明题旨，表达了女主人公并无心情过好这个"上巳节"，酸梅酿成的酒，和自己辛酸的怀抱是相称的。这三句，貌似率直，其实极委婉，极沉痛。

结尾"醉里插花花莫笑，可怜春似人将老"两句，把"花"拟人化。"花莫笑"，就是不要笑我老大不小还插花，这一句的词意，与末句"可怜春似人将老"紧接，意思是说，最需要怜念的是春天，而春天也像人一样快要衰老了。"春"暗喻"国家社稷"，"春将老"暗喻"国将沦亡"。

"上巳节"是一个"招魂续魄，拂除不祥"的日子，也可以看作是一个祭奠旧时光的日子。这首《蝶恋花·上巳召亲族》，通篇都充满了祭奠的意味。祭奠故国、故土、故人，祭奠已逝的青春，祭奠一种感慨莫名的心境，具有长调铺叙的气势。由此，这首词写出了词人的国破家亡之恨，寄寓了词人对国家社稷的赤子之情。

李清照不断地在为时局忧愁愤慨、感伤咏叹，可赵明诚似乎对时局不太感兴趣。虽然他也偶尔表达一下忧虑和叹息，但很显然他的心思并不在这里。公余之暇，赵明诚更多的时间依旧没忘四处寻访名人书画。不过，与先前相比已有所不同。以前，他收藏金石书画是靠自身的辛苦以及与李清照一起节衣缩食，没钱的时候，甚至可以当衣服买画，实在买不起的时候，就借回家里欣赏后再还给人家。而如今，赵明诚已是江南重镇的四品大员，有着丰厚的俸禄，可他却偏偏不舍得花钱来收买金石文物。有时，赵明诚甚至仰仗自己是高官、文物界的大佬，不免还会做些耍赖的事情。

赵明诚有一个表侄名叫谢伋。有一次，谢伋来拜访赵明诚，并带来了一幅画请赵明诚帮忙赏鉴。这是一幅阎立本所画的《萧翼赚兰亭图》。这幅画描绘的是，唐太宗御史萧翼，从王羲之第七代传人僧智永的弟子辩才的手中将《兰亭集序》骗取到手，并献给唐太宗的故事。画的是萧翼跟辩才索画，萧翼洋洋得意，老和尚辩才张口结舌，失神落魄；旁边还有两个仆人正在茶炉上煮茶，人物表情刻画入微，栩栩如生。赵明诚一见此图，便爱不释手，于是，要求表侄把图留下来容他慢慢鉴赏。可几天后，赵明诚依旧没还。就这样，从看到留，一来二去便没了动静。

如此上不了台面的事情，赵明诚居然能做得出来。在李清照的眼里，赵明诚早已不是当年那个清高自律、有着赌书泼茶情怀的赵明诚了，取而代之的，是一个精于世故、沾满铜臭的世俗官僚。丈夫的改变，让李清照的内心有稍许的失望，这不禁让她更加怀念起故国与过去的美好时光，这首《诉衷情·夜来沉醉卸妆迟》一词，便是她这种心情的真实写照：

夜来沉醉卸妆迟，梅萼插残枝。酒醒熏破春睡，梦远不成归。

人悄悄，月依依，翠帘垂。更挼残蕊，更捻余香，更得些时。

酒，依旧是李清照词里不可或缺的道具。这一夜，她再次独饮，而且醉了。《诗经·柏舟》里有"微我无酒，以敖以游"的句子，意思是说，不是想喝酒时没有美酒，也不是想遨游时无处去游，而是我心中别有隐忧。李清照独自喝酒喝到醉，醉得不记得卸妆，不记得解开云鬓，甚至是整夜和衣而卧。醒时才发现，鬓发上昨日插上的梅花，早已花瓣零落，空有带着几须儿蕊萼的残枝，还斜斜地插在蓬松散乱的云堆上。这枝梅，太香了，以至熏破了她的梦。她曾怪桂花"熏破愁人千里梦，太无情"，这里，她又怪起了梅。其实，都是因为自己的心绪不佳。她所喜欢的，应该是含蓄内敛、细水长流的清香，这样才不至于熏破她重回故国的美梦。回忆太美，现实又太过冰冷，想从梦里得到一点温暖和力量，却又被梅香无情熏破，难怪词人会心绪不佳。

词的下阕，写的是因为美梦被打断，词人变得无聊、无情、无绪，心底的落寞、怨艾，层层叠叠迁延不绝。夜，似乎也变得邈远而漫长。"人悄悄，月依依，翠帘垂"三句，意思是一切都沉醉在夜的怀抱里，悄然寂寞。幸好还有一轮孤月，陪伴着她这个在深夜无法安眠的人。帘幕微垂，遮掩了窗外的月光，她还能做些什么呢？只有待在室内。结尾的"更挼残蕊，更捻余香，更得些时"三句，意思是寂寞随着夜的深沉、香的馥郁而变得隆重了，无奈，只得挼一撮残蕊，捻去一指的余香，挨过一些时候，挨得一些辰光。三个"更"字的叠加，给人一种急管繁弦般的促迫感。这种促迫感，更显现出词人内心的空寂与无聊。

一般咏梅的诗词作品，对象多是凌寒怒放、傲立枝头的盛放的梅花，而对残梅的咏叹赞赏，则似乎独此一篇，可见李清照赏梅、赞梅、写梅的角度极为新颖，独出心裁。这首咏梅词，没有把笔墨集中在写梅的姿容、特质上，而是缘梅抒情，以残梅的幽香为引线，来串联全篇。全词以写头戴残梅沉醉入睡开始，继而由梅香"熏破春睡"使"梦远不成归"，引起词人心情的怅惘；甜美的梦境与凄苦的现实互为映衬，深刻地表达了词人的心中理想与面前现实之间的矛盾。全词虽不着一个"愁"字，却处处含愁。"梦远不成归"使人愁；"人悄悄，月依依"同样使人愁；"更挼残蕊，更捻余香，更得些时"更把词人内心的愁绪通过动作表现得淋漓尽致。国破家亡，流落他乡，一腔怨恨，借梅而发。咏梅而意不在梅，正是这首咏物词的特点。

居于江宁的偏安之地，想着已经沦陷的故乡和不得不留在那里的亲人。宋高宗建炎二年（1128 年）深秋，李清照怀着强烈的家国之念，以排遣的身世之叹，写了基调非常低沉的《鹧鸪天·寒日萧萧上锁窗》一词：

> 寒日萧萧上琐窗，梧桐应恨夜来霜。酒阑更喜团茶苦，梦断偏宜瑞脑香。
> 秋已尽，日犹长，仲宣怀远更凄凉。不如随分尊前醉，莫负东篱菊蕊黄。

这首词，李清照从醉酒写乡愁，通篇悲慨有致，凄婉情深。

上阕的"寒日萧萧上琐窗，梧桐应恨夜来霜"两句，写太阳慢慢升高了，一点一点照射到窗上，看上去很明亮，却给人以冷落萧索之感。"萧萧"，一般用来形容风雨，这里是说阳光给人的感觉，就如同萧瑟的秋风一样，有些凄冷。用"萧萧"形容"寒日"，一下子便给深秋的清晨带来迟暮的气氛，也为全词点染了一个色调凄清的背景。"琐窗"是雕有连琐图案的窗棂。"上"字，写出寒日渐渐升高，光线慢慢爬上窗棂，含着一个时间的过程，表明词人在久久地观看着日影，足见她的百无聊赖。

"梧桐应恨夜来霜"一句，在凄清中笼罩了一层暗淡的色彩。词人望向窗外，看见曾经茂盛苍翠的梧桐树无言独立，一枝一叶似乎都凝结着愁怨：它们一定是对夜间的寒霜心有恨意吧！梧桐因天气转冷、霜露渐重而开始落叶凋零，但草木无知，本不能恨，词人采用拟人的手法，将自己的感受融入其中。其时，李清照遭遇国难，流落他乡，逢秋作客，不禁备感凄清和愁怨。不过，她并不直抒胸臆，而是含而不露，移情入景，借梧桐之恨，传达自己的情绪。

上阕结尾的"酒阑更喜团茶苦，梦断偏宜瑞脑香"两句，意思是因为心情不好，只有借酒排遣，喝完酒后，又喝了几杯团茶，清香绵软，甘醇中带着苦涩，既可消腻又可解酒，还可以把时光消磨。"团茶"即茶饼，宋代有为进贡而特制的龙团、凤团，印有龙凤纹，是最为名贵的一种茶。词人并非真正的酒徒，之所以如此，无非是心情苦闷，借酒排遣。从什么时候开始做的梦，已经记不清楚了，只知道睡得不安，梦被惊醒了，醒来唯觉瑞脑熏香，沁人心脾。"更喜"和"偏宜"两词，表面上写乐，实际上是写悲。酒饮得多，表明愁重。苦茶虽宜解酒，但那只是生理上的。精神上的苦闷，根本不是借酒浇愁、饮茶解醉所能排解。一个"宜"字，表面是说香气宜人，实则是说环境的清冷静寂，因为只有在这样的环境中，才能让人更加明显地感觉到熏香的香气。词人在燃香独坐、默然沉思中，似乎获得了片刻的宁静，但内心深处，仍是愁云恨雾，挥之不去。这种以闲写愁的笔法，也是李清照词的一大特点，颇耐人寻味。

下阕开头的"秋已尽，日犹长，仲宣怀远更凄凉"三句，意思是秋天已经过去了，白昼还是那么漫长，比起仲宣怀念远方家乡，词人此刻更觉凄凉。通常夏至以后，开始逐渐昼短夜长，可是到了秋末，词人却还是觉得白天那么漫长。看似有悖常理，实则是因为词人终日被思念故土的愁苦所煎熬，自然会产生时光漫长、度日如年的感觉。

"仲宣怀远更凄凉"一句，用了王粲的典故。王粲（177—217）是"建安七子"之一，字仲宣，山阳高平（今山东省邹县）人，少时即以文才见长。董卓之乱时，他避乱荆州，依附刘表，但未被重用。因此，他写了《登楼赋》，抒发壮志未酬、怀乡思归的抑郁心情。此时，词人因"靖康之变"、北宋沦亡而背井离乡，其身世、情怀与王粲相仿，故借以自况，思归却不能归的幽怨之情，似乎比王粲还要强烈，因此说"更凄凉"。

结尾的"不如随分尊前醉，莫负东篱菊蕊黄"两句，意思是时当深秋，篱外丛菊盛开，金色的花瓣光彩夺目，使词人不禁想起晋代诗人陶渊明"采菊东篱下，悠然见南山"的诗句来，由是自我宽解：归家既是空想，不如对着尊中美酒，随意痛饮，以便不辜负这篱菊笑傲的秋光。"随分"是随便之意，含有随遇而安的意思。本来是借酒浇愁，却又故作达观；而表面上的达观，实际隐含着悲愁难遣的家国之思。因此，把酒对菊绝非赏心乐事，而是一种无可奈何的自我排遣。这种自宽自慰的说法，看似轻松，实则含怨。

春风渐渐变得柔和，阳光还稍显淡薄，不知不觉已经是早春的季节了。刚刚脱掉厚重的棉衣，换上轻薄的夹衫，李清照的心情开始舒朗起来。她刚刚一觉醒来，微觉有些寒意，发现鬓上插的梅花已经残落了。思乡，还是思乡，这种思乡的愁苦，恐怕只有在睡梦中才会被忘却。临睡前点燃的沉水香，烟雾已经散尽，可是，李清照的酒气却还没有消。

在这种思乡的愁闷中，李清照又填了一首《菩萨蛮·风柔日薄春犹早》：

风柔日薄春犹早，夹衫乍著心情好。睡起觉微寒，梅花鬓上残。

故乡何处是，忘了除非醉。沉水卧时烧，香消酒未消。

上阕的"风柔日薄春犹早，夹衫乍著心情好"两句，是说到了春寒料峭的时节，虽然阳光还不是那么明朗，但风已变得柔和，不像冬天那么刚猛强硬了。天气渐暖，人们脱掉棉衣，换上轻便的夹衫，心情特别好。"睡起觉微寒，梅花鬓上残"两句，写词人白天睡醒一觉后觉得有点凉，仍扣早春。鬓发上插戴的梅花已经残落。早春词人心情闲适恬静，情绪基调是欢欣的。

下阕转而写思乡，情调突变。"故乡何处是"一句，不但是说故乡邈远难归，而且还含着"望乡"的动作，也就是说，不管白天黑夜，词人无数次引颈北向，遥望故乡。"忘了除非醉"一句，平白浅显，却极深刻沉痛。词人借酒浇愁，认为只有在醉梦中才能把故乡忘掉，清醒时则无时无刻不思念故乡。"忘"正好表明不能忘。这里正话反说，语气反而更加强烈：正因为思乡之情，把作者折磨得无法忍受，只有借醉酒，才能把它暂时忘却，足可见思乡之情已经强烈到了何种程度。而词人之所以会有"忘"的念头和举动，不仅是为了暂时摆脱思乡之苦，更认识到回乡几乎无望。思念只会徒增痛苦，索性不如忘却。不敢想却又不能不想，想忘偏又记起。这种思想矛盾和精神痛苦，循环往复，不会完结。结尾"沉水卧时烧，香消酒未消"二句，具体描写上句的"醉"字。"沉水"即沉香的别称，是一种名贵的熏香。睡卧时所烧的熏香已经燃尽，香气已经消散，说明已过了很长一段时间，但词人的酒还未醒，可见醉得如此之深；醉深说明愁重，愁重表明思乡之强烈。末句两次用一个"消"字，句调圆转轻灵，而词意却极沉痛。不直接说愁、说思乡，而说酒、说熏香，词意含蓄隽永，深深体现了词人魂牵梦绕的忧国情怀。

05 丈夫弃城，痛心疾首

　　国破家亡，作为妻子的李清照，不断地书写着忧国的诗篇；而作为丈夫的赵明诚，身为一方百姓的父母官，表现又是如何呢？

　　宋高宗建炎三年（1129 年）二月，已经做了一年多江宁知府的赵明诚，得到调任湖州知府的命令，正在他办理交接手续准备离任之时，一位名叫李谟的下属送来紧急情报：御营统制官王奕，将京军驻扎在江宁，正在密谋叛乱，以夜里纵火为信号。

　　收到这个情报后，赵明诚既没有报告上级，也没有调遣兵力作好平乱的准备，而是在当天晚上，与两名下属一起，用绳子系住从城墙上逃跑了。

　　赵明诚的这一举动，居然置包括他的妻子李清照在内的全城百姓的安危于不顾。幸亏李谟采取了紧急措施，周密部署，使王奕的叛军没有得逞，最后，王奕只好破门逃走。

　　将近天明时，李谟去向赵明诚汇报情况。不料，李谟发现堂堂的太守大人，竟与通判毋丘绛、观察推官汤允恭一起，悄悄地在夜里攀梯吊绳狼狈地逃出了金陵城。

　　其实，这次兵变，叛军根本不堪一击，只是虚惊一场。而赵明城"缒城宵遁"的丑态，此时却天下昭著。面对属下的紧急情报，就算他当时已接到"移湖州"的调令，但作为过渡期的官员，在这时候，至少也应该报告上级，或者调遣兵力，做好平乱的准备。可他，却出人意料地当了可耻的逃兵。如此玩忽职守的"守臣"，理所当然受到处分，因此，上任江宁知府才一年半的赵明诚，就这样被罢了官。

这个当年曾经率领民兵斩获逃兵的人，如今为什么会变成一个胆小鬼呢？其实，赵明诚的"缒城宵遁"，也并非完全怪他。他当年虽然可以带领民兵斩获亡命的逃兵，但现在面对大敌压境，他想起了靖康元年（1126 年）底，金人攻打青州之前，在内变中，死于自己属下部队之手的青州太守曾孝序。他们的处境太相似了。赵明诚由此判断，自己当时的处境是非常危险的。当然，他可以选择刚烈地死去，但当时的朝廷，从上到下都丧失斗志拒不抵抗，而是采取一路逃亡的策略。所谓"上梁不正下梁歪"，作为江宁知府的赵明诚，做出这等事来也是可以理解的。

但是，对于志气高迈的李清照来说，丈夫的这一行为，简直就是奇耻大辱，让她感到非常羞愧与失望。而在此之前，他在她的心目中，几乎是完美的化身：温文尔雅，诗情画意。而现在，她终于看到了赵明诚骨子里深藏着的懦弱。这样的一个男人，又与那些畏畏缩缩的缩头乌龟有什么区别呢？

怀着愧疚的心情，赵明诚不想在金陵久住。他随即准备好了船只，把他们从青州故里运载出来的所有财产，包括他自己带来的十五车金石文物，他自己的著作《金石录》三十卷，他们所收藏的《哲宗实录》，赵氏宗族宗庙祭祀的礼器，行李细软以及李清照后来带出来的字画、书籍副本等，统统装上船。他准备带着妻子和家人，在远离长江流域的江西赣水两岸，找一个安全的地方隐居起来。

建炎三年三月初，冬日的寒气还未完全散尽，心灰意冷的李清照在赵明诚的再三劝说下，登上了早已准备就绪的船只，准备顺江而下前往赣水一带。赵明诚始终牵着李清照的手，他们彼此心情都很沉重，一路上几乎无话。赵明诚无法对妻子解释他那一晚上备受煎熬的心情，李清照也不忍心责备他。但是，她的心里，却是极其失望与痛楚的。

多年来，赵明诚在仕途上摸爬滚打，经过官场的挫折与磨炼，使他更通晓人情世故，明白纯粹的道德，只有向官场利害妥协和投降，才不至于碰得头破血流。这些感受，他无法对妻子说明。而妻子李清照，是那种理想主义完美道德的忠实捍卫者，她无法理解丈夫的感受。

不久后，李清照与赵明诚所乘船只途经芜湖天门山，是时狂风大作，船只无法继续前行。好在他们的行程不紧，有的是时间。于是，他们便在和县乌江镇登岸休息，以期风平浪静时行程再继续。在乌江镇东南的凤凰山上，坐落着著名的西楚霸王项羽庙，它左濒滔滔长江，右倚驷马山，可谓山襟水带，气势不凡。这样的名胜古迹，李清照和赵明诚当然不会错过。

看着眼前气势恢宏的项羽庙，站在项羽当年兵败自刎的地方，李清照不禁心潮澎湃。面对浩浩江水，她仿佛听见了滔滔江水中，传来了项羽引颈自刎前"力拔山兮气盖世，时不利兮骓不逝。骓不逝兮可奈何，虞兮虞兮奈若何！"的慨叹。于是，她随口吟诵了自己创作的《夏日绝句》，以表达对英雄项羽的追思与怀念：

生当作人杰，死亦为鬼雄。

至今思项羽，不肯过江东。

这首诗，语言通俗，明白易懂。前两句是说，人活在世上，就应该做一个能治国平天下的英雄豪杰，死后，则应该成为为国捐躯的鬼魂中的枭雄。"人杰"是刘邦称赞张良、萧何和韩信的话："此三者，皆人杰也。吾能用之，此吾所以取天下也。""鬼雄"一词，则出自《楚辞·九歌·国殇》中的"身既死兮神以灵，魂魄毅兮为鬼雄"之中。

后两句，借用项羽的故事，意谓项羽在生死关头不肯过江苟安，不失为盖世英雄。项羽在楚汉战争中被刘邦击败，最后从垓下突围至乌江江畔。乌江亭长把船靠岸，请项羽上船，并说："江东虽小，地方千里，众数十万，亦足王也，愿大王急渡。今独臣有船，汉军至，无以渡。"项羽却笑道："天之亡我，我何渡为？且籍与江东子弟八千人渡江而西，今无一人还，纵江东父兄怜而王我，我何面目见之？纵彼不言，籍独不愧于心乎？"说完这些话，项羽便拔剑自刎。

唐代诗人杜牧写过一首七言绝句，名字叫《题乌江亭》，内容是这样的："胜败兵家事不期，包羞忍耻是男儿。江东子弟多才俊，卷土重来未可知。"意思是说，胜败乃是兵家常事，能够忍受失败和耻辱的，才是真正男儿。若能重整旗鼓东山再起，仍不失为英雄壮举。然而，性情刚直不阿的李清照却认为，项羽虽有退路却不愿苟活，选择自刎而死，活得高贵死得其所。像这种"宁为玉碎不为瓦全"的人，才是真正的英雄。

李清照通过讴歌项羽这位失败的英雄，向人们展示了自己的一种人生观：一个人要是活着，就得活得出类拔萃，斗志昂扬；即便是死，也要死得慷慨壮烈，可歌可泣。气节，是人的精神风貌中，最重要的一个因素。当然，一个国家也是需要气节的。而南宋统治者苟且偷安和昏庸无能，是无丝毫气节可言的。李清照这首诗，不仅仅是对丈夫的失望，更是对南宋朝廷一个极大的讽刺。

"生当作人杰，死亦为鬼雄。"从这两句诗中，可以看到李清照的铮铮铁骨，看到了一个女词人心中，那份不屈的爱国热情和英雄豪气。如此慷慨激昂、掷地有声的诗篇，着实让站在她身边的丈夫赵明诚，羞愧得无地自容。

尽管李清照对赵明诚很是失望，但是，作为妻子，她既不能当面指责，又不能背后埋怨，她要给丈夫保留足够的颜面与尊严。她只能把自己的伤心与失望，寄予在文字里抒发出来。而从前那些静好的时光画面，仿佛被蒙上了岁月的尘埃，让她不愿再去回想。她虽然失望，但深知赵明诚只是个书生，他的所有精力，都用在研究金石书画上面了，对于做官，他其实并没有那么轻松随意，游刃有余，缒城宵遁，只是因为性情太过文弱而已。想到此，李清照也就原谅了赵明诚。

江面很快恢复了平静，他们的行程仍在继续。而从离开乌江开始，赵明诚就开始郁郁寡欢，心事重重。他知道，自己已经失去了妻子的敬重。既然自己已被罢官，也许以后也没有机会弥补自己的过失了。

转眼就到了五月，正是初夏时节，李清照和赵明诚的船只，抵达了池阳（今安徽省贵池市）。他们本想稍作休整，不曾想在刚刚离船登岸时，就接到了高宗赵构的诏书，任命赵明诚为湖州（今浙江省湖州市）知州。此时，离他被罢免只有短短三个月。

在这么短的时间内，赵明诚就被重新起用，并非因为他政绩多么卓著，而是另有原因。首先，他的两位兄长此时都在朝廷身居要职。当年，李清照和赵明诚与他们商量回青州的事情时，他们都选择了留在京城。他们深知，只有留在京城，他们才有机会重新步入仕途。因此，兄弟二人数年来兢兢业业，韬光养晦，抓住一切可能翻身的机会，最终完成了人生的逆转。

此时，大哥赵存诚任广东安抚使，掌管全省军政，相当于现在的省军区司令员，同时兼任广州太守；二哥赵思诚为中书舍人，相当于今天的中央办公厅副主任。况且，当时金军步步紧逼，朝廷上下人心惶惶，官员逃避责任者众多，若都被罢免回家，恐怕朝堂之上已无人可用。因此种种原因，赵明诚这么快官复原职已是情理之中的事情。

赵构的一纸诏书，让赵明诚激动得泪光闪闪，他数日来被羞愧与悔恨折磨得无精打采的眼神，忽然间变得神采奕奕，久违的笑容，也终于绽放在那清瘦无光的脸颊上了。他得尽快启程，赶往皇帝的"行在"江宁，亲自面圣谢恩。

而此时的皇帝，正在江宁，那个给了他耻辱的地方，此时已由江宁府改为建康府。

因为携带的东西太多，若再使船运回建康，必然会耽误行程。于是，赵明诚和李清照商量后决定，他一个人独自前去建康，李清照暂时留在池阳，照管所装运的金石文物，等到他面见高宗之后，回来接她赴湖州任职。

李清照本来以为这次丈夫被罢官坏事变好事，从此又可以与丈夫长相厮守，过起无忧无虑的隐居生活。不承想，梦想这么快就破灭了。李清照既为丈夫的复位而欣喜激动，又为从此又与丈夫暂离而伤心。看到丈夫兴高采烈的样子，李清照知道，这是丈夫重新找回自己的唯一机会，于是，她藏起自己的失落与伤心，高高兴兴地帮丈夫打点行囊。

离别的日子迫在眉睫，已经不能再拖了。六月三十日，赵明诚把行李搬到岸上。他坐在岸上，身穿夏日的粗布葛衣，头戴便巾，露出前额，目光炯炯，看上去特别精神，一副生龙活虎的样子。赵明诚看着船中的李清照，与她告别。

看着即将离去的丈夫，李清照的心里交织着慌乱、恐惧、不舍，她的情绪非常低落。忽然，她像是想起了什么，就对着丈夫大声喊道："如果池阳城中再出现什么不测或紧急情况，我该怎么办？"

赵明诚稍稍思索了一下，然后大声回答道："随着众人一起逃吧！万一遇到不得已的紧急情况，你就先扔掉那些重的包裹行李；再不行，就是衣服和被褥；还不行，就扔掉一般的书籍卷轴；最终无法，就扔掉古董器物。只有祖宗的牌位等宗室器物，你千万不可丢弃，自可抱着它，与它们共存亡。千万要记住了！"说完这些话，赵明诚便急急上马，策马飞驰而去，只留下身单影只的李清照，还在目不转睛地望着远方那渐行渐远的背影。

此时此刻的李清照，是那样的惶恐与无助。赵明诚在，尚且还有方向，赵明诚就是她的方向。而她明明知道，赵明诚此去目的明确，时间也不会太久，可是，她心里为什么这样惶恐呢？仿佛一个没有方向的人，在等着一个祸福莫测的消息。这种感觉，怎么能不让人惶恐无助呢？此后，她也许再没有依靠。在这个乱世里，能活下来已属不易，可是，她柔弱的肩上，却担负着千斤重担。钱财等身外之物她尚可舍弃，但那些倾聚了他夫妇二人毕生心血的金石文物，她是无论如何舍不得丢弃的。青州一场大火，已经将大部分收藏文物付诸一炬，如今残存的这些，早已被她视若了生命。可是，在人身尚且难以自保的情况下，她要如何才能保全这些用半生精力和心血换来的文物呢？还有凝聚在文物当中，那些无形的让人难以割舍的恋恋情愫呢？

李清照感觉自己从来没有像现在这样渺小和脆弱，她就像是一个被丢弃于千年黑暗里的文物，于时光的最深处哀叹自怜。

而最令她痛心的是，她无论如何没想到，此次一别，明明是生离，却变成了死别。

第六章

生离死别颠沛苦，
身似浮萍无所依

01 夫君病故，肝肠寸断

赵明诚去"行在"建康面见皇上走后不久，池阳便开始进入了连雨季节。持续的小雨缠缠绵绵，不见晴天，本身就让人心生烦闷。再加上丈夫走了快一个月了，还迟迟不见有书信回来，李清照的心里，不禁蒙上了一层焦虑的阴影。以前，每一次与赵明诚小别，他到达目的地后的第一件事，就是给她捎回书信来传报平安。而这一次，他是怎么了？是路上耽搁了？还是书信弄丢了？她每天不由得胡思乱想，猜测各种可能发生的情况，然后，又一个一个地被自己否决。

收到赵明诚书信那天，已是七月底，距离明诚离开，已经超过一个月。这一天，李清照正像往常一样，靠看书来打发焦虑而又无聊的时间。当拿到书信时，李清照一颗悬着的心，终于放了下来。

李清照迫不及待地打开书信，期待着看到赵明诚一切安好的消息。可不承想，看着看着，李清照如坠冰窖，她的手不住地颤抖，信从手中滑落的同时，她泪如泉涌。赵明诚在信中说，他离开池阳后，一路策马狂奔，舟车劳顿，再加上天气炎热，结果不幸染上了疟疾，此时，正病倒在建康。

李清照之所以心情紧张，是因为她了解人一旦得了疟疾这种病，就会忽冷忽热高烧不退，精通药理的她还明白，得了这种病，千万不能服用寒药去热，一旦服用，则寒热两侵，便是神仙也治不了。更令她不安的是，她知道明诚受不了冷热交加的疟疾，急性子的他，一定会服寒药去热，这样一来，恐怕神仙来了也无力回天。

李清照忧心如焚，她放下书信，立即把带来的所有财物，托付给可靠之人，随即启程赶赴江宁。当她马不停蹄昼夜兼程地赶到江宁时，赵明诚已是病入膏肓，奄奄一息。正如李清照所担心的那样，急性子的赵明诚受不了冷热交加的疟疾，大量服用了柴胡、黄芩等性寒泻火退热之药，结果，疟疾没好，反增痢疾。自此，他再也没能从床上爬起来。

看到眼前形销骨立、早已脱了人形的赵明诚，李清照悲伤惶恐得不能自已。她拉着他的手，泪流满面，却说不出一句话来。她不敢相信这一切，更不愿相信这一切。此后的十余天里，她不惜一切代价，遍请各地名医，可是，每一个人都无能为力。在她的心里，如果可以的话，她愿意倾尽所有换回他的健康。而此时，这只是一个奢望而已。

在过去的十几年里，他们有过离别，也有过轻微的摩擦和裂痕，但更多时候，他们都是举案齐眉，互相激赏。她以为，在人生这场旅途里，他会陪着她一起走完全程，不承想，这么快，他的旅途就要终结，留下她一个人孤独地走完余生。在这个乱世里，他是她唯一的希望。她失去了父亲，只有一个异母弟弟，没有子嗣。年近半百的她，唯一可以真正依靠的，可以让她在精神上得到安慰的，只有赵明诚一人。想到此，李清照不禁肝肠寸断。

宋高宗建炎三年（1129 年）八月十八日，赵明诚忽然从昏迷中苏醒，挣扎着要坐起来。李清照担心这是回光返照的光景。果然，被扶起来的赵明诚，要来纸笔，用尽最后的力气写下了他的绝笔诗，然后扔下笔，倒在了妻子李清照的怀里气绝而亡，没有留下任何交代。李清照呆呆地看着深爱的丈夫在自己的怀里渐渐变得冰冷，她即刻觉得：天，彻底塌了下来。十多天来病榻前的厮守，李清照的眼泪早已流干，此刻的她，抚摸着丈夫冰冷的身体，只有撕心裂肺的呼喊。

他走了，在一个天气晴好的日子。自此，两人阴阳相隔，人鬼殊途。那些浮云流水、草色烟光的风景，从此便鲜活在别人的故事里。而他们的故事，却戛然而止。

这一年，赵明诚 49 岁，李清照 46 岁。

李清照，这个曾经绚烂如夏花的女子，从此，只能在悲伤中放逐自己。

多年以后，李清照在《〈金石录〉后序》中写下了当时的回忆：

八月十八日，遂不起。取笔作诗，绝笔而终，殊无分香卖履之意。

"分香卖履"，典出曹操的《遗令》："余香可分与诸夫人。诸舍无所为，学作履组卖也。"曹操临终时，将家中的财物分给各位夫人、侍妾，让她们学会自食其力。李清照用这个典故，是为了说明赵明诚临终时，对他们半生收集的金石文物没有任何安排，对李清照的后半生也没有任何安排和嘱托，只是带着无限的痛苦与不舍，匆匆离开了人世。

处理完赵明诚的后事，渐渐从悲伤中平复下来的李清照，为赵明诚写下了一篇名为《祭赵湖州文》的祭文。只可惜，这篇祭文整篇没有流传下来，只残存了只言片语，其中有两句是这样的：

白日正中，叹庞翁之机捷；坚城自堕，怜杞妇之悲深。

这是残存的两个断句，虽仅仅两句，却颇有特点。作者采用骈体文四六对偶的方式，这是古代祭文常用的句法，从而达到了南朝梁刘勰所说的"四字密而不促，六字格而非缓"（《文心雕龙·章句》）的艺术效果。由此，赵明诚的表侄谢伋在《四六谈麈》卷一中，称赞李清照为"妇人四六之工者"，表现出李清照深湛的文字功力。

虽然祭文仅存两句，但句中连用两个典故：

"白日正中"讲的是，北宋僧人、作家释道原在所著的《景德传灯录》一书中，记载了这样的一个故事：唐代襄州禅门居士庞蕴在寂灭之前，叫他的女儿灵照出门看天时。当时正是正午时分，灵照看完进屋报告说，日已正中，但有日蚀。庞蕴于是出门观看，回来时，只见灵照已在他的座位上合掌坐化了。庞蕴见状，夸灵照机锋比他快捷。七日之后，庞蕴才寂灭。李清照用这个典故是在说，赵明诚先她而去，远离了红尘俗世，相较于孤苦伶仃的她，处境反倒比她更好。体现了李清照凄凉孤苦、悲伤落寞之情。

"坚城自堕"讲的是春秋战国时期的一则故事。齐国攻打莒国，齐国大夫杞梁战死。他的夫人痛哭不已，导致莒城因之倒塌。李清照运用这个典故，表达自己失去丈夫的悲哀程度，抒发了对丈夫遽然病故，自己措手不及的悲哀之情，令人泫然欲涕，极具感染力。

有人说，在幸福的生活里，很难创作出具有艺术价值的文学作品，文学艺术作品，在很大程度上是痛苦的产物。赵明诚去世后，沉浸在无限悲伤中的李清照，文学创作也达到了一个高峰，她创作了大量格调低沉哀婉的词作，以寄托她对赵明诚的深挚感情和凄楚哀思。这一首《孤雁儿·藤床纸帐朝眠起》，就是这个时期的著名作品：

藤床纸帐朝眠起，说不尽无佳思。沉香断续玉炉寒，伴我情怀如水。笛声三弄，梅心惊破，多少春情意。

小风疏雨萧萧地，又催下千行泪。吹箫人去玉楼空，肠断与谁同倚。一枝折得，人间天上，没个人堪寄。

人的一生，要经历太多的生离死别，那些突如其来的离别，往往将人伤得措手不及。人生何处不相逢，但有些转身，真的就是一生，从此后会无期，永不相见。

赵明诚走了，从此再也握不到他的手，感觉不到他的温度。李清照只能独自饮下秋凉，黯然神伤。西楼之上，清风依旧，往事成霜，故事却已无从说起。回想从前，纵然离别，还有个人可以去念想。可如今，红尘阻隔，却连相思都已没了去向。原以为，能握着彼此的手，直到白发苍苍。却原来，拼尽力气，能阻止生离，却无法推开死别。

这首《孤雁儿·藤床纸帐朝眠起》，表面写梅，实则是在悼亡，更是在无尽的怀念。那种浸入骨髓的孤独，无人能解，无药可治。

那个早晨，当李清照从藤床上坐起来的时候，太阳已经爬得老高了。把纸帐拉起，外面的初春天气，看起来既熟悉而又陌生，隐隐袭来一种说不尽的伤感与思念。玉炉中的沉香早已燃尽，香炉也已经冷却，像极了她心底的凄凉。

无休无止、连绵不绝的静寂，像来自远古洪荒的虚空天际一般裹挟着她，让她在空茫里浮沉，不知所来，也不知所往。

笛声三弄，梅心惊破。在无限虚空的静寂里，何处传来了玉笛声声？仔细倾听，竟是她最喜欢的《梅花三弄》的曲调。《梅花三弄》说的是东晋大将桓伊为狂士王徽之演奏《梅花三调》的历史典故。东晋时期，大将桓伊善吹笛，能弹筝。有一次，王羲之的儿子王徽之应召赴东晋的都城建康，所乘的船停泊在青溪码头。恰好遇到桓伊乘车从岸上经过。船上有人说，他就是知名的音乐家桓伊。王徽之觉得好奇，让人过去请桓伊为自己吹奏一曲。桓伊此时已是身份显贵的朝中大将，又与王徽之素不相识，但他知道王徽之是狂傲不羁之人，颇有竹林之风，曾经雪夜行船拜访琴家戴逵。于是，他马上谦逊地下车上船，坐在胡床上，为王徽之出笛吹三弄梅花之调，一弄寒山绿萼，二弄姗姗绿影，三弄三叠落梅，曲意深长，高妙绝伦。吹奏完毕，桓伊立即上车走了。宾主双方没有交谈一句话，但彼此互相敬重欣赏对方的风流才情，惺惺相惜之情尽在不言中。

当年，李清照与赵明诚就是这样的心有灵犀互相欣赏。可如今，已是天人永隔。听琴看月，对酒赏花，都已成了遥不可及的画面。就算是笛声能惊醒整个的春天，让所有的梅花为之绽放，又有什么意义呢？

多少春情意，往事已不可追。

偏偏，原本晴好的天气，不知何时又飘起了潇潇细雨，伴着疏疏的风，分明是逗惹人的眼泪。外面雨声缠绵，心里却是泪雨纷飞。渴望此时此刻，能有人为自己的心空撑起一把伞，只是，人在哪里？吹箫人去玉楼空。萧史乘风离去了，只留下空空玉楼。你是我的萧史，我是你的弄玉，说好的双栖双飞，如今你却先去，留我一人独守空楼。愁肠寸断，又有何人可倚？

折一枝梅花，可却没有了共赏的人。李清照不禁想起了驿寄梅花的典故：南北朝的时候，北魏陆凯与南朝范晔交好。当时，南朝北朝处于敌对状态，但陆凯与范晔暗地里不断通信，互相诉说对时世的看法和感愤。一次，陆凯把一枝梅花装在信袋里，暗暗捎给江南好友范晔。范晔拆开信一看，里面赫然放着一枝梅花，并有诗一首："折梅逢驿使，寄与陇头人。江南无所有，聊赠一枝春。"

如果可以，她也想折枝梅花，寄给自己的心上人，可是，人间天上，这枝梅花又能寄向哪里？

在深秋的某一个黄昏，李清照登临高阁，写下了这首《忆秦娥·咏桐》：

临高阁。乱山平野烟光薄。烟光薄。栖鸦归后，暮天闻角。
断香残酒情怀恶。西风催衬梧桐落。梧桐落。又还秋色，又还寂寞。

词的上阕，写女主人公在高阁上眺望所见所闻。

"临高阁。乱山平野烟光薄"，开篇起得陡然，从而吸引了人们的注意。女主人公登楼眺望，远处那蜿蜒起伏参差错落的群山，近处那辽阔平坦的原野，都被一层灰蒙蒙的薄雾笼罩着。"烟光薄"的凄暗色彩，似乎笼罩全篇，也似乎笼罩在词人的心上。

接下来的"烟光薄。栖鸦归后，暮天闻角"三句，写女主人公站在高阁之上，看到从遥远的群山和平坦的原野归飞的乌鸦，想起远离身边的心上人，她的心情无限惆怅。乌鸦是被人们厌恶的鸟类。它的叫声，总会使人感到"凄凄惨惨"，尤其在萧条荒凉的秋日黄昏，那叫声会显得更加阴森、凄苦。这时，又听到黄昏画角的哀鸣，在群山和原野中回荡，尤觉黯然神伤。词人从视觉、听觉两个方面写黄昏的景象，使画面产生了动感。

词的下阕，写在这种景色中女主人公抑郁孤寂的心情。"断香残酒情怀恶"一句，由物及人，写室内的环境和女主人公情怀的恶劣。全词只有这一句直接写"情怀"，但它却是贯穿和笼罩全篇的感情，一切都与此密切相关。"乱山平野烟光薄"的景色，使词人备感"情怀恶"，而"情怀恶"，更增添了秋日黄昏的萧索冷落。"断香残酒"四字，暗示出词人对以往生活的深切怀恋。在那温馨的往日，词人曾燃香品酩，也曾"沉醉不知归路"。而此时却香已断，酒亦残，历历旧事皆杳然，词人的心情，是难以言喻的。句尾一个"恶"字，道出了词人的不尽苦衷。

"西风催衬梧桐落。梧桐落。又还秋色，又还寂寞"这四句，意思是说，那阵阵秋风，无情地吹落了梧桐枯黄而硕大的叶子，风声、落叶声使词人的心情更加沉重，更加忧伤了。叠句"梧桐落"，进一步强调出落叶在词人精神上、感情上造成的影响。片片落叶，像无边的愁一样，打落在她的心上；阵阵风声，像锋利的钢针，扎入她受伤后孱弱的心灵。这里，既有国破家亡的伤痛，又有背井离乡的哀愁，那数不尽的辛酸，一下子都涌上了心头。词人写到这里，已把感情推向了高峰。接着，全词骤然从"又还秋色"的有声，转入了"又还寂寞"的寂静之中。这种"静"，绝非是田园牧歌式的宁静，而是词人内心在流血流泪的孤寂。结尾"又还秋色，又还寂寞"两句，说明词人对秋色带来的寂寞的一种厌恶和畏惧的心理。自己不甘因秋色而寂寞，无限惋惜逝去的夏日的温暖与热闹，同时，也表现了她失去亲人、故乡的寂寞心情。长期积郁的孤独之感，亡国亡家之痛，那种种复杂难言的心情，都通过淡淡的八个字，含蓄、深沉地表现了出来。

这首词的结句，是全词境界的概括和升华。中国近现代著名学者王国维在《人间词话》中说："能写真景物真感情者，谓之有境界。""又还秋色，又还寂寞"两句，是对词人所处的环境，所见的景物以及全部心境真实、准确而又深刻的概括，景是眼前之真景物，情是心中之真感情，同时，情和景又互相融合，情融注于景，景衬托出情，使全词意境蕴涵深广。

这首《忆秦娥·咏桐》，是李清照南渡后凭吊半壁河山，对死去的亲人和昔日幸福温馨生活无限怀念的悼亡之作。

02 文物尽失，颠沛流离

赵明诚于宋高宗建炎三年（1129 年）八月十八日病故后，李清照便感觉自己陷入了国破家亡、夫丧身零的悲痛和种种苦难之中。安葬完赵明诚，她却不知道自己该去哪里，该依靠谁。她常常在漫漫长夜里，忆起南渡之前的一些往事，抚今追昔，感慨万端。在无尽的伤心与孤独中，她写下了一首《南歌子·天上星河转》：

天上星河转，人间帘幕垂。凉生枕簟泪痕滋。起解罗衣聊问、夜何其。
翠贴莲蓬小，金销藕叶稀。旧时天气旧时衣。只有情怀不似、旧家时。

上阕的"天上星河转，人间帘幕垂"两句，用一组对偶句做起语，描写了一个非同寻常的自然景象。"天上、人间"对举，便有"人天远隔"的含意。"星河转"，意思是银河转动，一个"转"字，说明时间流动，而且是很长的一个跨度，由此可看出，作者于漫漫长夜，仰望苍穹，孤独无眠的生活状态。"帘幕垂"，是说闺房中密帘遮护，表示夜越来越深，万物归于寂静。

斗转星移，银汉迢迢，牛郎织女还能隔着银河一年一度相会，而她与丈夫，却永无见面之日。夜越来越深，人间帘幕低垂，万物归于寂静。她却在低垂着帘幕的夜里，辗转不宁。关上了帘幕，关不上思绪。词一起笔，就直述夫妻死别之悲怆，先声夺人。字面上虽似平静无波，内中则暗流涌动。

"凉生枕簟泪痕滋"一句，意思是枕簟生凉，这不单是说秋夜天气，而是自心里生起的凉，落在秋夜的枕簟上，落在了她眼里泫然欲滴的那颗泪珠里。回忆总是在夜里放肆纠缠，她知道自己逃不过去。"起解罗衣聊问、夜何其"两句，原本是和衣而卧，到此解衣欲睡，想着这难度的长夜，何时才有天亮的时候？

下阕是词人直接抒情。"翠贴莲蓬小，金销藕叶稀"两句，接应上阕结句的"罗衣"，描绘衣上的花绣。因解衣欲睡，看到衣上花绣，又生出一番思绪来。"翠贴""金销"都是倒装，指的是贴翠和销金两种工艺，即以翠羽贴成莲蓬样，以金线嵌绣莲叶纹。这是贵妇人的一种服饰，词人一直带着、穿着。而今重见，夜深寂寞之际，不由想起悠悠往事。

"旧时天气旧时衣"，这是一句极其寻常的口语，只有经历过沧桑之变的人，才能领会其中所包含的许多内容，许多感情。"只有情怀不似、旧家时"中的"旧家时"，也就是"旧时"。秋凉天气如旧，金翠罗衣如旧，穿这罗衣的人，也是由从前生活过来的旧人，只有自己的情怀早已桑田沧海，面目全非了。"情怀不似旧家时"，是何情怀？并非泛指从前任何时候，而是词人与丈夫高山流水、琴瑟和鸣的知音情怀；是相濡以沫、绸缪宛转的夫妻情怀；是安宁余裕、岁月静好的家乡情怀；是物埠民丰、雍容和雅的国家情怀。如今，这一切都已成为了过去了，国已不是原来的国，家也不再是原来的那个家。人已离去，哪里还有旧时情怀？

命里注定，从此颠沛流离。

还没等李清照把脸上的泪痕揩干，这年的闰八月，金兵再次以势不可当之势，一路向南长驱直入。南宋朝廷岌岌可危之时，先是赶快分送六宫四散逃亡。宋高宗赵构也带着一支心腹部队，向浙江西部的丘陵地带逃窜而去。金兵燃起的熊熊战火，已经快要扑到长江边了，不久传来消息：长江就要禁渡了。

此时，李清照所关注的不是自身的安危，而是视同生命的金石文物。这既是亡夫对她的临终嘱托，也是她作为未亡人所应尽的责任。更何况，这些文物中，凝聚着她和丈夫毕生的心血，她更是曾经为此付出了"与身俱存亡"

的代价。但如今，在兵荒马乱的情况下，单凭她一个弱女子，要收存好诸多贵重文物谈何容易。

丈夫尸骨未寒，打击接踵而来，她柔弱的肩膀，实在承担不起如此重负。就在这时候，李清照大病了一场。这场病来得迅猛而且严重，甚至到了仅存喘息的程度。这场病，给她后半生带来的影响，远远超出了病痛本身所承受的身体痛苦，精神方面的创伤，更是无比巨大的。为此，李清照在《〈金石录〉后序》中写道：

> 葬毕，余无所之。朝廷已分遣六宫，又传江当禁渡。时犹有书二万卷，金石刻二千卷，器皿、茵褥，可待百客，他长物称是。余又大病，仅存喘息。事势日迫。

病情稍有好转后，李清照立即乘船到了池阳（今安徽省贵池市）。在这里存放的所有文物，是她和赵明诚毕生的心血，也是目前及以后的日子里，她唯一的寄托和牵挂，无论如何，她也要保护它们的周全。

看到所有的文物都完好无损，李清照一颗悬着的心总算放了下来，她对所托付之人千恩万谢。眼下，摆在李清照面前的，有两个难题亟待解决：首先，是她自己该去往何处；其次，是这些文物该如何在战乱中得到保全。这些珍贵的金石文物，既不能使之毁于战火，又不能让它们落入金人之手。李清照斟酌再三，最后决定，将文物运往洪州，也就是现在的江西省南昌市。

李清照做出这样的决定，是因为洪州离池阳不远，转运方便。当时，金兵的主力集中在建康（今江苏省南京市），而隆祐皇太后避难在洪州，有重兵把守，也相对安全。赵明诚的妹夫，时任兵部侍郎的李擢，正在洪州护卫逃到此处的隆祐皇太后。隆祐皇太后本是宋哲宗的皇后孟氏，金军攻陷汴京的时候，她因离宫独居而幸免于难。李清照认为，洪州远离战火，是个比较安全的地方。所以，她委托赵明诚原来的两位下属，将池阳的大部分书籍和金石文物护送到洪州，交给妹婿李擢。她确信，握有兵权的李擢，一定能全力保护这些文物。

可谁料想，又是事与愿违。送去洪州的文物，最终又落入了虎口。

李清照在《〈金石录〉后序》中说："冬十二月，金寇陷洪州，遂尽委弃。"也就是说，这年十二月，金军各路分进，在追击高宗的同时，也发兵皇太后所在地洪州。在此之前，李擢已护送隆佑皇太后离开洪州，逃到了黔州。金军所到之处，铁蹄声声，战马嘶鸣，李擢重任在身，显然没有余力来保护这些文物。结果，随着洪州的陷落，她装得满满的十五车、多达两万卷的古籍图书，两千多卷金石碑刻拓本，一起在战火中化为乌有。

在李清照眼里宁愿舍弃生命也不可丢的金石文物，这一次再受重创，几乎是所剩无几。对此，李清照无比难过。不仅仅是因为那些金石书画价值连城，更主要的，她觉得辜负了赵明诚临终的嘱托，无法向死去的丈夫交代。但是，事到如今又有什么办法呢？世事风云变幻，总是让人措手不及。就算万里江山，都在风雨中飘摇，更何况，那些身外之物？但不管怎样，她都已经尽力了。

至此，李清照和赵明诚多年收集的文物，经过青州和洪州两次浩劫，几乎是散失殆尽。而在李清照身边余下的这些，都是异常珍贵之物，用李清照自己的话说，剩下的是岿然独存。她没有将这些珍贵之物托送到洪州，而是带在身边，冒死保护。清算起来，剩下的金石文物，大概有四种：第一种是少量的、小篇幅的拓本和摹本；第二种是李杜韩柳等唐代名家诗文集的手抄本；第三种是几十轴从汉代到唐代的石刻的副本；第四种就是当时在池阳离别时，赵明诚所说的宗器，其中有《赵氏神妙帖》，还有十几件夏商时期的鼎。

宋高宗建炎三年（1129 年）冬天，李清照带着剩下的金石文物离开了池阳，循着宋高宗逃亡的路线行走，也就是追随着宋高宗南逃，这是她精心考量后做出的选择。

李清照之所以这样走，原因之一，是她的弟弟李远当时任敕令局的删定官，职位虽然不高，却是皇帝近臣，一直和皇帝在一起。赵明诚离世后，李清照唯一的亲人只有弟弟李远，乱世中，弟弟成了她唯一的依靠。

这样走的另一个原因，就是朝廷官员在南逃途中，朝野上下忽起流言，说赵明诚在建康时，将家藏的美玉献给了金人，犯了通敌大罪。这样的事情，是非同小可的。如果说，当时赵明诚缒城宵遁是玩忽职守，那么，如果通敌之罪被坐实，可是要株连九族的。当时，正如李清照在《〈金石录〉后序》中所说的那样：

余大惶怖，不敢言，亦不敢遂已，尽将家中所有铜器等物，欲走外廷投进。

当初，赵明诚在建康城病重时期，有个叫张飞卿的学士前来探望，他随身带着一把所谓的玉壶，说是家传宝物，请赵明诚帮助鉴别。赵明诚仔细鉴别后发现，该物根本不是玉壶，而是由一种叫珉石的石头制成。由于赵明诚当时病得太重，也没精力跟他太多交流，李清照只得开门送客，张飞卿带着那把壶告辞而去。

事情原委本是这样。那么，此时谣言四起，其实也并非偶然。人们都知道，赵明诚为了收藏文物，从来都不惜钱财，而他所收藏之物，自然都是价值连城的宝物。在他死后，觊觎这些文物之人，肯定不在少数。在赵明诚刚刚离世时，高宗赵构的御医，奸黠善佞、绰号"黑雯"的王继先，就携黄金三百两来找李清照，要压价收购那些价值连城的金石文物。很明显，王继先是在趁火打劫。李清照怎舍得把夫妻二人毕生的心血，卖给此等奸佞无义的小人？孤独无助的李清照又气又急，敢怒而不敢言。后来，幸亏赵明诚的表兄谢克家出面斡旋，李清照才躲过此劫。

人心叵测，世态凉薄。这个世界上，本来落井下石人居多，雪中送炭者少见。与其被诬，还不如将这些文物献给朝廷，个人得失暂且不论，至少让这些文物有个妥善的归所，也算是不幸中的大幸。李清照相信，如果赵明诚地下有知，也一定会明白她的苦心的。

从宋高宗建炎三年（1129年）八月，一直到第二年，李清照都在紧紧地追随着宋高宗的队伍。可是，皇帝却不是想追就追得上的。那两年，宋高宗总是在逃亡，辗转于江南各地，早已是风声鹤唳草木皆兵。李清照也只得循着他的足迹，或海路，或陆路，历尽艰辛，四处漂流。

宋高宗亡命天涯，自然是轻舟快马，可李清照却带着金石书画等文物，行程自然缓慢了许多。仓皇狼狈的宋高宗，为了躲避金兵的追击，一路躲一路逃，路线很是曲折。他从建康出发，先到镇江，再从镇江到越州，也就是现在的绍兴；又从越州赶到明州，即现在的宁波；又从宁波上了舟山岛，乘船到了台州；然后又从台州的章安走海路，逃到了温州。

宋高宗建炎四年（1130年）春，李清照来到了台州。在此前不久，台州守臣晁公武已经弃城而逃。数月的辗转流离，李清照已经身心俱疲，她甚至已经没有力气发表自己的愤慨。

夜阑人静，万物都沉睡在甜蜜的梦乡里，只有在离思与忧愁中彻夜难眠的李清照，还听着外面的风声，想着万千的心事。于是，她写了一首《好事近·

风定落花深》：

> 风定落花深，帘外拥红堆雪。长记海棠开后，正伤春时节。
> 酒阑歌罢玉尊空，青缸暗明灭。魂梦不堪幽怨，更一声鶗鴂。

李清照从来都是一个多愁善感的女子。即使是在从前生活最安逸、最幸福的那段时光里，她也总是为落花而伤悲。

帘外所见，都是落花的残骸，"拥红堆雪"，红的白的，挤挤挨挨，堆积到一起。用色彩直指其物，是李清照最擅长的，也是最高超、最独到的写作技巧。比如"绿肥红瘦"。这一场盛大的谢幕，这一场绚烂的花事，让她又记起了海棠开后的那个伤春时节。那时候，至少还有一个"卷帘人"，前来告诉她"海棠依旧"。而如今，山河破碎，家国不在，她茕茕孑立、形影相吊，颠沛流离的日子里，再次面对满地落红，伤感之情可想而知。

那个懂她的人，再也回不来了，心痛的感觉，只有自己最清楚。

"酒阑""歌罢""玉尊空"，曾经的盛世欢歌，狂饮浅醉都已经结束了，再也不会回来了。如今，面前只有空空的酒杯，明明灭灭的青灯，在夜阑人静里闪着诡异而幽怨的光，仿佛魂魄入梦，难以将息。更有一声杜鹃啼血的哀鸣，让本来幽怨的梦境，又添凄厉。

"鶗鴂"，即杜鹃鸟，它常在百花凋零的时候鸣叫。

在追赶皇帝的御舟多次扑空后，李清照于高宗建炎四年（1130年）三四月间，又追踪来到了温州。这一次，又是御舟前脚离开，她后脚赶到。在高宗赵构曾驻跸江心孤屿的消息传开后，一向好奇的李清照，随即来到了被谢灵运描写为"乱流趋正绝，孤屿媚中川。云日相辉映，空水共澄鲜"的江心屿。这是一个风景异常优美的游览胜地。唐咸通七年（866年），于西山东麓建净信禅寺，并于咸通十年（869年）建东塔。北宋开宝二年（969年），又于东山西麓建普寂禅院，并建西塔。东西两塔对望，堪称名胜。

这一次，李清照刚刚抵达江心屿，还没等站稳脚跟，就听说高宗皇帝带领后宫、近臣、亲信等赶往福建。此前，李清照听说婆母的灵柩，已由江宁迁葬泉州，而赵明诚的长兄曾在广州为官，次兄在泉州为官并已定居泉州。思来想去，李清照决定也赶赴泉州。

这一路奔波，李清照始终被病痛与离思缠绕着，朝廷苟安一隅不求收复中原的亡国之恨，再加上颠沛流离的生活，使得李清照更加憔悴与寂寞。她所向往追求的理想境界，只能在梦中实现。唯有在梦中，她才能挣脱沉重的肉身，挣脱现实织就的重重罗网与樊篱，重返自由自在的生活。在这样的心境下，她写了一首《渔家傲·天接云涛连晓雾》：

天接云涛连晓雾，星河欲转千帆舞。仿佛梦魂归帝所。闻天语，殷勤问我归何处。

我报路长嗟日暮，学诗谩有惊人句。九万里风鹏正举。风休住，蓬舟吹取三山去！

这是一首记梦词。词的通篇充满了奇幻的想象，缥缈的意境，展示了一个具有浓郁的浪漫主义气息的梦幻境界。其实，李清照的这首词跟许多梦游诗一样，并非真梦，而是借浪漫主义的艺术构思，以寄托自己的情思。

"天接云涛连晓雾，星河欲转千帆舞"两句，一开头，词人便把一幅辽阔、壮美的海天一色画卷，展现出来。水天相接、云蒸霞蔚、晨雾蒙蒙、银河滚滚、千帆竞渡，词人把这些常见的自然景观，巧妙地用"接、连、转、舞"这么一组动词衔接起来，使得原本恢弘壮丽的自然景象，变得更加壮美而生动。

这里的"星河"，即指银河。意思是说，天空中像波浪一样翻滚的云霞跟海水连接在一起，这些云霞又笼罩在晨雾当中，显得曙色朦胧。仰望苍穹，银河波涛汹涌，像要使整条河翻转过来似的。河中许许多多帆船，在滚滚的大浪中颠扑，风帆摆动得像在银河中起舞一样。这是写天上的云彩的千变万化、姿态万千。虽然词人借助梦境描绘自己幻想的自然景象，但这一幻想，无疑是她在人生道路上历尽艰难险阻、流徙奔波之苦的潜意识所促使的。

"仿佛梦魂归帝所，闻天语，殷勤问我归何处"三句，写的是词人在如梦似幻的海上航行，一缕梦魂升入天国，见到慈祥的天帝，天帝殷切地问我：你打算去哪里啊？现实中，宋高宗赵构置万民于水火、只顾自己一路奔逃。李清照南渡以来，一直奔波劳苦，四处飘零，尝尽了人间冷暖。这种遭遇，让她从内心深处，渴望得到关怀，得到温暖，但残酷的现实，让她不得不把希望寄托在幻想之中。因此，词人以浪漫主义的手法，塑造了一个态度温和、关心人民疾苦的天帝形象，以此来表达自己美好的理想。

下阕的"我报路长嗟日暮，学诗谩有惊人句"两句，"路长嗟日暮"，出自屈原的《离骚》："欲少留此灵琐兮，日忽忽其将暮……路漫漫其修远兮，吾将上下而求索。"作者借此来表白自己在人生道路上日暮途远，茫然不知所措。一个"嗟"字，生动地表现出词人那彷徨忧虑的神态。"学诗谩有惊人句"一句含有两层意思：一是作者慨叹自己空有惊世才华而不能为所用，深深的怀才不遇之感；二是社会动乱，文章无用。"谩有"，是"空有"或"徒有"的意思。

结尾的"九万里风鹏正举，风休住，蓬舟吹取三山去"三句，"九万里风鹏正举"一句，出自《庄子·逍遥游》："鹏之背，不知其几千里也。怒而飞，其翼若垂天之云……鹏之徙于南冥也，水击三千里，抟扶摇而上者九万里。"九万里长空大鹏鸟正展翅高飞，风在此时千万别停息，快快将这一叶轻舟，直接吹到蓬莱三岛。在上阕中，天帝"殷勤问我归何处"，这里，词人给予了回答，她梦想的地方是蓬莱、方丈、瀛洲三座仙山。在这一问一答之中，词人通过"天帝"和"三山"这两个形象，将自己美好的梦想表达出来，渴望有好的帝王和好的居所，渴望有人的关心和社会的温暖，渴望自由自在的生活。

这首词，李清照把真实的生活感受融入梦境，把屈原《离骚》、庄子《逍遥游》以至神话传说融入其中，使梦幻与生活、历史与现实融为一体，构成气度恢宏、格调雄奇的意境，充分显示了词人性情中豪放不羁的一面。

03 胸怀大义，痛斥叛佞

时局逐渐稳定后，李清照将携带的大部分金石书画等文物寄存在了剡州（今浙江省嵊州市）。可是不久，这里发生了叛乱。在平叛的过程中，李清照所寄存的这些文物消失得无影无踪，让李清照悔恨不已。后来她听说，这些珍贵的文物，被一位姓李的将军毫不客气地收入囊中。后来，这位李姓将军病故，这批文物的下落再也无从得知了。那些岿然独存的一点文物，在这里又失去了大半。李清照非常难过，却又无计可施。生逢乱世，一个弱女子，保命尚且自顾不暇，还要照管这些价值连城的文物，也真是太难太难了。

自从家乡沦陷后，李清照无时无刻不在关注着那里的消息和动态。让她没想到的是：继张邦昌的"伪楚"政权垮台后，宋高宗建炎四年（1130 年）九月，济南守臣刘豫在金人的扶持下，又建立了一个"伪齐"政权，刘豫受金人册封为文帝。刘豫其人，可谓是名副其实的民族败类。宋高宗建炎二年（1128 年）冬天，金军进攻济南，他作为当时的济南太守，不但不加以抵抗，反而献城投降。自那以后，他便心甘情愿做金人的走狗，受其差遣。此时，做了一名傀儡皇帝，他更是乐不思蜀，乖乖地充当金人的马前卒，极力配合金兵攻打宋国。

在此之前，曾经与康王赵构同在金国做人质的张邦昌，在"靖康之变"

后，也选择了投降，在金人的扶持下，做了傀儡皇帝。只不过，这个傀儡皇帝只在宝座上待了三十三天，就被刚刚即位的宋高宗赵构给流放到长沙处死了。对于刘豫和张邦昌二人的卑鄙行径，李清照是深恶痛绝的，她为此写了《咏史》这首五言绝句，来表达自己内心极度的愤慨：

> 两汉本继绍，新室如赘疣。
> 所以嵇中散，至死薄殷周。

这首诗原本是无题的，《咏史》这个标题，是后来的研究者给加上去的。这首诗很短，从始至终一气呵成。诗虽然短，但意思却表达得非常明了。

首句的"两汉"，分别指汉高祖刘邦于公元前 206 年所建立的西汉和被称为中兴之主的汉光武帝刘秀于公元 25 年所建立的东汉。此句字面上的意思是说，东汉继承了西汉的中兴之邦，其深层意思，当是希望宋高宗赵构能够成为刘秀那样的中兴之主，而不要在大敌压境时，只知道躲避和逃跑。

第二句的"新室"，指王莽创立的所谓的新朝。王莽篡汉，国号定为"新"，史称"新莽"。"赘疣"是指皮肤增生所形成的一种结节，俗称"瘊子"，中医称之为"千日疮"，是一种病毒感染。后用"赘疣"来比喻多余无用的东西。这句话的整体意思是说，不论是张邦昌的"伪楚"，还是刘豫的"伪齐"，他们都像是篡汉的新莽一样，如同人身体上的毒瘤，令人深恶痛绝。

第三句的"嵇中散"，即指魏晋时期的名士嵇康。嵇康，字叔夜，谯国铚县（今安徽省濉溪县）人，是"竹林七贤"中的一员。因曾做过中散大夫，故世称嵇中散。他丰神俊逸，崇尚老庄，长诗文，善琴乐，工于书画，才情十分了得。更为重要的是，他个性凌厉傲岸，富于正义感和反抗性，曾勇敢地抨击虚伪的礼法与趋炎附势之人，而且他是曹魏宗室的姻亲，故与当时司马氏的政治集团抱不合作的态度，最后被司马昭所杀。如今，李清照也同样是个性独特、不拘礼法之人，她所痛恨的，也是被金人扶植的伪楚、伪齐政权，以及一切降金攻宋、危害江山社稷的投降派势力。

最后句中的"薄殷周"，出自嵇康所著的《与山巨源绝交书》一文，其中有"非汤武而薄周孔"之句。竹林七贤中的嵇康和山巨源原本是志同道合的朋友，他们早期都不愿与司马昭合作，后来，山巨源投靠了司马昭，因为司马懿的岳母是山巨源的姑祖母，他和司马氏是中表亲，在当时两大政治集团的权力斗争中，山巨源最后站在了司马氏一边。当时，山巨源官居尚书吏部郎，可做着做着，他却不想做了，要辞去官职。朝廷要他推荐一个合格的人继任，他便真心诚意地推荐了嵇康。

嵇康根本不想做官，得知山巨源推荐他出来做官，大为不满，就给山巨源写了一封《与山巨源绝交书》。这是一封很长的信，写得刚直峻切，喷薄而出，其中有些话具有一股气性。嵇康平时本是一个不轻易发火的，但山巨源严重触犯了他的底线。山巨源已经不是一两次举荐嵇康出来做官，嵇康终于忍不住了，说自己"非汤武而薄周孔"。意思是，他鄙视商汤和周武王，因为他们是通过篡权夺得了天下。同时，他也鄙视赞同汤武革命的周公和孔子。

所谓"薄周孔"，其用意既非鄙薄周公、孔子，也非一般性地反对孔教束缚。因为嵇康本来是一位"忠信笃敬、直道而行"的儒教奉行者。实际上，他真正看不起的，是阴谋篡夺曹魏江山的司马氏集团。为了与司马氏划清界限，他宁可在城外打铁，也不愿入朝为官。对于李清照而言，她也只是单纯地赞美嵇康的，并不存在她是否鄙薄周孔的问题，在此，也只是用事用典而已。

九百年后的大宋王朝，面对张邦昌、刘豫等卖国求荣、企图篡夺大宋江山之人，却已没有了像嵇康这样大义凛然的正义之士。倒是飘零憔悴的女子，站在历史的风口浪尖，来评判着是非对错，在她刚劲峭拔的词句里，满是感慨和苍凉。

宋高宗绍兴元年（1131年）三月，李清照辗转来到了越州（今浙江省绍兴市）。在李清照的眼里，越州是个不错的地方，至少在她刚来的时候，是这样的一种感觉。无论是这里的自然景观，还是人文景观，她都非常喜欢。可是不久发生的一件事，让她对越州的好感一下子荡然无存。

那是李清照刚来绍兴不久的一天，有一个人总是想方设法跟她套近乎，有意无意地想办法没话找话跟她搭讪。她还不知道，那个人其实早就已经盯上了她的文物，只是一直在心里面盘算着，应该如何把这些宝贝弄到手。

果然没过多久，在李清照外出的时候，墙壁被人挖开了一个洞，她精心藏于床下的几箱金石文物，被盗走了许多。这些仅存的被李清照视为生命的最后一点文物，再次损失了一大半，其中，竟然包括赵明诚亲自题写跋语的《赵氏神妙帖》。

宝贵文物丢失，让李清照心痛不已，她立即决定重金收赎被盗之物。

两天后，一个姓钟的自称是她的邻居的人，拿了十八轴画前来求赏。李清照立即明白，原来盗贼一直埋伏在身边。后来，李清照在《〈金石录〉后序》中这样写道：

> 惟有书画砚墨，可五七簏，更不忍置他所。常在卧塌下，手自开阖。在会稽，卜居土民钟氏舍。忽一夕；穴壁负五簏去。余悲恸不已，重立赏收赎。后二日，邻人钟复皓出十八轴求赏，故知其盗不远矣。万计求之，其余遂不可出。今知尽为吴说运使贱价得之。所谓岿然独存者，乃十去其七八。所有一二残零不成部帙书册，三数种平平书帙，犹复爱惜如护头目，何愚也耶。

至此，李清照和赵明诚半生的心血已所剩无几。李清照又气又急，她因此又大病了一场。

或许是因为颠沛流离的日子过得太久了，此时的李清照，无论身在何处，总有一种萧索之感。她本来是一个天真烂漫，可以把日子雕刻成诗的女子，更何况身处江南美丽的烟雨楼台、青石小巷之中。但是，在国家处于战乱之中，自己又失去了最爱之人，国不成国，家不成家，饱受颠沛流离之苦的她，如今已不知道归宿在哪里。就算是再优美的风景，也没有闲情逸致去欣赏了。这首《春残》，正是李清照当时心情的真实写照：

> 春残何事苦思乡，病里梳头恨最长。
> 梁燕语多终日在，蔷薇风细一帘香。

在这样的江南暮春里，本来容易伤春悲秋的诗人，因为客居他乡又卧病在床，心绪变得更加烦乱。因为病中无力，梳头发的时候，竟然怪自己头发太长了。梁间双燕呢呢喃喃地唱着悦耳的歌儿，帘外鲜艳的蔷薇藉着微风，送进阵阵的幽香，可仍然驱散不了她的思乡之情。

宋高宗绍兴二年（1132 年）初，宋高宗赵构来到了杭州，立即被这里的水光山色给迷住了。于是，他下令在这里建明堂、修太庙，以及各种宫闱殿堂。同时，那些达官显贵、富商大贾，也纷纷置买田地，以构建自己的宅院。赵构还下令，将杭州府改名为临安府，杭州成为了南宋的国都。

那个春天，在李远的接应下，李清照也抵达了临安。在弟弟的安排下，李清照住进了一所不错的寓所。经过两年多的流寓和逃亡，终于可以安定下来了。身体是安定下来了，可她的心，却始终无法安定下来。

寓所外面的小院里，一簇梅花正开得娇艳欲滴。李清照一直喜欢梅花。那些年，每逢下雪，李清照总是与丈夫赵明诚在院子里饮酒赏花，赋诗填词。如今，同样的寒梅傲雪，赏花的人，却已是孤身一人，形影相吊。想到这些，李清照挥笔写下了一首《清平乐·年年雪里》：

年年雪里，常插梅花醉。挼尽梅花无好意，赢得满衣清泪。
今年海角天涯，萧萧两鬓生华。看取晚来风势，故应难看梅花。

早在少女时期，梅花就和李清照结下了不解之缘。在人生的不同阶段，每一次赏梅、咏梅的心态各有不同，所以，梅花在她的笔下呈现出万千姿态，而虽然是个个有别，却是异曲同工。如果说，花儿可以代表人的志趣，那么，梅花就是李清照的人生写照。

"年年雪里，常插梅花醉"，词的开头，就呈现出一个情趣高雅、豪放爽朗的年轻女子形象。或许就在词人下笔之时，汴京（今河南省开封市）的春雪梅花，以及江宁（今江苏省南京市）初春踏雪寻梅的情景，还有那已远去的爱人身影，一时之间都聚到了心头。于是，她在万千思绪中，提炼出年年雪里插梅，并沉醉其中的这样一幅鲜明的图景。词人用"年年"点流光，以"雪里"表节令，以"常插"写闲情，以"醉"状情态——道来，看似平淡无奇，然而到最后便发现，这实在是神来之笔。词人的高明之处正在于此，往往用最朴实无华的字句，而组合在一起时，却能化平淡为神奇。

早年，李清照曾以"雪里已知春信至，寒梅点缀琼枝腻"（《渔家傲·雪里已知春信至》）的尖新意象作为开篇，描写梅花傲雪开放、晶莹高洁的风采。然而，这首词的起笔却大为不同，她是以平生赏梅的情事，作为人生的不同阶段，让人从中感受到，其中蕴含了太多词人对早期生活的追忆，体现出太多的眷恋、太多的惆怅、太多的辛酸。

"挼尽梅花无好意，赢得满衣清泪"两句，从回忆到现实，词人的笔锋转接得利落而自然。早年插梅，沉醉忘我，而今梅花还是一样的美，斯人却已是面色憔悴，心绪不佳，玩赏的心情自然大变，从往昔的"沉醉忘我"，变成如今的"满衣清泪"。

"今年海角天涯，萧萧两鬓生华"这两句，点出了女主人公心绪恶劣、泪洒衣襟的原因。经过人生中的几十个"年年"，在"今年"这个两鬓斑白的垂暮时节，却只身一人，漂泊海角天涯。中国人向来讲究叶落归根，对故国、故乡有着割舍不断的情结。南渡以来，有多少人做着恢复中原的好梦，都在翘首盼望北归的那一天。然而，生命的年轮一次次无情碾过，失望的痛苦，早已堆成了多少北方人鬓角的清霜。对于李清照这样敏感而深情的士族女性来说，其痛苦程度，又要比普通百姓不知多出多少倍。

"看取晚来风势，故应难看梅花"两句，是说当她看到晚来北风劲疾，就知道梅花要惨遭零落的命运了，又哪有心情再去踏雪寻梅，摘来插在瓶中欣赏呢？这个结句，看起来是这般平淡，但其中潜藏着许多情感信息，可谓意味深长。"晚来风势"回应上阕的"无好意"，"难看梅花"回应上阕的"满衣清泪"，突出了"今年"的恶劣心情。

这首词，是对作者迟暮人生的写照，也是对国事失望的隐喻。作者以平淡而简洁的语言蕴深意，以白描手法刻画鲜明的人物形象，使这首词的风格显得格外质朴。

赵明诚去世后，李清照已经忘记了与亲友相聚的滋味，他仿佛带走了她完整的世界。她一个人在与世隔绝的境况下，不断地沉溺在回忆与思念中，祭奠着自己的过往，舔舐着自己的伤口，仿佛把整个世界都抛在了脑后。

而依然是梅，让她从回忆中走了出来。这首《殢人娇·后亭梅花开有感》，就表达了李清照走出自我封闭的世界，与客人一起赏梅的感受：

> 玉瘦香浓，檀深雪散。今年恨、探梅又晚。江楼楚馆，云闲水远。清昼永，凭栏翠帘低卷。
>
> 坐上客来，尊前酒满。歌声共、水流云断。南枝可插，更须频剪。莫直待西楼、数声羌管。

《殢人娇》这个词牌，又名《恣逍遥》。

这首词的上阕开门见山，吟咏梅花且叹悔此次赏梅又来迟了一步，从视觉和味觉两个方面，描写梅花的景象。

"玉瘦香浓，檀深雪散，今年恨、探梅又晚"四句是说：玉色的白梅花清瘦飘逸，浅红色的梅中上品檀香梅，相形之下显得色泽浓艳，它们散发着袭人的香气。白雪正在消融，那雪压梅枝的美景已不见。真正令人遗憾的是，赏梅竟然又来晚了。女主人公因为爱梅，平时往往从早春就开始观察梅花的微妙变化，可是今年，却到"玉瘦""檀深"才来"探梅"，觉得为时太晚，悔恨莫及。"玉瘦"是描写梅花的娇小玲珑，与生活中的苦寒形成对比，突出梅花坚忍不拔的品性。"檀深"表明花开已久，因为梅花的颜色渐渐加深了。古人赏梅，讲究"四贵"，除贵曲不贵直，贵疏不贵密之外，还讲究贵梅花之瘦不贵其肥，贵梅花之合（含苞）而不贵其开（盛放）。所以，看到梅花盛放，女主人公叹息赏梅来迟了一步。一个"瘦"字，再现了梅花的情态，为主人公惜梅之情及怀人之思奠定了基础。既是借物抒情，感怀年华易逝之情，也有以梅自喻之意，因此写梅即写人。一个"又"字，说明这已不是一年了，表达了词中主人年年探梅、年年叹惋的心情。

"江楼楚馆，云闲水远。清昼永，凭栏翠帘低卷"四句，交代了赏梅的环境地点，写出了远眺近俯的自然景色，也刻画出了一种闲适恬淡的心境。句中"楚馆"的"楚"字，本指春秋战国时的楚地，即今之湖南、湖北一带，此处泛指江南。

词的上阕，主要是侧重写景的幽深、人的安闲，为下阕不平静心情的抒发做铺垫，达到以静衬动的效果。一个"永"字，突出了惨淡之象。

下阕开头的"坐上客来，尊中酒满"两句，写与友朋持酒听歌，共赏梅花之乐。先描写良友相聚、举杯飞觞、开怀畅饮、纵歌抒怀的场面。"歌声共，水流云断"两句，是说充满诗兴豪情的文人雅士，对酒自是高歌，面对着象征高雅气节又令人心神陶醉的梅花，显得群情激动，纵情引吭，你唱我和，欢乐之情已达顶巅。激越的情绪，随着歌声的止歇渐渐平静下来，而寂寞孤独之情又随之而起。或者说，寂寞依旧没有得到排遣，纵然是良友满座，畅饮纵歌也没有分毫添减。接着，词人的笔触宕然转开，回到赏梅的现场。

"南枝可插，更须频剪"，然后便在"莫直待，西楼数声羌管"的颇为伤感的声音中戛然而止。从字面上看，这几句是指点着眼前的梅树：那南边向阳枝头上的花儿令人喜爱，可以攀折供插，需趁着它方开未残，快多些采剪，或簪在鬓边，或插放几案，把梅的疏姿倩影和梅的寒香冷艳尽多地留在身边。千万不要等到花瓣残落、随风化泥的时刻，再惆怅流连。深层之意，却是借物抒情，感叹光阴流逝，容颜易老，聚少离多，颇有点"花开堪折直须折，莫待无花空折枝"（唐代杜秋娘《金缕衣》）的意思。

抓住当下可以抓住的一切快乐，生活，还是要继续的。

04 再嫁之人，卑鄙下流

到临安以后，李清照的身体虽经多方调理，但仍未见明显的好转。国破家亡，生离死别，颠沛流亡这一系列的创伤，足以让这位柔弱的女子心力交瘁。更何况她与赵明诚夫妻二人多年来煞费苦心收集的、被视若生命的金石文物，在一路逃亡中已消失殆尽。这一连串的致命打击，终于使这个刚强好胜的弱女子不堪重负，病体缠绵。

那是一个无眠的雨夜，李清照住在弟弟李远为她安排的临时寓所里，听着窗外雨打芭蕉的沙沙声，更加勾起了她思念故国故土的愁思。于是，她拖着病体，写了一首《添字丑奴儿·窗前谁种芭蕉树》：

窗前谁种芭蕉树，阴满中庭。阴满中庭。叶叶心心，舒卷有余情。
伤心枕上三更雨，点滴霖霪。点滴霖霪。愁损北人，不惯起来听。

词的上阕是在咏物。词人借芭蕉枝叶茂密、心叶舒卷的情态，反衬自己孤清寂寞、愁怀永结的心情和意绪。首句"窗前谁种芭蕉树"，这看似无心的一问，却分明是在说：她，只是一个客居异乡之人。一个孤独的漂泊者，看到了客居的院子里芭蕉枝叶浓密，心叶舒卷，遮阴避日的情景。"阴满中庭。阴满中庭"，一个重叠，好似在说，这繁荫真是浓密得紧，更显出小院的孤清来。看着芭蕉那舒展的动态，犹如愁情无极，嫩黄浅绿的蕉心中，紧裹着绵绵不尽的情思。

词的下阕是在写夜景。"伤心枕上三更雨"，夜已三更，本来无眠，可偏偏还下上了雨。"隔窗知夜雨，芭蕉先有声"，那点滴霖霪的雨滴打在芭蕉叶子上，一声声，一声声，无休无止，就像是打在自己备受创伤的心上。她想起失去的家园，死去的丈夫，想到动荡不安的时局和苟且无能的南宋朝廷，想到不知何时才能"相将过淮水"，自然是要"愁损北人"，更加没法入睡，只得披衣而起，听着雨打芭蕉之声，独抱浓愁待天晓了。

因为浓愁缠绕，李清照的病情越来越重了，有时高烧不退，躺在床上不停地呻吟，有时还说着胡话。她甚至有时候迷迷糊糊的，仿佛什么也听不清了，什么也感觉不到了，几乎达到了"牛蚁不分"的程度，喘息也开始变得若有若无起来。李清照的病情，让李迒不知所措，他甚至感觉自己的姐姐正在走向生命的边缘。他害怕得一边泪眼婆娑地陪在姐姐身边，为她煎药喂饭；一边偷偷地为姐姐安排后事。

这天，李迒依旧陪在姐姐身边服侍姐姐吃饭服药，一个仆人匆匆忙忙走了进来，说是外面有人求见。于是，李迒把药碗交给仆人，自己赶忙走出去会客。来人自称受"张汝舟"大人之托，代为做媒的，并呈上一纸求婚的"官文书"。李迒接过文书急遽展读。信中说，自己倾慕李清照多时，对于她的才华闻名已久，对于她的不幸遭遇也深表同情。而且，他早年丧妻一直未曾续娶，如果李清照和他们李家不嫌弃，他愿意好好照顾李清照，与她牵手度过后半生。

李迒深为其文辞所感动，又见署名"张汝舟"，感觉这个名字有点耳熟，似乎在哪里听说过。于是，李迒告诉来客，说这事自己做不得主，等姐姐清醒一些后，须得征求姐姐本人的意见，请大人回去等候消息。

打发走了媒人，李迒开始着手调查这个张汝舟。因为李迒的官职是敕令所删定官，几乎所有有一定资历和品级的官员的任命告身，都要从他手中经过，所以李迒对于"张汝舟"的名字，也是有所耳闻的。但对这个人又了解不多，只是耳闻他是一位功名卓著、廉洁正直，举止才学与当年的姐夫赵明诚不相上下的人物。他想，姐姐的后半生，若是与这样的人生活在一起，也是依靠和福分。

事实上，李远资料上所记载的"张汝舟"另有其人，但李远并不知道，他以为向姐姐求婚的，就是这个张汝舟，就是曾担任明州（今浙江省宁波市）知府的那个张汝舟。李远在脑海里反复思索，想明白个中缘由，但他却怎么也不能理解，为什么张汝舟愿意娶自己这位孤苦伶仃的姐姐，难道他不知道，现在的姐姐已是今非昔比，除了一身重病之外，几乎已经一无所有？

李远这边疑虑还没有解开，接到媒人回话的张汝舟，便急不可耐地亲自登门造访。一见面，张汝舟做完自我介绍，便开始对李远甜言蜜语，百般奉承。他说自己是北宋崇宁年间的进士，与易安夫人年辈相近。当年在太学时，常与其他同学一起讨论易安夫人的才华与文名，对其倾慕不已，同学也因此常常嘲笑他的痴迷。虽然仰慕已久，但实在不敢想象能有亲眼见到的一天。说到动情处，张汝舟竟然哽咽起来。李远对这位张汝舟的印象，虽然与想象中差距甚大，但他还是被张汝舟的甜言蜜语打动了。

看到李远紧绷的脸已慢慢舒展，张汝舟继续说道，自己这一生仕途起起落落，没有什么大的发展，如果晚年能有易安夫人相伴，这一辈子也算是没有完全虚度。看他言辞恳切，李远竟然感动不已。他没想到，姐姐在如此病重之时，还能遇到这样一位有情有义的官员，不仅不嫌弃她一无所有，还对他敬重有加。想来姐姐失去姐夫至今已有三年，看她的样子，似乎还没有从悲伤的状态中走出来，眼前的张汝舟，或许可以抚慰姐姐那颗因过于悲痛而受伤的心。于是，李远代替姐姐答应了张汝舟的求婚。不过，他再三强调，婚事必须要等姐姐康复以后再办。得到了李远的答复，张汝舟便满怀欣喜地回家去了。

经过李远的精心照顾和细心调理，不久以后，李清照的病情开始渐渐好转。见姐姐身体渐渐恢复，李远兴奋地把张汝舟求婚的事情告诉了李清照。李清照感到非常意外，感到非常吃惊。看着眼前弟弟真诚的脸孔，她知道，弟弟一切都是为了她好。但是，她真的没有任何思想准备，她很难接受。在她心里，任何人也无法取代赵明诚的位置。但她转念一想，弟弟说的也有道理，毕竟自己年事已高，身边有个人互相照应，也免得自己后半生过于孤苦。想到这里，便也不再说什么了，只是说见见那个人再做决定。

李远立刻打发人把姐姐的想法传达给张汝舟，张汝舟迫不及待地赶来见李清照。见面后，又是一番甜言蜜语，阿谀奉承。李清照虽然不喜欢眼前这个人，但经过他的一番表白，最起码对他不那么反感了。在以后的几天里，张汝舟每天都来问候李清照，并且和李迒一起照顾她，细致耐心，温柔体贴，让李清照十分感动。终于，在张汝舟当面跟她求婚的时候，她便默许了。

在李清照的眼里，张汝舟至少看上去是温雅的，而且细心体贴、知冷知热。那些日子的相处，李清照从他的身上，找回了许久都不曾感受到的愉悦和幸福。所以，李清照真的被打动了，她不想错过这份幸福。

从小饱读诗书、受儒家传统思想熏染的李清照，自然知道，女子应该遵守为已逝的丈夫守节这样的封建礼法。如不遵守，则被视为失节，是要留下骂名的。但李清照就是李清照，她的性情里，既有轻柔温婉，也有任性桀骜。她做事情，向来只问本心，不会被蜚语流言所牵绊，对于那些俗世规则，她更是鄙夷不屑。如果说，在再嫁这件事上她有所隐忧，那就是感觉对赵明诚不好交代。但她相信，赵明诚地下有知的话，也一定会明白她的苦衷。

李清照的病体还没有完全康复，张汝舟便急不可耐地雇来了一顶花轿和一辆大马车，郑重其事地前来迎娶李清照过门。花轿里，坐着木然无感的李清照，马车里，则拉上了李清照全部的家当。

对于一个柔弱的女子来说，乱世之中，若能有一个可以停靠的港湾就足够了，而爱情，对于她已经永远可望而不可即了。至少，对于李清照是这样的，在生命中有过赵明诚的女子，在红颜老去之后，她已无兴致再次倾心于谁。之所以选择接受张汝舟，无非是想在兵荒马乱的岁月里，有一个可以依靠的肩膀和一个遮风挡雨的港湾，仅此而已。

那么，张汝舟为什么这样着急娶李清照过门，他是真的那样深爱李清照吗？

作为崇宁年间进士及第的人，他的确知道当年才气飞扬、名满京城的李清照，而且对于她后来的作品也颇有耳闻。因为李清照一向都是"文章落纸，人争传之"的著名词人和诗人。但是，张汝舟此刻如此急着娶回李清照，却并非因为她的才名，而是另有原因。一年前，他去往池州"措置军期事务"时，听那里的人说："你可别看不起我们池州这个小地方，当时可是赵明诚赵太守看得上的居住地呢！"

此刻，骑在马上的张汝舟，回头看了看身后的花轿和那辆马车，不禁想起了在池州街头巷尾人们的那番议论："那个太守拥有的金石文物，真是好几辈子也吃用不完啊！你简直无法想象，他们夫妻是怎样弄到那么多的金石文物的。后来，赵太守去世了，他的夫人李易安居士搬运它们的时候，不知道花了多少的工夫，用了多少的银子。"想到这里，张汝舟的嘴就合不上了。

婚后的李清照，唯一的愿望是可以安静度日。可令她意想不到的是，张汝舟把他们结婚的事情大肆宣扬，不久之后，那个有名的才女，在丈夫死后又嫁人的消息便满城风雨、路人皆知了。对凄苦的李清照，有人表示理解支持，并且把真诚的祝福送给她。但是大部分人，对于这件事情都持反对态度。一时间，讥笑、谩骂、争议、嘲讽，像洪水一般淹没了李清照。

对于这些，李清照可以不予理睬，但是，接下来发生的事情，却让她实在忍无可忍了。

李清照原本以为，张汝舟在完婚以后，仍会一如既往地关心她、照顾她，对她体贴入微。甚至，她还设想过，他可以帮她完成《金石录》。倘或如此，李清照也算是完成了人生中的一件最重要的事情。如果赵明诚地下有知，也一定会含笑九泉。

然而，婚后的张汝舟发现，自己苦心积虑娶到的妻子，并没有像传说中那样，拥有大量价值连城的金石文物，而只是一个穷困潦倒、风华不再的孽妇。当然，他根本不会对一个风烛残年的老妇感兴趣。因此，婚后不久，张汝舟就没有了从前的谦逊温雅，他开始变得冷若冰霜，躲躲闪闪，跟以前嘘寒问暖、温情款款的那个男子完全判若两人。而且，他们之间稍有言语不和，他还会辱骂李清照，甚至还会动手打她。

极度失望的张汝舟，开始整日整夜不回家，即使偶尔回来，也总是带着满身酒气和一副让人生厌的表情。李清照若是稍微表现出厌恶的表情，就会招来一阵辱骂甚至拳脚。不仅如此，他还常常伸手跟李清照要钱，拿到钱就会去秦楼楚馆烟花柳巷寻欢作乐，不给，就又是一顿狂风暴雨。

终于有一天，他开始明目张胆地攫夺李清照手上残存的金石书画等文物。李清照看清了他的嘴脸，自是誓死护持。张汝舟一时达不到目的，便要对她拳脚相加，恨不得要置她于死地。很快，两个人之间，虽近在咫尺，却已远隔天涯。

李清照对张汝舟彻底失望了。事实上，张汝舟也是很失望。他本以为娶到了李清照，就如同娶到了万贯家财，哪承想，经历了几年的乱世颠簸，李清照手中的金石书画等文物，已经所剩无几。而身边仅存的一点文物，被李清照视如生命，无论如何都不肯交给他看管。尤其是发现他行为不端时，李清照更是对他小心戒备。

李清照终于明白，张汝舟之前所有的儒雅，都不过是一个伪装的面具，面具之下，暴露出一个丑陋不堪的灵魂。李清照万万没想到，以自己清白之身，竟嫁给了这样一个可耻卑鄙的下流小人。她不禁悔恨交加，却已是追悔莫及，只有暗自垂泪。

05 一纸诉状，挣脱魔爪

张汝舟向她反复表白自己，还大献殷勤，并急切地迎娶的时候，李清照曾幸福地以为，遇见张汝舟，是她命中注定的缘分。她想要的，无非就是简单清净的日子。这个人虽不能与她谈诗论赋，但至少在她感到孤单疲倦的时候，可以给她一个肩膀，让她有所依靠；在黑暗的时候，可以给她一盏烛火，照亮她晚年的凄清岁月。

可是，她完全想错了。对她这个风烛残年的女子，张汝舟的内心没有丝毫的怜惜，更没有丝毫的欣赏。他有的，只是金钱的贪婪和性情的冷酷。他一度带着一张伪善的面具，处心积虑地接近李清照，还装出一副儒雅的样子。他这样做，唯一的目的，就是要索取想要之物，与爱情无关，与尘缘无关。

李清照遭受精神和躯体双重折磨的消息传出后，朝野的好心人纷纷提醒李远：除了明州知府张汝舟之外，还有一个官低六阶的无名之辈也叫张汝舟。这个无名之辈张汝舟，曾任池州承奉郎，他去年之所以被特迁一官，完全是因为他的投机取巧。他本来是一个屡试不第之人，靠的是虚报举数得官。

在宋代的科举制度中，有一种"特奏名"，即举子屡试不中，到一定次数和年龄，不再经地方州县考试与省试，就可直接参加由皇帝主持的殿试。

不论殿试是否合格，凡参与殿试者均赐予及第、出身，并授予官职。而"举数"就是州府荐举参加省试的次数，因而代表着一定的资历，享有一定的特权。也就是说，举人只要积累到一定的举数，到了一定的年龄，就是考试不及格，也可因"特奏名"得以及第和授官。

李远得知这个情况后，又气又急，悔恨交加。他胸中犹如喷火，恨不得一口吃了这个叫张汝舟的下作的东西。他知道，都是因为自己的轻信，没有调查清楚，而把姐姐推进了火坑。如今，当务之急，就是尽快把实情告诉姐姐，好共同商议对策。让李远没想到的是，姐姐并没有埋怨和责怪他。现在的李清照，认为自己的当务之急，应该如何摆脱这段婚姻，以此来拯救她自己。

在此之前，因为改嫁的事，人们对她有很多非议，想必赵明诚的家人也会对她意见不小，甚至会因此而看不起她。所以，即使赵明诚的兄长赵思诚就在朝中任职，与她近在咫尺，她也不能求助于他。万般无奈之下，李清照只得写信给时任吏部侍郎的綦崇礼，以期得到他的帮助。

李清照之所以会想到他，除了因为綦崇礼是赵明诚的姑表弟外，更重要的原因，是綦崇礼为人刚直不阿，专门结交正直坦荡的人士，不屑于与秦桧之流为伍。他与南宋朝廷中的主战派过从甚密，因此，李清照对他很是钦佩。

李清照在给綦崇礼的信中这样写道："视听才分，实难共处，忍以桑榆之晚节，配兹驵侩之下才。"意思是说，她与张汝舟实在难以相处，可叹自己会在晚年以清白之身，嫁给这个卑鄙小人。言语之间，充满了绝望。

随着时间的推移，李清照的处境越来越糟糕。张汝舟对她没有任何情义可言，他看到得不到想要的东西，只能变本加厉地折磨李清照。与这个无耻之徒相处，李清照只觉得深陷泥淖之中，恶心、厌恶，但是，却无以自拔。更让她无法忍受的是，张汝舟每时每刻都在觊觎她仅存的那点金石书画等文物，她真的担心有一天，自己会被眼前这个丑恶的男人蹂躏致死。当然，张汝舟虽然凶狠，倒也还不至于置她于死地。但每一天，张汝舟只要稍不如意，就会对李清照拳脚相加。这种粗暴行径，对一个曾经心高气傲、手无缚鸡之力的弱女子来说，简直比死还难受。

在给綦崇礼的信中，李清照这样说："身既怀臭之可嫌，惟求脱去，彼素抱璧之将往，决欲杀之。"意思是说，此身已经与这个臭不可闻的人在一起了，只希望早些脱身离去。因为金石书画的收藏，我便成了怀璧之身，张汝舟已经动了杀人夺宝之心。

这样禽兽不如的男子，让李清照一刻也忍受不了。如今，她只想与他分道扬镳。李清照是一个单纯的女子，在她的世界里，好就是好，坏就是坏，喜欢与厌恶完全泾渭分明。她不会虚与委蛇、假意逢迎，更不会遮遮掩掩、强颜欢笑。她不会在意别人的非议与嘲讽。所谓的世俗礼法，或者封建卫道士的教条，更是束缚不了她追求自由与独立的心。

如今，她只想快速了断，决不愿拖泥带水。可问题是，那个年代婚姻的主导权在丈夫手中，休妻之事常有，但是，很少有妻子主动提出离婚的。李清照想结束婚姻，张汝舟显然不会同意。因为，他作为男人，虽然品行败坏，但是，也爱面子，绝对不会容忍妻子提出离婚。再说，他处心积虑与李清照结婚的目的，就是因为她手里收藏的金石文物，目的达不到，他又岂肯轻易放手？因此，李清照若想从他这里拿到休书，几乎是办不到的。

那个年代，绝大多数女子，都要遵循依附男人、嫁鸡随鸡嫁狗随狗的准则。若是换作别的女人，处在李清照现在的处境，大抵会选择忍辱负重，听天由命。甚至有很多女子，被品行恶劣的丈夫折磨致死，最终也不敢发出怨言，更不用说奋起反抗。但是，李清照偏不，对她来说，婚姻里若没有感情，生活只剩下晦暗，她会果断而决绝地选择结束，决不将就，决不姑息。李清照之所以是李清照，就是因为她不肯向命运屈服，也不肯向任何人屈服。于是，她做出了一个非常大胆的决定，她要到衙门去状告丈夫，并请求离婚。她宁可弄得鱼死网破，也决不这样窝窝囊囊地度过后半生。

要知道，在当时的封建制度下，妻子受丈夫虐待而告官求离，是绝对不可能的。即使已虐待致死，娘家人告官，仍可能被加上以尸讹诈之罪。不仅如此，宋代法律还有明文规定，妻子如果状告丈夫，即使罪名成立，妻子也要入狱两年。以李清照的见识，不会不知道宋朝的法律。但是，为了摆脱张汝舟这个恶魔，哪怕是遭受牢狱之灾她也认了。

张汝舟以为，只要把李清照娶到手了，自己想怎么样就怎么样，财尽侵，人尽欺。一般的女人，可能会忍着过完后半生；也有不一般的女人，忍耐不了，会含恨结束后半生。毕竟对簿公堂，颜面扫地，千夫所指，得需要多大的勇气啊？显然，一般和不一般的女人都不敢。宋朝是个对女性苛刻的朝代，就算不怕死，但未必敢不顾名节。

不过，张妆舟的如意算盘偏偏打错了。李清照既不是一般也不是不一般的女性，她是一个超级女性。她不委曲求全、苟且偷生。那种追求人格平等，爱情至尊，决不随波逐流的个性，在李清照身上凸现出来。

因为李远早已调查清楚，张汝舟的官职是靠投机取巧、虚报举数得来。于是，李清照毫不迟疑地将状纸递了上去，她状告张汝舟的罪名是"妄增举数之官"。

李清照被人们称为少有的奇女子，不仅是因为她的盖世才华，更因为她拥有一个倔强果敢、坦坦荡荡、拿得起放得下的性格。

诚如李清照所料，綦崇礼果然主持公道，从中帮了大忙。据说，此案当时还惊动了当朝皇帝。宋高宗赵构责令监察部门调查，调查结果是，李清照举报属实，张汝舟的确曾虚报举数入官。案件被查实后，张汝舟被撤除官职，并且发配到了广西柳州。按照规定，如果丈夫被流放，妻子就可以名正言顺与之离婚。而李清照的那两年牢狱之灾，也因为綦崇礼从中斡旋，仅仅关押九天就被释放了。

自此，李清照从再嫁到离婚维持了还不到一百天的婚姻，宣告彻底结束。看上去，此案进行得很顺利，但是李清照明白，若不是綦崇礼从中施以援手，自己绝不可能如此全身而退。因此，她给綦崇礼写了一封感谢信，以表达自己的感激之情，这就是著名的《投内翰綦公崇礼启》：

清照启：素习义方，粗明诗礼。近因疾病，欲至膏肓，牛蚁不分，灰钉已具。尝药虽存弱弟，应门惟有老兵。既尔苍皇，因成造次。信彼如簧之说，惑兹似锦之言。弟既可欺，持官文书来辄信；身几欲死，非玉镜架亦安知？僶俛难言，优柔莫诀，呻吟未定，强以同归。

视听才分，实难共处，忍以桑榆之晚节，配兹驵侩之下才。身既怀臭之可嫌，惟求脱去；彼素抱璧之将往，决欲杀之。遂肆侵凌，日加殴击，可念刘伶之肋，难胜石勒之拳。局天扣地，敢效谈娘之善诉；升堂入室，素非李赤之甘心。

外援难求，自陈何害，岂期末事，乃得上闻。取自宸衷，付之廷尉。

被桎梏而置对，同凶丑以陈词。岂惟贾生羞绛灌为伍，何晉老子与韩非同传。但祈脱死，莫望偿金。友凶横者十旬，盖非天降；居图圄者九日，岂是人为！抵雀捐金，利当安往；将头碎璧，失固可知。实自谬愚，分知狱市。此盖伏遇内翰承旨，搢绅望族，冠盖清流，日下无双，人间第一。奉天克复，本缘陆贽之词；淮蔡底平，实以会昌之诏。哀怜无告，虽未解骖，感戴鸿恩，如真出己。故兹白首，得免丹书。

清照敢不省过知惭，扪心识愧。责全责智，已难逃万世之讥；败德败名，何以见中朝之士。虽南山之竹，岂能穷多口之谈；惟智者之言，可以止无根之谤。高鹏尺鷃，本异升沉；火鼠冰蚕，难同嗜好。达人共悉，童子皆知。愿赐品题，与加湔洗。誓当布衣蔬食，温故知新。再见江山，依旧一瓶一钵；重归畎亩，更须三沐三薰。忝在葭莩。敢兹尘渎。

关于这桩婚姻是非的案件，李清照除了留下这封信，其余再没有任何的文字记载。想必，伤心过往，她已不愿提及，但人们却从未忘记褒贬。毕竟，李清照的名气太大了。她不仅自己才名盖世，而且以前的夫家和娘家，又都是社会名流，曾经的婚姻，也是人人羡慕的神仙眷侣。因此，她的影响力，绝不亚于当今时代的明星。这样有影响力的人物，生活中一旦出现了这样一段插曲，难免会被人们说长道短，甚至讥讽和嘲笑。

南宋著名文学家胡仔在其所编著的诗话集《苕溪渔隐丛话》中，有这样的记载："李易安再适张汝舟，未几反目……传者无不笑之。"北宋地理学家朱彧在《萍洲可谈》中，是这样评价李清照的："不终晚节，流落以死，天独厚其才而啬其遇，惜哉。"南宋著名藏书家晁公武在《郡斋读书志》中记载："然无检操，晚节流落江湖间以卒。"宋代著名的科学家、文学家、音乐家王灼在《碧鸡漫志》中说："赵死，再嫁某氏，讼而离之，晚节流荡无归。"

其实，宋朝的法律，是支持女性改嫁的。北宋时，无论是皇帝还是士大夫，多从现实出发，认为寡妇不必孤守空门。北宋初年，太祖赵匡胤曾鼓动左卫将军王承衍之妻改嫁。宋英宗治平二年（1065年），礼部侍郎王畴卒，宋英宗命王妻"适人"。士大夫们大都不主张妇女守节，认为妇女空守节义没有任何意义价值，填饱饥肠远比守节重要得多，社会上甚至出现了"饥肠雷鸣无可奈，礼法虽存何足赖"的呼声。他们还认为妇女离婚改嫁也很正常，北宋著名的政治家、史学家、文学家司马光认为："夫妇以义合，义绝则离之。""义"是夫妻关系存续的前提，义绝则离。王安石还说："夫妇之缘偶合尔。"北宋理学家、教育家程颐则提出了"出妻令其可嫁"，认为如果是男人提出离婚，应该为女方着想，不要损害女方的名誉，以免影响女方再嫁。

北宋时期的士大夫们，多在行动上支持妇女再嫁。北宋杰出的思想家、政治家、文学家范仲淹，亲自订立《义庄规矩》，支持妇女再嫁："嫁女支钱三十贯，再嫁二十贯；娶妇支钱二十贯，再娶不支。"宋仁宗天圣年间，枢密直学士李若谷知并州时曾规定："赘婿、亡赖委妻去，为立期，不还，许更嫁。"宋初许多士大夫的母亲都曾再嫁，他们都不以母亲再嫁为耻。范仲淹的母亲在范父死后，再嫁到朱家，范仲淹长子范纯祐的孙女丧夫后，又嫁给了洛阳人奉议郎任谔。

　　纵观当时文人的笔记，也少见有对此事的责备之声。少数的声音，说她是晚节不保，可对改嫁一事，却没有强烈的反对。从现有的资料来看，李清照也没有因为改嫁之事被质疑其文学地位。可见，宋人视女子改嫁为平常，整个社会对这种现象都是很有包容性的。而自明朝开始，李清照改嫁一事便屡屡遭到明清学者的群起攻之。他们普遍认为，李清照身为一代文人，岂可做出改嫁之事？并认为关于改嫁的记载，是宋朝人捏造的，在给李清照抹黑。

　　明代学者徐渤对胡仔《苕溪渔隐丛话》中，关于李清照改嫁的说法表示质疑："李易安，赵明诚之妻也……李五十有二，老矣。清献公之妇，郡守之妻，必无更嫁之理……更嫁之说，不知起于何人，太诬贤媛也。"他认为，李清照出身名门，又嫁赵德父，不可能再嫁。清代学者吴衡照在《莲子居词话》中，为李清照再嫁辩诬："妃子沼吴，重归少伯。美人亡息，再醮荆王。简帙工讹，殊难理遣。世传易安居士再适张汝舟，卒至对簿，有与綦处厚启云云，为时讪笑。今以金石录后序考之，易安之归德甫，在建中辛巳，时年一十有八。后二年癸未，德甫出仕宦越。二十三年靖康丙午，德甫守淄川。其明年建炎丁未，奔母丧。又明年戊申，德甫起复，知建康府。又明年己酉春，罢职。夏，被旨知湖州。秋，德甫遂病不起。时易安年四十有六矣。越五年，绍兴甲寅，作金石录后序，时年五十有一。其明年乙卯，有上韩胡二公诗，犹自称间阎嫠妇，时年五十有二。岂有就木之龄已过，黎城之泪方深，颇为此不得已之为，如汉文姬故事。意必当时嫉元祐君子者，攻之不已，而及其后。而文叔之女多才，尤适供谣诼之喙。致使世家帏簿，百世而下，蒙诟抱诬，可慨也已。"同时又说："易安居士再适张汝舟，卒至对簿，有与綦处厚启云云。宋人说部，多载其事。大抵彼此衍袭，未可尽信。宋史李文叔传附见易安居士，不著此语。而容斋去德甫未远，其载于四笔中，无微辞也。且失节之妇，子朱子又何以称乎。反覆推之，易安当不其然。"

　　对李清照的褒贬不一，很值得人们深思。为什么在宋代司空见惯的事情，在明清就如此被人不齿了呢？几百年以后，名垂千古的李清照，就因为这次再嫁再离风波，成为那些自身已娶了三妻四妾的，还有可能寻花问柳的中国封建卫道士的诟病。有一句话叫作"夏虫不可语于冬"，没有体会过一个弱女子颠沛流离、凄惶无助的生活困境，就没有发言权。中国的传统理念，大多是男人娶十八房姨太太都不嫌多，对女性都高标准地要求。一旦超过了他们制定的标准，便被冠以"无节操""不终晚节"的罪名。

李清照的再嫁，之所以会遭受那么多非议，首先是因为在当时许多人眼中，她无论填词写诗，还是说话办事，向来我行我素，不走寻常之路。敢作敢为是她，爱憎分明是她，这与儒家传统伦理道德所讲究的女子应该遵循的"三从四德"相去甚远。其次是李清照的前半生，与赵明诚珠联璧合、神仙眷侣一般的生活，完美得如同童话一般。而她的后半生那场来去匆匆的婚姻，却是无比惨淡。最好的人生、最坏的人生她都经历到了，而她又是知名度如此之高的绝世才女，自然会吸引更多人的关注。再加上皇帝的介入，使得那场离婚风波，变成了街头巷尾人们的谈资。

更为可笑的是，那些为李清照辩解的人，并非立于新的高度，肯定她的做法，而是否认她的这段经历。归根结底，他们都认为，李清照孀居再嫁，破坏了自己的形象。

不论人们怎样争论不休，李清照最终挨过了这段不堪回首的遭遇，尽管已是遍体鳞伤。这是不幸中的万幸。

第七章

物是人非事事休，
双溪轻舟难载愁

01 忧国忧民，痴心不改

在中国的封建旧时代，人们形象地将不相般配的，又是女方才貌远胜于男方的婚姻，称为彩凤随鸦。然而，正是这种荒唐得离谱的婚姻，却被李清照遇见了。幸运的是，李清照并没有向命运屈服，而是绝地反击，在付出了沉重代价的前提下，成功跟卑鄙下流之人张汝舟一刀两断。

在经历了颠沛、离乱、毁誉、疾病等种种人生磨难后，李清照淬炼得更为精纯、淡定，拥有了一种无须向周围世界呼告诉求的大气。傲气仍然有，清气仍然有，只是不再那么咄咄逼人、炫目张扬。她退回到世界的一角，那些伤心过往、风雨人生，都已经变得云淡风轻。

因为那场大病，她原本乌黑的头发，不仅一下子白了许多，而且脱落了不少。身体还没有完全康复，夜里，她斜卧在床榻上，看着残月爬上窗纱，看着炉子上用豆蔻煎成的水已经沸腾。有了这样的豆蔻水代茶来饮，就用不着再去煮水烹茶了。

李清照这种恬淡闲适的生活，是在她的《摊破浣溪沙·病起萧萧两鬓华》这首词里体现出来的：

病起萧萧两鬓华，卧看残月上窗纱。豆蔻连梢煎熟水，莫分茶。

枕上诗书闲处好，门前风景雨来佳。终日向人多酝藉，木犀花。

这首词，显然是写词人离异、出狱、病体初愈之时，继续服药治疗的生活场景。虽然写这首词时，李清照只有 49 岁，但在古代，这一年龄可以称得上是"晚岁"了。又因为她的境遇过于坎坷，所以，她还没到 50 岁就已经两鬓斑白，头发脱落稀疏了。红颜迟暮，任何一个女子，对此都会感伤，更何况曾经笑靥如花的名门才女。面对多年后鬓发苍苍的容颜，行走坐卧之间，尽是沧桑的自己，还能够保持一份安然恬适、风雨不惊的女人，也许只有李清照。

李清照的人生，已是足够丰富了。所有的年华，她都不曾辜负。人生最美的时光里，她吟风赏月，以情怀度日。门当户对的婚姻里，他们互相激赏、倾心相爱。就算飘零辗转、惝恍流离，她也一样可以淡然走过。就像如今，虽是病中，她仍有闲情看窗前残月，听雨中秋声。萧疏的季节，她就那样静静地望着月上窗纱，不悲，亦不喜。

上阕首句的"病起"，说明曾经长期卧床不起，此刻已能下床活动了。"萧萧"是头发花白稀疏的样子。词中系相对病前而言，因为大病，头发白了许多，而且掉了不少。

"豆蔻"是一种药名，其性辛温，能去寒湿。"豆蔻连梢"，语见于南宋诗人张良臣所写的《西江月》一诗："蛮江豆蔻影连梢。""熟水"，是当时的一种药用饮料。南宋末年文学家陈元靓在《事林广记》别集卷七之《豆蔻熟水》中，是这样记载的："夏月凡造熟水，先倾百盏滚汤在瓶器内，然后将所用之物投入。密封瓶口，则香倍矣……白豆蔻壳拣净，投入沸汤瓶中，密封片时用之，极妙。每次用七个足矣。不可多用，多则香浊。""分茶"，是宋代流行的一种"茶道"，是以沸水冲茶而饮的一种方法，颇为讲究。词中的"莫分茶"，也就是不饮茶，因为茶性凉，刚好与豆蔻相反。以豆蔻熟水为饮，即含有以药代茶之意。斜卧在床上，看着窗外渐渐升起来的弦月，室中氤氲着缕缕茶香，一副怡然自得的样子。虽然秀发斑白，两鬓萧疏，却并没有自怨自艾，反而坦然接受，只因她读懂了人生的悲欢离合。

下阕开头的"枕上诗书闲处好"一句，是说闲来无事，取一两卷诗书，随意翻阅。与诗书作伴，词人早已经习惯。可以说，书是她终身的伴侣。读书，总是能给她带来无限愉悦与快感。一旦读到喜欢的章节，就像是在春天的野外邂逅了佳人，或是遇到了一位与自己心灵契合的老友，携一壶老酒，相对而坐，细数别后的风尘。这种感觉，真是别有一番风味。

偶尔下雨，静卧在病榻之上，看那雨中的景致，也是别有一番情趣的。在这样的情境中安然独处，词人蓦然发现，这是一件很快乐的事情。她忍不住要把这种快乐与人分享，可是，窗外只有一个桂花枝。"终日向人多酝藉"一句，本来是自己终日看花，却说花终日"向人"，把木犀写得非常多情，同时也表达了作者对木犀的喜爱，说明她终日都在把它观赏。"酝藉"，写桂花温雅清淡的风度。木犀花是桂花的学名，花小淡黄，芬芳徐吐，不像牡丹夭桃那样只以浓艳媚人，用"酝藉"形容，亦极得神。"酝藉"，又可指含蓄香气而言。

这首词，格调轻快，与李清照同时期其他作品，有着很大不同。也许，是因为词人摆脱了一段荒唐的婚姻、一段梦魇般的生活后，突然觉得云开雾散、海阔天空！不过，在以后漫长的晚年生活里，天性感伤的李清照，写诗填词的基调，依然是浓得化不开的愁。

李清照不是那种两耳不闻窗外事、一心只读金石书的人。在她年轻的时候，就表现出一个特点，对国家的大事、对朝廷的大事，有着一种特别的关注，这些事件，有很多在她的作品里边反映出来。

宋高宗绍兴三年（1133 年）初夏，南宋朝廷派枢密院事、吏部侍郎韩肖胄和工部尚书胡松年出使金国，名义上是探望被囚于北方的宋徽宗和宋钦宗二帝，实际上是想探一探金国的虚实。

这是一个非常危险的差使，当时，根本没有人愿意去做。但两位使者，却自告奋勇为国分忧。年值半百且贫病交加的李清照，对此事表示了极大的关注和关心。当然，她一介女子，不可能亲自跑去给两位使者送行，因此，只能以写诗的方式为两位使臣送行，这就是她的《上枢密韩公诗》二首：

绍兴癸丑五月，枢密韩公、工部尚书胡公使虏，通两宫也。有易安室者，父祖皆出韩公门下，今家世沦替，子姓寒微，不敢望公之车尘。又贫病，但神明未衰落。见此大号令，不能忘言，作古、律诗各一章，以寄区区之意，以待采诗者云。

其一

三年夏六月，天子视朝久。

凝旒望南云，垂衣思北狩。

如闻帝若曰，岳牧与群后。

贤宁无半千，运已遇阳九。

勿勒燕然铭，勿种金城柳。

岂无纯孝臣，识此霜露悲。

何必羹舍肉，便可车载脂。

土地非所惜，玉帛如尘泥。

谁当可将命，币厚辞益卑。

四岳佥曰俞，臣下帝所知。

中朝第一人，春官有昌黎。

身为百夫特，行足万人师。

嘉祐与建中，为政有皋夔。

匈奴畏王商，吐蕃尊子仪。

夷狄已破胆，将命公所宜。

公拜手稽首，受命白玉墀。

曰臣敢辞难，此亦何等时。

家人安足谋，妻子不必辞。

愿奉天地灵，愿奉宗庙威。

径持紫泥诏，直入黄龙城。

单于定稽颡，侍子当来迎。

仁君方恃信，狂生休请缨。

或取犬马血，与结天日盟。

胡公清德人所难，谋同德协心志安。

脱衣已被汉恩暖，离歌不道易水寒。

皇天久阴后土湿，雨势未回风势急。

车声辚辚马萧萧，壮士懦夫俱感泣。

间阎嫠妇亦何如，沥血投书干记室。

夷虏从来性虎狼，不虞预备庸何伤。

衷甲昔时闻楚幕，乘城前日记平凉。

葵丘践土非荒城，勿轻谈士弃儒生。

露布词成马犹倚，崤函关出鸡未鸣。

巧匠何曾弃樗栎，刍荛之言或有益。

不乞隋珠与和璧，只乞乡关新信息。

灵光虽在应萧萧，草中翁仲今何若。

遗氓岂尚种桑麻，残虏如闻保城郭。

嫠家父祖生齐鲁，位下名高人比数。

当时稷下纵谈时，犹记人挥汗成雨。

子孙南渡今几年，飘流遂与流人伍。

欲将血泪寄山河，去洒东山一抔土。

其二

想见皇华过二京，壶浆夹道万人迎。

连昌宫里桃应在，华萼楼前鹊定惊。

但说帝心怜赤子，须知天意念苍生。

圣君大信明知日，长乱何须在屡盟。

《上枢密韩公诗》中的其一，就是一首长达八十句的杂言古体诗。上半首是五言，下半首是七言。其一全诗大致可分为四段：

第一段从开头的"三年夏六月"到"臣下帝所知"，此段从正反两方面引经据典，主要交代了宋高宗派遣出使金国使者的原因，主要是思念"北狩"之二帝，以表自己的孝心。不过，诗人对宋高宗为尽孝而一味求和的做法，一向都不赞同，甚至是鄙夷。诗人希望有人能像窦宪那样，北破单于，刻石纪功。或者能像桓温那样，收复失地，重见旧地杨柳。然而，最高统治者不惜一切代价，一味求和，诗人对此表示遗憾。诗人并没有对高宗所表现出来的孝心，给予高度的评价与支持。相反，她再三嘱咐使者，一路上吃好、走好，与对方会盟时，应十分爱惜江山和钱财，决不能轻易割地赔款。要鄙视那种丧权辱国者，并以此为鉴，做一个合格的外交官。

第二段是从"中朝第一人"一直到"与结天日盟"。诗人首先对使臣韩肖胄的品德和才学予以高度赞扬，并勉励其很好地担当出使重任，以大振国威。要让金人像当年匈奴、吐蕃人害怕王商、郭子仪那样，慑服大宋使者。然后，诗人代韩肖胄道出受命誓辞：决心公而忘私，以国家利益为重，以对敌人的极度蔑视和勇敢的斗争胆略，去与敌人达成平等的协议。虽是诗人代言，却足见对韩肖胄的无比信赖和所寄托的重望。

临行时，宋高宗为他们送行。韩肖胄说，假如在和谈之际，金国有何异动，希望朝廷主动出兵，不要顾及他们在金国而投鼠忌器。同时，韩肖胄的母亲也是一位了不起的女性，她对临行的儿子说：只管出使金国，不要顾及她的安危。宋高宗听了以后，非常感动，下旨封她为荣国太夫人。因此，诗人在这段，对使臣韩肖胄的品德才能予以高度赞扬，深信他一定不辱使命，像他的祖辈那样，既贤良又威严。

第三段是从"胡公清德人所难"一直到"壮士懦夫俱感泣"。诗中表示了诗人对韩肖胄、胡松年二公齐心协力完成使命的期望。希望他们像韩信忠于汉室、荆轲勇于赴难那样，完成出使任务。并且嘱咐他们，此次使金与当年荆轲刺秦王不同，使命更为重大。要注意铠甲裹身以提防不测，更提醒使者既不要轻视读书人和被免官的人，也不要看不起所谓鸡鸣狗盗之徒，特别是那些看起来像无用之才的草野之人，关键时刻，他们可能会对你们有帮助。诗人甚至想象了为二公送行的悲壮场面，从而对韩肖胄、胡松年二人表示了崇敬之情。

第四段是从"闾阎嫠妇亦何知"一直到结尾。诗人以一个民间寡妇的身份，对肩负重任的使者，表达了三点诉求：其一，叮嘱韩肖胄、胡松年二公，一定要提高警惕，小心行事，决不可麻痹轻敌，定要防患于未然。其二，请求韩肖胄、胡松年二位使者，多多带回一些中原人民所期盼的消息。包括旧日胜迹变成什么样了？故人坟前已是什么景象？老百姓的生活情况怎么样？处于水深火热中的他们是否还能维持温饱？金人是否还用重兵镇守着中原城郭？其三，请韩肖胄、胡松年二位使者记住一个流亡妇人的心愿，就是"欲将血泪寄山河，去洒东山一抔土"。

第二首诗中，李清照通过想象宋使北行之后，将会受到沦陷区人民手持壶浆夹道欢迎的盛况，从而反映出北方人民对大宋收复失地回归中原的向往。同时，诗人指出了敌人掠夺的本性，并提出了自己的政治主张，就是反对与敌人继续和盟。因为一再订盟，不仅已足以说明敌人不守信用，而且还会被敌人看作是软弱可欺，以致招来更大的祸端。

这两首诗，既有深刻的揭露、尖锐的谴责，也有冷静的分析、积极的建议；

既含椎心泣血的悲痛，又具气贯长虹的豪情。

很显然，对于宋高宗的退避和苟安，李清照非常的不满。可是，她只是一个女子。在那个时代，女子是没有话语权的。莫说是朝政之事，就算是市井之事，她都应该保持缄默。但李清照毕竟不是寻常女子，她是才女。何况，她也不是一般的才女，而是心怀天下的李清照。她的生命，系着明月，也系着苍生。在这两首诗中，李清照对处于水深火热之中的中原黎民百姓，表达了关切和怀念。同时，她也尖锐地指出了金人的掠夺本质，阐述了自己强烈的政治主张。她希望，南宋朝廷里能有人跃马扬鞭，直捣黄龙府，收复失地，恢复大宋河山。

当李清照这位柔弱的女子，以铿锵的声音喊出"欲将血泪寄山河，去洒东山一抔土"时，是否会让一向主张退避和苟安的南宋朝廷汗颜呢？

02 整理典籍，了却夙愿

宋高宗绍兴三年（1133 年）初夏，宋高宗赵构派遣韩肖胄和胡松年两位朝廷重臣出使金国，但最终并未与金国达成和议。不过，金国因为连年征战，需要休养生息，所以答应暂时休战。

尽管是这样一个结果，宋高宗还是很高兴，因为他可以暂时稳定下来，不用再东躲西藏一路逃难了。只可惜那些流离失所被迫流落江南的百姓，一年一年盼着北归，盼着重返家园的愿望再一次落空。北宋的大量领土被金国侵占着，大量的百姓被金国奴役着。尤其是那些在战乱之中被迫南逃的黎民百姓，长期处于无家可归的状态。

对于南宋朝廷的软弱和不作为，李清照很是气愤，也很是无奈。但是，作为一个弱女子，她所能做的，只有静下来打磨自己最后的光阴。那段时间，李清照最主要的事情，就是对赵明诚的《金石录》遗稿，进行最后的校对整理，使其得以刊行问世。李清照知道，这是赵明诚的遗愿，她必须帮助他完成这个愿望。只是，每次开始编辑整理这部作品的时候，回忆就像潮水一样向她袭来，使她不由自主地想起，过去与丈夫在一起的那些幸福时光。最清晰的镜头，就是十五年前夫妇俩在青州居住时，在一个月明星稀的夜晚，他们携手相伴漫步在花园里的碎石小径上。月光朦胧的银辉，泼洒在他们身上，他们相互依偎在一片花的海洋里，映着月色，嗅着花香，她随口吟出的诗句，引得丈夫连声喝彩。那样的月夜里，人间万物仿佛都已不存在，整个世界似乎只有他们，最是清晰。而如今，她在南国的异乡，同样的花月撩人，却没有了与她谈笑风生的那个人。于是，李清照随口吟诵了她自己创作的《偶成》这首诗：

> 十五年前花月底，相从曾赋赏花诗。
> 今看花月浑相似，安得情怀似往时。

李远对于姐姐编辑整理赵明诚的《金石录》，给予无条件的支持，只要有时间，他就会过来帮助姐姐抄写、装订。让李清照没想到的是，赵明诚的二哥赵思诚，也经常来看望她，鼓励她编辑整理《金石录》。显然，对于李清照再嫁并离婚这件事，赵思诚并没有指责的意思，他反而表示理解与尊重。每次来看望李清照，赵思诚都会详细询问《金石录》的进展情况，并且尽力帮助提供一些补充资料。有时候，赵思诚也会跟李清照讨论一些官场上的是是非非，或者谈谈自己仕途上的一些烦恼事，请李清照帮忙拿主意。李清照明白，在赵思诚的心里，还是把她当亲人一样看待。这对李清照来说，无疑是一个莫大的安慰。

宋高宗绍兴四年（1134年）七月，赵明诚的表侄谢伋来到李清照的住处。寒暄之后，李清照问其来意。谢伋说，他父亲身体不佳，想见李清照，说是有什么事情要当面告诉她。李清照听完，立刻带上礼品来到了谢家。

谢伋的父亲谢克家是赵明诚的姨家表哥，谢克家的母亲和赵明诚的母亲是亲生姐妹，因此，以前两家多有走动。早在宋高宗建炎三年（1129年）底，李清照在逃难的途中，曾在谢克家的家里小住。后来到了临安，李清照也经常去谢府拜访谢克家，与他谈诗论画或讨论时局。

李清照来到谢家，只见谢克家斜靠在床上，看起来已经十分虚弱。谢克家告诉李清照，他在一年前的九月游览法慧寺时，法慧寺有个僧人拿着李清照在绍兴被盗贼所窃的"蔡氏帖"请他给题跋，说是受人所托。思考再三，他还是给题上了这样的字："姨弟赵德甫，昔年屡以相示。今下世未几，已不能保有之，览之凄然。汝南谢克家。癸丑九月十一日，临安法慧寺。"谢克家所写的赵德甫，就是赵明诚，德甫是赵明诚的字。

谢克家又说，他先前之所以没告诉李清照，是怕她太过伤心。现在，他将不久于人世，想想还是将这件宝物的去向让李清照明白为好，希望她能想开点，不要太难过。"蔡氏帖"就是蔡襄的《进谢御赐书诗卷》，是李清照与赵明诚夫妻二人最珍爱的藏品，上边有书画大家米芾的题跋："米芾于旧翰林院曾观石刻，今四十矣，于大丞相天水公府，始目真迹。书写博士米芾。"北宋时期，蔡襄、米芾、苏轼、黄庭坚合称为"宋四家"。赵明诚的父亲赵挺之与苏轼和黄庭坚势如水火，不过与米芾和蔡襄都有往来，他们也都有墨宝送给赵挺之，赵家都当传家之宝珍藏。

谢克家的一席话，让李清照回忆起了许多往事。这些往事，让她浑身热血奔突，如割肉般痛苦。但是，在重病在身的谢克家面前，她努力克制着自己，表情淡淡地说道："世间该经历的事情，都已经经历过了，我还有什么看不开的呢？"

谢克家听后，也淡淡地一笑说："人生理应如此。"

宋高宗绍兴四年（1134 年）八月，李清照终于完成了《金石录》的编辑、整理以及装订的全部工作。这部巨著，是赵明诚历时 20 余载，呕心沥血、潜心研究的结晶。全书共计 30 卷，前 10 卷著录了赵明诚和李清照所见过的，从上古三代至隋唐五代以来的铜器铭文和石刻目录，共 20 条。第一到十七条为铜器铭文，第十八到二十条为先秦至北宋的 1900 余种石刻目录，比欧阳修《集古录》所著录的 500 余种多近 3 倍。碑刻目录下，多注明碑文的撰额和书写人，以及立石的年月等事项。后 20 卷，是对部分古器物、碑刻等金石所撰写的题跋共计 502 条。全书总计 20 余万字。《金石录》体例仿欧阳修的《集古录》，但它对《集古录》的缺欠补充尤多，同时，它也形成了自己的鲜明特色。

据史料记载，在我国古代的三国魏晋时期，就已经有了对于金石遗文的研究。明末清初著名学者阎若璩在《潜邱劄记》卷二中写道："魏太和中，鲁郡于地中得齐大夫送女器，有牺尊，王肃以证'婆娑'旧说之非……汉章帝时，零陵文学奚景于舜祠下得白玉琯，乃以玉作，传至于魏，孟康以证《律历志》'竹曰管'说之未尽。"由此可见，当时的学者已将出土古器用于对旧籍的研究考订，但还没有人专门从事这项研究，并且以此成名成家的。南朝梁元帝所著的《金楼子·著书篇》，就载有《碑集》十帙百卷，可惜，书早已亡佚不存，内容更是无从考见。

到了北宋初年，由于统治者的重视和提倡，士大夫中收藏古器书画之风日盛，仅见于《金石录》所载，就有宗室仲爰、仲忽，舍人蔡肇、祖择之，丞相吕微仲、王禹玉，内翰赵元考，学士晁无咎，公卿杨南仲、苏翰林、宋莒公，以及洛阳赵氏、刘氏，岐山冯氏，颍昌韩氏，蜀人邓氏，方城范氏，南京蔡氏等二十余家。与此同时，也出现了几部有影响的著作，如刘敞的《先秦古器图》、吕大临的《考古图》、李公麟的《古器图》、王黼的《宣和博古图》，以及欧阳修的《集古录》等，使金石研究逐渐成为一种专门的学问。以上诸书，刘敞的《先秦古器图》、吕大临的《考古图》、李公麟的《古器图》、王黼的《宣和博古图》所载只限于钟鼎彝器，而《集古录》则金文石刻兼收并蓄，"自周穆王以来，下更秦、汉、隋、唐、五代，外至四海九州，名山大泽，穷崖绝谷，荒林破冢，神仙鬼物，诡怪所传，莫不皆有"（《〈集古录〉自序》），凡所集录达千卷之多，跋尾亦在四百篇以上。《集古录》的问世，对于当时方兴未艾的金石考古之学，起到了承前启后的作用。而赵明诚的《金石录》，正是在继承前辈学者已有成果的基础上，进一步开拓耕耘，发扬光大，成为有宋一代金石研究的集大成之作。

《金石录》的价值和成就，主要反映在以下几个方面：

其一，规模宏大，资料翔实，补正前贤的阙失。《金石录》收取上自夏、商、周三代，下至后梁、后唐、后晋、后汉、后周五季，甚至包括北宋期间内的，钟、鼎、甗、鬲、盘、匜、尊、敦上刻记的文字，碑文石刻、显文晦士的事迹。成书于北宋中叶的《先秦古器图》《考古图》和《集古录》等著作，在金石研究上，是有着开创之功的。但由于历史条件的限制和作者主观上的原因，它们在考订年月、论证铭文内容等方面，都存在一定的错误和缺陷。对此，赵明诚一一作了认真的考辨，其中，对欧阳修所著《集古录》的补正最多。例如：对于《汉沛相杨君碑》，《集古录》中云："碑首尾不完，失其名字。按《后汉书》，震及中子秉，秉子赐，赐子彪，皆有传。又云，震长子牧，富波相。牧孙奇，侍中。奇子亮，阳成亭侯。又云，少子奉，奉子敷，敷子众。又有彪子修。杨氏子孙载于史传者止此尔，不知沛相为何人也。"欧氏唯知征引史传，史既失载，即以其名为无可考见。而赵明诚的《金石录》则别引《杨震碑》云："沛相名统，震长子富波侯相牧之子也。"仅此一语，足以使欧氏之疑团顿释。又如：赵明诚在《金石录》卷十五《汉仓颉庙人名》跋尾中，以《后汉书·百官志》及本注所载，论定"有秩"为乡吏之称。在卷十九《汉永乐少府贾君阙铭》跋尾中，以汉史及石刻所载，考辨西汉以来太后、皇后官属"止用宦者"说之非，都补正了《集古录》的阙失，反映出赵明诚在金石学和史学方面的深厚功力。南宋著名学者朱熹认为，比起欧阳修的《集古录》来，赵明诚的《金石录》"序次益条理，辩证益精博"（《家藏石刻序》），这应当是比较公允的评价。

其二，以金石证史，考订旧籍的谬误。赵明诚撰著《金石录》的重要目的之一，就是要"是正讹谬，去取褒贬"，还一些历史的本来面目。《金石录》从实证的角度，对《汉书》《三国志》《晋书》《魏书》《周书》《北齐书》《北史》《新唐书》《旧唐书》等史籍的错讹之处，进行了详细辨证，为史学、考据学研究，提供了重要依据。赵明诚在《金石录序》中指出，历代史书有关人物的"岁月、地理、官爵、世次，以金石考之，其抵牾十常三四。盖史牒出于后人之手，不能无失，而刻词当时所立，可信不疑。"正是基于这样的认识，赵明诚在《金石录》跋尾中，充分运用"以器物碑铭验证前史"的方法，考订了传世旧籍中存在的大量讹谬。例如：关于觚的容量，《周礼·考工记》云"爵一升，觚三升"；汉儒则以为"爵一升，觚二升"。赵明诚拿来一只出土的觚亲自量了一下，刚好容量为三爵，与《考工记》的说法相合，从而否定了汉儒的说法。又比如在《后汉书·党锢传》中，关于"南阳宗资主画诺"这句话的意思，李贤解释为："宗资字叔都……祖父均，自有传。"赵明诚查到《后汉书》里面有《宋均传》而无《宗均传》，因而得出结论："宋"当为"宗"字之误。赵明诚根据《汉司空宗俱碑》和《汉宗资墓天禄辟邪字》二碑的铭文，以及《后汉书·灵帝纪》《姓苑》《元和姓纂》诸书，详加论列，去疑存真，纠正了这一讹谬。此外，在全书各卷跋尾中，他都依据碑铭墓志，对《汉书》《三国志》《晋书》《魏书》《周书》《北齐书》《北史》以及新、旧《唐书》中的错误不实之处，都一一作了考订。其引证的翔实、立论的精辟，对于后来的史学、考据学、文献整理学乃至文字训诂学等研究，都有着重要的参考价值。

其三，录存重要的史料，考证严密。《金石录》全书，都建立在严密考证的基础上。同时，跋尾还对历代碑刻墓志进行了具有说服力的考证，难能可贵地保存了北宋后亡佚的许多史料的本来面貌，具有极高的学术价值。

赵明诚在《金石录》中录存的史料，大致分为两类：一类是历代碑铭墓志所载人物的生平经历、迁官次第以及氏族世系等，那些不见于经传的，以弥补正史中遗漏的部分。例如：他在卷二十五《周孔昌寓碑》跋尾中，列述了孔氏族系之后说："唐以前士人以族姓为重，故虽更千百年，历数十世，皆可考究。自唐末五代之乱，在朝者皆武夫悍卒，于是谱牒散失，士大夫茫然不知其族系之所自出，皆不可惜也哉！故余详录于此，使后学论姓氏者有考焉。"二类是宋代以前存世古籍的摘引，其今本脱误或散亡者，可供校订和辑佚之用。例如：《金石录》各卷跋尾摘引唐林宾所撰《元和姓纂》达数十条之多。这本书已于元、明间散失，今本辑自《永乐大典》，于赵氏所引大多未见采录。

《金石录》的最早刻本，是宋孝宗淳熙年间（1174—1189）刊行的龙舒郡斋本，原书未附李清照所作的《〈金石录〉后序》。宁宗开禧元年（1205年），浚仪赵不谫于重刻时始将《〈金石录〉后序》收入。以上二本，后皆不显于世，元、明两代近四百年未见重刻。自明代以来，仅有传抄之本，但流传甚少。据《四库全书总目·史部·目录类二》记载，这些转向抄录的本子，大多"各以意为更移，或删除其目内之次第，又或窜乱其目之年月；第十一卷以下，或并削每卷之细目，或竟佚卷末之《后序》。沿讹踵谬，弥失其真"。当然，此中亦不乏较好的本子，影响最大而堪称善本的，当首推昆山叶盛的《菉竹堂》抄本。清康熙末年，还有一部石门吕《无党》抄本，"抄笔精整，全书雠校极审慎"，亦是很有价值的善本。清代最早问世的刻本，是顺治年间济南谢世箕所刊。清乾隆中期，德州卢见曾得何焯手校叶盛抄本及谢世箕刻本，乃属卢文弨参考各家，详加校勘，付梓印行。这就是清代迄今通行的《雅雨堂》刊本。

03 撰写序文，如释重负

看着刚刚整理完成的倾注了丈夫毕生心血的《金石录》书稿，李清照心中百感交集。那些萧索与寂寞的时光，那些战乱中携带着沉重的书稿颠沛流离的苦涩与凄凉，都已成为了远去的过往。而现在，作为妻子，作为知己，她终于完成了赵明诚的托付，了却了丈夫的遗愿。她觉得，如果赵明诚泉下有知，也该心满意足了。

自从赵明诚离开以后，几年来，李清照从来没有像现在这样心情舒畅。她抚着书稿，那些前尘往事一幕幕闪现。她闭着眼睛，仔仔细细地回味着每一个场景，不禁思绪如潮，在烛光中，她写下了千古名篇《〈金石录〉后序》：

右金石录三十卷者何？赵侯德父所著书也。取上自三代，下迄五季，钟、鼎、甗、鬲、盘、彝、尊、敦之款识，丰碑、大碣，显人、晦士之事迹，凡见于金石刻者二千卷，皆是正伪谬，去取褒贬，上足以合圣人之道，下足以订史氏之失者，皆载之，可谓多矣。

呜呼，自王播、元载之祸，书画与胡椒无异；长舆、元凯之病，钱癖与传癖何殊。名虽不同，其惑一也。

余建中辛巳，始归赵氏。时先君作礼部员外郎，丞相时作吏部侍郎。侯年二十一，在太学作学生。赵、李族寒，素贫俭。每朔望谒告出，质衣，取半千钱，步入相国寺，市碑文果实归，相对展玩咀嚼，自谓葛天氏之民也。后二年，出仕宦，便有饭蔬衣练，穷遐方绝域，尽天下古文奇字之志。日就月将，渐益堆积。丞相居政府，亲旧或在馆阁，多有亡诗、逸史、鲁壁、汲冢所未见之书，遂力传写，浸觉有味，不能自已。后或见古今名人书画，一代奇器，亦复脱衣市易。尝记崇宁间，有人持徐熙牡丹图，求钱二十万。当时虽贵家子弟，求二十万钱，岂易得耶。留信宿，计无所出而还之。夫妇相向惋怅者数日。

后屏居乡里十年，仰取俯拾，衣食有余。连守两郡，竭其俸入，以事铅椠。每获一书，即同共勘校，整集签题。得书、画、彝、鼎，亦摩玩舒卷，指摘疵病，夜尽一烛为率。故能纸札精致，字画完整，冠诸收书家。余性偶强记，每饭罢，坐归来堂烹茶，指堆积书史，言某事在某书、某卷、第几叶、第几行，以中否角胜负，为饮茶先后。中即举杯大笑，至茶倾覆怀中，反不得饮而起。甘心老是乡矣。故虽处忧患困穷，而志不屈。收书既成，归来堂起书库，大橱簿甲乙，置书册。如要讲读，即请钥上簿，关出卷帙。或少损污，必惩责揩完涂改，不复向时之坦夷也。是欲求适意，而反取憀慄。余性不耐，始谋食去重肉，衣去重采，首无明珠、翠羽之饰，室无涂金、刺绣之具。遇书史百家，字不刓缺，本不讹谬者，辄市之，储作副本。自来家传周易、左氏传，故两家者流，文字最备。于是几案罗列，枕席枕藉，意会心谋，目往神授，乐在声色狗马之上。

至靖康丙午岁，侯守淄川，闻金寇犯京师，四顾茫然，盈箱溢箧，且恋恋，且怅怅，知其必不为己物矣。建炎丁未春三月，奔太夫人丧南来。既长物不能尽载，乃先去书之重大印本者，又去画之多幅者，又去古器之无款识者，后又去书之监本者，画之平常者，器之重大者。凡屡减去，尚载书十五车。至东海，连舻渡淮，又渡江，至建康。青州故第，尚锁书册什物，用屋十余间，冀望来春再备船载之。十二月，金人陷青州，凡所谓十余屋者，已皆为煨烬矣。

建炎戊申秋九月，侯起复知建康府。己酉春三月罢，具舟上芜湖，入姑孰，将卜居赣水上。夏五月，至池阳。被旨知湖州，过阙上殿。遂驻家池阳，独赴召。六月十三日，始负担，舍舟坐岸上，葛衣岸巾，精神如虎，目光烂烂射人，望舟中告别。余意甚恶，呼曰："如传闻城中缓急，奈何？"戟手遥应曰："从众。

必不得已，先弃辎重，次衣被，次书册卷轴，次古器，独所谓宗器者，可自负抱，与身俱存亡，勿忘之。"遂驰马去。途中奔驰，冒大暑，感疾。至行在，病痁。七月末，书报卧病。余惊怛，念侯性素急，奈何。病痁或热，必服寒药，疾可忧。遂解舟下，一日夜行三百里。比至，果大服柴胡、黄芩药，疟且痢，病危在膏盲。余悲泣，仓皇不忍问后事。八月十八日，遂不起。取笔作诗，绝笔而终，殊无分香卖履之意。

葬毕，余无所之。朝廷已分遣六宫，又传江当禁渡。时犹有书二万卷，金石刻二千卷，器皿、茵褥，可待百客，他长物称是。余又大病，仅存喘息。事势日迫。念侯有妹婿，任兵部侍郎，从卫在洪州，遂遣二故吏，先部送行李往投之。冬十二月，金寇陷洪州，遂尽委弃。所谓连舻渡江之书，又散为云烟矣。独余少轻小卷轴书帖、写本李、杜、韩、柳集，《世说》《盐铁论》，汉唐石刻副本数十轴，三代鼎鼐十数事，南唐写本书数箧，偶病中把玩，搬在卧内者，岿然独存。

上江既不可往，又虏势叵测，有弟迒任敕局删定官，遂往依之。到台，台守已遁。之剡，出陆，又弃衣被。走黄岩，雇舟入海，奔行朝，时驻跸章安，从御舟海道之温，又之越。庚戌十二月，放散百官，遂之衢。绍兴辛亥春三月，复赴越，壬子，又赴杭。

先侯疾亟时，有张飞卿学士，携玉壶过，视侯，便携去，其实珉也。不知何人传道，遂妄言有颁金之语。或传亦有密论列者。余大惶怖，不敢言，亦不敢遂已，尽将家中所有铜器等物，欲走外廷投进。到越，已移幸四明。不敢留家中，并写本书寄剡。后官军收叛卒，取去，闻尽入故李将军家。所谓岿然独存者，无虑十去五六矣。惟有书画砚墨，可五七箧，更不忍置他所。常在卧榻下，手自开阖。在会稽，卜居土民钟氏舍。忽一夕；穴壁负五箧去。余悲恸不已，重立赏收赎。后二日，邻人钟复皓出十八轴求赏，故知其盗不远矣。万计求之，其余遂不可出。今知尽为吴说运使贱价得之。所谓岿然独存者，乃十去其七八。所有一二残零不成部帙书册，三数种平平书帙，犹复爱惜如护头目，何愚也耶。

今日忽阅此书，如见故人。因忆侯在东莱静治堂，装卷初就，芸签缥带，束十卷作一帙。每日晚吏散，辄校勘二卷，跋题一卷。此二千卷，有题跋者五百二卷耳。今手泽如新，而墓木已拱，悲夫！

昔萧绎江陵陷没，不惜国亡，而毁裂书画。杨广江都倾覆，不悲身死，而复取图书。岂人性之所著，死生不能忘之欤。或者天意以余菲薄，不足以享此尤物耶。抑亦死者有知，犹斤斤爱惜，不肯留在人间耶。何得之艰而失之易也。

呜呼，余自少陆机作赋之二年，至过蘧瑗知非之两岁，三十四年之间，忧患得失，何其多矣！然有有必有无，有聚必有散，乃理之常。人亡弓，人得之，又胡足道！所以区区记其终始者，亦欲为后世好古博雅者之戒云。

绍兴二年、玄黓岁，壮月朔甲寅，易安室题。

在《金石录》的初稿完成后，赵明诚曾亲自撰写过一篇序文，后人称其为《〈金石录〉序》。宋徽宗政和七年（1117 年），赵明诚又邀请好友刘跂为《金石录》的前三十卷撰序。刘跂于同年九月，完成了好友赵明诚所嘱，其文题作《〈金石录〉后序》，一般人们把刘跂的后序叫作《〈金石录〉刘序》。李清照所撰《〈金石录〉后序》，虽与"刘序"的题目相同，但她是在赵明诚逝世、由她继续完成丈夫的未竟之业后写下的。同样是为《金石录》作序，李清照的《〈金石录〉后序》，与赵明诚的自序和"刘序"大不相同。《〈金石录〉刘序》和赵明诚的《〈金石录〉序》是就书论书，只谈与《金石录》直接相关的事，文字简洁平实，是两篇很典型的书序。李清照的《〈金石录〉后序》却是匠心独运，另辟蹊径，在剪裁、叙事、抒情等方面，迥别于一般书序，把序写成一篇传记式的散文。文中介绍了他们夫妇收集、整理金石文物的经过以及《金石录》的成书情况，回忆了夫妻几十年间的欢愉与忧患。由书籍文物得失聚散，写人生离合悲欢，感情真挚，语言简洁，具有很强的艺术感染力。这篇区区两千字的序文，字字带血，句句含情，是一首战乱时代的史诗，一篇金石收藏的千古铭文，一部文采飞扬的经典佳作，一场生死相依的旷世之恋。正是李清照这篇风格清新、文采俊逸的绝妙佳作，使《金石录》大增其色。多数人也都是由这篇序，才知道有《金石录》这部书，也因此才了解了作者赵明诚。

由此，通常所说的《〈金石录〉后序》，都是指李清照的这篇。其在我国散文史上占有不可替代的位置，受到了人们极大的关注和颇为中肯的评价。

明代学者赵世杰在《古今女史》卷三中，对《〈金石录〉后序》是这样评价的："叙次详曲，光景可睹。存亡之感，更凄然言外。"

清代学者王士禄在《吴柏寄姊书》中，对《〈金石录〉后序》是这样评价的："诵《〈金石录〉后序》，令人心花怒开，肺肠如涤。又引《神释堂脞语》云：班、马作史，往往于琐屑处极意摹写，故文字有精神色彩。易安《〈金石录〉后序》中间数处，颇得此意。"

清代著名文史学家李慈铭在《越缦堂读书记》中，曾这样评价李清照的散文佳作《〈金石录〉后序》："叙致错综，笔墨疏秀，萧然出町畦之外。予向爱诵之，谓宋以后闺阁之文，此为观止。"

在众多的评价中，南宋著名文学家洪迈和近代著名古典文学研究专家浦江清两个人的见解最具代表性。洪迈在《容斋四笔》卷五中，对《〈金石录〉后序》是这样评价的："其妻易安居士，平生与之同志，赵殁后，愍悼旧物之不存，乃作后序，极道遭罹变故本末。"洪迈不仅以此番言简意赅之语，准确地道出了洋洋两千言《〈金石录〉后序》的叙事脉络，更大的贡献，还在于为后世留下了亲眼经见宋版《〈金石录〉后序》的撰署日期为绍兴四年（1134 年）。这就极有力地说明了明抄本《〈金石录〉后序》所署的"绍兴二年"是错误的。因为"绍兴二年"对李清照来说，是一个多事之秋：这年的春夏她得了重病，又因与张汝舟的离异诉讼吃官司、坐牢……在这种情况下，她哪里会有心思去整理《金石录》并撰写《〈金石录〉后序》呢？而"绍兴四年"则正是赵明诚逝世五周年，是时痛定思痛而作《〈金石录〉后序》，这才是顺理成章的时间。

而浦江清在《国文月刊》一卷二期中，则从另外的角度道出了《〈金石录〉后序》的价值所在："此文详记夫妇两人早年之生活嗜好，及后遭逢离乱，金石书画由聚而散之情形，不胜死生新旧之感。一文情并茂之佳作也。赵、李事迹，（宋史）失之简略，赖此文而传，可以当一篇合传读。故此文体例虽属于序跋类，以内容而论，亦同自叙文。清照本长于四六，此文却用散笔，自叙经历，随笔提写。其晚境凄苦郁闷，非为文而造情者，故不求其工而文自工也。"

《〈金石录〉后序》全文两千多字，句式有长有短，叙事完整，条理清晰，层次分明，情节衔接得天衣无缝。语言像诗歌一般优美，而形式却打破了诗歌格律的死板，是迈向通俗文学的一个见证。

04 借助游戏，展现襟怀

《〈金石录〉后序》的墨迹未干，李清照就听到了金国与伪齐合兵，分道侵犯临安（今浙江省杭州市）的消息。李清照本来以为可以在临安静静地安度晚年，不承想，这样的愿望也被打破了。

宋高宗绍兴四年（1134年）秋天，伪齐刘豫政权勾结金军，准备南下江淮流域，在浙江地区大肆劫掠。

九月，刘豫在金国完颜宗辅和完颜兀术大军的护卫下，以两支军队，分兵向安徽滁州和江苏扬州等地发起进攻，一举攻下滁州和楚州（今江苏省淮河以南地区）后，并继续南侵。

可是，面对大敌压境，沉醉在西湖歌舞升平之中的宋高宗君臣，只知道逃跑。一时间，从朝廷官员到普通百姓，尤其是江浙一带的人，东南西北乱窜一气，乡下人往城里跑，城里人逃往乡间，人们慌作一团，不知躲到哪里是好。李清照也不得不离开临安，由水路沿富春江溯江而上，到婺州（今浙江省金华市）避难，投奔当时在婺州任太守的赵明诚之妹婿李擢。途经严陵滩的时候，李清照想起了汉代隐士严子陵，不禁心生感慨，于是写下了一首《钓台》：

巨舰只缘因利往，扁舟亦是为名来。

往来有愧先生德，特地通宵过钓台。

严子陵即严光。他本姓庄，后因避汉明帝刘庄讳改姓严，又名严遵，字子陵，西汉末年的饱识之士，与东汉光武帝刘秀既是同窗也是好友。刘秀光复汉室时，他积极帮助刘秀起兵，从王莽手中夺回江山。刘秀称帝后，多次要给他封官进爵，可都被他拒绝。之后，他隐姓埋名，退居在富春江畔，耕读垂钓，过着与世无争的隐居生活。他活到80岁，死后葬于会稽余姚的客星山，也叫陈山，后人便把他经常垂钓的地方称为钓台，又名严滩。范仲淹守桐庐时，于钓台建"严先生祠堂"，并为之作记，所作的记中有这样的称道："云山苍苍，江水泱泱。先生之风，山高水长。"

在这首诗里，李清照充分表达了对严子陵的崇敬之情，以及对为名缰利索所羁的世人作了形象的刻画。诗人承认自己挣脱不开名缰利索，同时，也是不愿为名缰利索所羁。乍看上去，像是诗人在自嘲，笑自己为了自保而加入了逃难的行列。与严子陵的高风亮节相比，她感到惭愧。实际上，她是在讽刺南宋偏安的君臣。

前两句的"巨舰只缘因利往，扁舟亦是为名来"，"巨舰"指的是向往财富极力去获取财富的人；"扁舟"指通过结交认识权贵从而获取名利的人。这两句，是渲染追名逐利的凡夫俗子的多和繁忙。无论是为利，或者是为名，皆是一些向往钱财和权力的唯利是图的人，与隐者严子陵不为名利的高尚品德相违背。

后两句的"往来有愧先生德，特地通宵过钓台"，"先生德"指严子陵不图名利，在钓台隐居的高尚品德。句中使用了"用典"的手法，引用严子陵过钓台的典故，从而突出严子陵的淡泊不仕的情操。

宋高宗绍兴四年（1134年）十月，李清照由兰溪（今浙江省兰溪市）抵达婺州，寄居在酒坊巷一户姓陈的人家中。与李清照同住的，还有亲朋家的"儿辈"们。在窗明几净的陈氏家里，李清照甚感适意。陈家人对李清照也是非常友善，这使她饱受创伤的心灵，得到了莫大的安慰。这座古老而宁静的江南小城，使李清照的身心得到了休养，并且在这里，创作出了很多优秀的作品。

彼时正值昼短夜长的秋冬季节。为排遣长夜寂寂的时光，李清照跟儿辈们一起，做一种叫"打马"的游戏，她们玩得非常开心，而且投入。在当时游戏规则的基础上，李清照还专门新创了一种"命辞打马"的玩法。她叫儿辈们把这种新玩法绘制成图，自己还写了一卷介绍游戏规则的书，取名《打马图经》，而且她专门为书作了序，即为《打马图经序》：

慧即通，通即无所不达；专即精，精即无所不妙。故疱丁之解牛，郢人之运斤，师旷之听，离娄之视，大至于尧、舜之仁，桀、纣之恶，小至于掷豆起蝇，巾角拂棋，皆臻至理者何？妙而已。后世之人，不惟学圣人之道，不至圣处。虽嬉戏之事，亦得其依稀仿佛而遂止者多矣。夫博者无他，争先术耳，故专者能之。

予性喜博，凡所谓博者皆耽之，昼夜每忘寝食。但平生随多寡未尝不进者何？精而已。自南渡来流离迁徒，尽散博具，故罕为之，然实未尝忘于胸中也。

今年冬十月朔，闻淮上警报。江浙之人，自东走西，自南走北，居山林者谋入城市，居城市者谋入山林，旁午络绎，莫卜所之。易安居士亦自临安溯流，涉严滩之险，抵金华，卜居陈氏第。乍释舟楫而见轩窗。意颇适然。更长烛明，奈此良夜乎？于是乎博奕之事讲矣。

且长行、叶子、博塞、弹棋，世无传者。打揭、大小、猪窝、族鬼、胡画、数仓、赌快之类，皆鄙俚，不经见。藏酒、摴蒲、双蹙融，近渐废绝。选仙、加减、插关火，质鲁任命，无所施人智巧。大小象棋、奕棋，又惟可容二人。独采选、打马，特为闺房雅戏。尝恨采选丛繁，劳于检阅，故能通者少，难遇勍敌。打马简要，而无文采。

按打马世有二种：一种一将十马者，谓之关西马；一种无将二十马者，谓之依经马。流行既久，各有图经凡例可考。行移赏罚，互有同异。又宣和间，人取两种马，参杂加减，大约交加侥幸，古意尽矣。所谓宣和马者是也。

予独爱依经马，因取其赏罚互度，每事作数语，随事附见，使儿辈图之。不独施之博徒，实足贻诸好事。使千万世后，知命辞打马，始自易安居士也。

时绍兴四年十一月二十四日，易安室序。

由于《打马图经序》文辞工雅可观，颇有可读之处，所以，被学术界认为是李清照的代表文章之一。

这篇文章的大意是：

人若聪慧，就会思路开阔。思路一开，就没有什么不知道的。如果专心，造诣就会精深，那么就会通晓所有的奥妙。所以，像庖丁解牛、郢人拿大斧头砍朋友鼻梁上的灰尘、师旷精妙的听力、离娄敏锐的视力，大到尧舜的仁德和桀纣的残暴，小到拿绿豆弹苍蝇、用帽带打棋子，都能达到很高的境界。这是为什么呢？因为知道了其中的妙处。后世的人，不光学圣人之道学不到家，连游戏之事，也只是得其皮毛就止步不前了，这种人非常的多。赌博没有别的诀窍，就是找到争先的办法而已，所以，只有专心致志的人才能学得好。

我天性喜欢赌博，只要是赌博，我就沉迷于其中，每每废寝忘食。不过，我赌了一辈子，不论多少，每赌必赢，这是什么道理呢？不过是因为我玩得精罢了。自从南渡以来，流离失所，赌博的工具都丢失了，所以，就玩得少了。可是，我的心里实在是想得直痒痒啊！

这年十月初，听到淮河上传来金兵进攻的警报，江浙一带的人们，争相逃命。东边的往西边跑，南边的往北边跑，住在城里的往乡下跑，住在乡下的往城里跑，乱七八糟，到处是人，谁也不知道往哪儿跑好。我也从临安沿着钱塘江往上，经过子陵滩，到了婺州，住在姓陈的家里。刚下了船，住进屋里，心里很舒坦。夜长烛明，这样美好的晚上，怎么打发呢？于是，就尽心于赌博了。

长行、叶子、博塞、弹棋，已经失传了。打揭、大小、猪窝、族鬼、胡画、数仓、赌快之类，都是下层人的玩意儿，也不常见。藏酒、捭蒲、双蹙融，如今玩的人也少了。选仙、加减、插关火，是粗笨的游戏，只凭运气，没办法展现人的智慧。大小象戏、奕棋，又只能两人玩。采选、打马，是闺房中雅致的游戏。很遗憾，采选太过繁杂，翻检起来不方便，所以，会玩的人少，我很少遇到对手。打马倒是简单，可惜没有文采。

打马有两种：一种是一将十马，叫关西马；一种是没有将，二十马，叫依经马。流行的时间长了，就有各种各样的图谱和规矩可以参考。但其中的规则，各不相同。宋徽宗宣和年间，有人把两种玩法综合起来，又加以减约，增加了凭运气的成分，使打马的传统理念荡然无存，这就是宣和马。

我特别喜欢依经马，于是把它的赏罚规则参互研究，为每条规则写几句话，附在规则后面，让我的子侄辈们为它画下图来。不仅赌博时有用处，对于好事者来说，这也确实是很有意思的。让千万世以后的人们都知道，命辞打马，是从我李清照开始的。

绍兴四年十一月二十四日，易安室序。

由这篇文章可见，李清照是玩"打马"的高手，经常进入忘我的境界。

博戏并不完全等同于赌博。赌博以赌钱为目的，只重结果，不重过程；但博戏则以玩乐为目的，偶有彩头，不过增加乐趣而已。而"打马"是博戏的一种，从"打马"的游戏规则，与李清照所述来看，"打马"应该与围棋、象棋一样，是一种智力游戏，棋子叫作"马"，棋盘叫"打马图"，通过掷骰子来决定"马"进军的位置。"马"可以通过布阵设局来防守，也可以闯关过堑进攻对方，最后计袭敌战绩，以判输赢，并定赏罚。

游戏中，李清照运用自己富赡的才学，旁征博引，通过庖丁解牛、郢人运斤、师旷之听、离娄之视、尧舜之仁、桀纣之恶、掷豆起蝇、巾角拂棋等故事，妙语如珠地向儿辈们反复讲述"慧即通，通即无所不达；专即精，精即无所不妙"的人生道理。她谆谆告诫孩子们，做任何事情，不仅要靠聪明才智，还要具备专心致志的精神。惟其如此，才能触类旁通，掌握各种精湛的技艺，也才能得心应手、运用自如，以臻于妙境。

这些道理，无疑是极为深刻有益的，但如果只是空洞抽象地灌输，不可能收到预期效果。李清照的高明之处在于，她把这些深刻的道理，融入简单的游戏娱乐之中，很自然地告诫后辈们，哪怕是做博弈游戏之类的小事，也不应该浅尝辄止，半途而废。她一面讲道理，一面身体力行，深入浅出，寓教于乐。棋局犹课堂，棋盘似战场，在小小的棋子上，李清照作出了望乡、复国、育人的大文章。这种以小见大的教育方式，至今仍然发人深思，值得借鉴。

除了讲述以上道理的《打马图经》及其《打马图经序》二者以外，李清照还写了《打马赋》这篇寓有拳拳爱国之心的极其重要的文学作品：

岁令云徂，卢或可呼。千金一掷，百万十都。樽俎具陈，已行揖让之礼；主宾既醉，不有博奕者乎！打马爰兴，樗蒲遂废。实博奕之上流，乃闺房之雅戏。齐驱骥騄，疑穆王万里之行；间列玄黄，类杨氏五家之队。珊珊佩响，方惊玉蹬之敲；落落星罗，急见连钱之碎。若乃吴江枫冷，胡山叶飞，玉门关闭，沙苑草肥。临波不渡，似惜障泥。或出入用奇，有类昆阳之战；或优游仗义，正如涿鹿之师。或闻望久高，脱复庾郎之失；或声名素昧，便同痴叔之奇。亦有缓缓而归，昂昂而出。鸟道惊驰，蚁封安步。崎岖峻坂，未遇王良；跼促盐车，难逢造父。且夫丘陵云远，白云在天，心存恋豆，志在著鞭。止蹄黄叶，何异金钱。用五十六采之间，行九十一路之内。明以赏罚，覈其殿最。运指麾于方寸之中，决胜负于几微之外。且好胜者，人之常情；小艺者，士之末技。说梅止渴，稍苏奔竞之心；画饼充饥，少谢腾骧之志。将图实效，故临难而不茍；欲报厚恩，故知机而先退。或衔枚缓进，已逾关塞之艰；或贾勇争先，莫悟阽堑之坠。皆因不知止足，自贻尤悔。况为之不已，事实见于正经；用之以诚，义必合于天德。故绕床大叫，五木皆卢；沥酒一呼，六子尽赤。平生不负，遂成剑阁之师；别墅未输，已破淮淝之贼。今日岂无元子，明时不乏安石。又何必陶长沙博局之投，正当师袁彦道布帽之掷也。

　　辞曰：佛狸定见卯年死，贵贱纷纷尚流徙，满眼骅骝杂騄駬，时危安得真致此？木兰横戈好女子，老矣谁能志千里，但愿相将过淮水。

　　文章翻译过来是这样的：

　　时光流逝，曾经也在赌桌前高声唤喊"卢"。那时，一掷千金，下注百万。在宴席上，主宾行揖谦让；主宾喝醉了，饱食终日，无所用心不行，玩玩下棋掷采的游戏也行呀！如今，打马游戏开始流行，渐渐取代了樗蒲游戏。这个游戏，是末枝中的高端游戏，是女子之间的高雅游戏。下棋，就像昔日周穆王乘八骏去西王母处做客，那是一日千里；棋子不同颜色各自列队，就像杨氏姊妹五人的扈从一样各家各着一色衣服。佩环相击发出"珊珊"的声音，就像上马时玉蹬发出的声音；马队像天上的群星那样，布列稀松，急切间，看到好马更是分散。行马像吴江枫叶飘落，像燕山乱飞的叶子没有头绪，当如退居玉门关内，养精蓄锐以待战机。棋子受阻，满盘凄凉。在困境中，采取灵活的战略战术，出奇制胜，有时，要像昆阳之战中的汉光武帝刘秀那样，以弱胜强，有时，又要像琢鹿之战中的黄帝那样，从容不迫靠团结大家来消灭蚩尤；品格声望再高，也不要像庾翼那样，本来胜算在握，却因一着不慎而致误，倒应像王湛那样，起初被侮称为"痴叔"，声名不为人所知，而其实"美"，一旦被发现，便会令人感到意外，从而对他肃然起敬。这好比下棋或实战，要在对方不了解自己实力之时，给他个出其不备。盘上弈棋，与战地布阵一样，有时兵贵神速，"或出人用奇"，以少胜多；有时要从容镇定，以义制敌。总之，要善于随机应变。"马"在无路可走时，可以慢慢地退回来，伺机再战；时机有利时，"马"应昂昂如千里之驹，勇往直前，迅速占领敌人的地盘；有时在鸟道上，也要冒险飞过；有时则要善于隐蔽，就像蚂蚁用土封上穴口，或不再乘"车"而缓缓步行，以达到麻痹敌人、保存自己的目的。善弈者，与王良、造父那样的善御者一样重要，离开了他们，纵有千军万马，也如同行进在崎岖陡峭的山坡上，寸步难行。何况时局就像白云在天，变幻无常。要紧的是，不要一心恋着禄位，要挥鞭策马，努力向前。对于"打马"这一博戏来说，也像实战一样，决定胜负的，不仅仅是兵强马壮，更要有好的指挥员。而对于弈者和指挥员来说，最要紧的是赏罚分明，只有分清高下重赏重罚，才能指挥若定，稳操胜券。弈者在小小的棋盘上，能够运用自如，其争强好胜之心，亦可得到一定满足。但比起恢复大业来，打马弈棋毕竟是一种小技，它就像"说梅止渴"和"画饼充饥"一样，对于"奔竞之心"和"腾驶之志"，稍有慰藉而已。为了吃掉对方一子，明知难以达到目的，也不改变"图实效"的欲望；为了报答让"子"之恩，明明看准了机会，可以将对方一军，却率先退让了。不知止足，犹不知足。在向敌人进击过程中，本应衔枚不语，迂回接近对方，等叠成十马，才能顺利过关，否则将适得其反；假如自恃勇气有余，一味争先恐后，没有觉悟到可能陷入对方设置的陷阱和壕沟，不知适可而止，将咎由自取。下棋要果决，就像用人不疑一样，你不负天，天不负你，必能实现你的愿望。他不会辜负你的信任，就像桓温取剑阁一样；敌人还没杀到你的老巢，就像淝水之战一样被你攻破了。如今难道没有桓温一样的人，以后也不缺乏像谢安一样的人？不要像陶侃一样未战气衰，应当像袁耽一样有脱帽一掷的志气。

　　总之：像拓跋焘之流的侵略者，不久就会败亡，贵贱的人都在逃难，满目皆是良马，时局危难怎么能分辨得出？木兰这样的好女子和勇敢的老英雄，其志在千里之外的战场上，但愿能随他们渡过淮水回到家乡。

　　可见，《打马赋》是一篇精彩的骈文，也是一篇历史上不曾多见的有关游戏博弈的美文。此文表现了李清照对历史上那些豪赌的人和事充满了向往之情。文中所述，皆为古代名人豪赌的典故和历史上抗恶杀敌的威武雄壮之举，热情赞扬了包括东晋的谢安、陶侃、桓温、袁耽和南朝武帝刘裕等忠臣良将的智勇，暗讽了南宋统治者不识良才、不思抗金的庸碌无能。

　　这篇美文，可以称之为《打马图经序》的姊妹篇。从结构上看，《打马图经序》不仅是《打马图经》之序，也是《打马赋》的序；从内容上看，《打马图经序》不仅介绍了《打马赋》的创作背景，而且总结了打马的体例、经验和方法，而《打马赋》则是对打马游戏的整个过程作了描述；从主旨上来看，《打马图经序》着重介绍"打马"这种棋艺，而《打马赋》则是藉游戏发挥作者忧时忧民的强烈愤慨。它们二者相辅相成、密不可分。正如现代辞赋研究学者龚克昌所言："《打马图经序》是打马游戏的经验总结，而《打马赋》则是打马游戏经验的具体实践，两者讲的实际上是同一问题。因此，只有结合《打马图经序》和命辞，才能全面正确地理解《打马赋》的内容。"

打马游戏可多人参与，雅而不俗，又能增其智慧，因此李清照对其情有独钟，并以打马之戏为赋。作为棋类赋的创作者，李清照不是第一人，但把打马游戏写入赋中，她却是第一个，正如在序中所言："使千万世后，知命辞打马始自易安居士也。"

《打马赋》写打马游戏，但却不是作者轻松、自由的游戏之笔，而是寓有深意。作者以棋局比喻政局，借"打马"寓表心志，呼吁南宋朝廷与其苟且偷安，不如放手一搏。对于一个对政治没有发言权的弱女子，李清照只有借赌博之事，将自己恢复河山的愿望婉转曲折地道出。李清照心怀家国、忧国忧民的思想感情，在此表现得淋漓尽致。

05 逆境之作，千古名篇

这一次在婺州（今浙江省金华市）避难，李清照的心情，并没有像以往逃难时的那种颠沛流离之感，反倒有几分轻松。这是因为，敌人虽然来势汹汹，但是，南宋名将韩世忠亲率大军，扼住了金兵的进攻。又因雨雪交加，粮道不通，南宋军民坚壁清野、顽强抵抗，金兵掠无所获，只得杀战马充饥，金国和伪齐军士个个怨声载道，军心严重涣散。

正在金军狼狈不堪之时，后方又传来金主病危的消息。金将恐有内变，于是便退兵北归，刘豫也不得不率军狼狈溃逃。不久，金国又传来金太宗完颜晟病故的消息。

这些振奋人心的消息，让在婺州避难的李清照的心情无比舒畅。再加上每天跟亲友晚辈们一起游戏娱乐，她仿佛又回到了青州那段快乐闲适的时光。这段时间，李清照就连做梦都是无比轻快愉悦的场景，一首《晓梦》，就是李清照作于这个时期的记梦诗：

晓梦随疏钟，飘然蹑云霞。

因缘安期生，邂逅萼绿华。

秋风正无赖，吹尽玉井花。

共看藕如船，同食枣如瓜。

翩翩坐上客，意妙语亦佳。

嘲辞斗诡辩，活火分新茶。

虽非助帝功，其乐莫可涯。

人生能如此，何必归故家。

起来敛衣坐，掩耳厌喧哗。

心知不可见，念念犹咨嗟。

    李清照的诗作，流传下来的不多，而记梦诗，又仅此一首，因此比较珍贵。与李清照那些充满了批判精神的现实主义诗作相比，这首《晓梦》，诗境开阔，风格飘逸，具有强烈的浪漫主义色彩，显得格外引人注目。

    诗的前两句，写渐入梦境：拂晓前，诗人一度醒来，又随着钟声进入梦境，身子轻飘飘的，脚下踏着云霞。从"因缘安期生"一句至"何必归故家"一句，写梦中所见：诗人本以为在仙境会见到仙人安期生的，可没想到，却遇见了仙女萼绿华。她们乘着秋风，一起来到了太华山巅，看那花开十余丈的玉莲，和那巨如小舟般的鲜藕，一起品尝那神仙食用的如瓜巨枣。漂亮的仙女们翩翩起舞，言谈举止都是那么优美。她们口齿伶俐，思维敏捷，相互之间无拘无束。或互谑斗趣，或煮茶品茗，生活得那么自由自在，真可谓其乐无穷。看到仙界这番景象，诗人不能不发出感慨："人生能如此，何必归故家？"最后四句，记梦后情状：一梦醒来，对仙人生活不禁肃然起敬。然而，现实世界却远不如仙界纯净，尘世纷杂，令人生厌，不得不掩耳避之。诗人知道，梦中的情境，在现实生活中不会再看到了，在念念不忘之中，只有一再叹息。

    这首记梦诗，表现了诗人对自由生活的向往，也反映了诗人不满于现实的精神苦闷。当这种苦闷之情，只能在神仙境界中得以解脱时，更可见诗人寻求个性自由愿望的迫切和强烈。全诗写得洒脱飘逸，想象丰富，有仙骨神韵，堪与李白的《梦游天姥吟留别》相媲美。在李清照的诗作中，可谓独具一格。

    婺州本是一个人文荟萃的灵秀之地，自南北朝以来，就经常有文人雅士慕名而来。城内外有许多著名的古迹，如八咏楼、天宁寺、龙德塔等，都是举世闻名的人文景观。

    李清照自称有烟霞之癖，婺州又是著名的风景胜地。宋高宗绍兴五年

（1135 年）夏天，李清照慕名来到了八咏楼。

八咏楼位于婺江北岸，此楼原名玄畅楼，后又改名元畅楼，南朝齐隆昌元年（494 年），由东阳郡太守、著名的文学家和史学家沈约建造。当时，沈约从副宰相被贬为东阳太守，政治上的失意，使他心情无比抑郁。此楼竣工后，沈约曾多次登楼赋诗，抒发自己的悲凉之情，留下了不少脍炙人口的诗篇。其中，最著名的一首叫作《登元畅楼》。写完这首诗后，沈约意犹未尽，又在此基础上增写了八首诗歌，称为《八咏》诗，并题于玄畅楼壁上，成为当时文坛上的长篇杰作，并传为绝唱。因此，从唐代起，便以诗名改元畅楼为八咏楼。从此，八咏楼成为历代文人墨客登临吟诗的最好去处。

李清照登楼远眺，却毫无心旷神怡之感。眼前的风景，让她忍不住又想起了北方，和那里被金人践踏的土地。于是，她感慨万千，写下了《题八咏楼》这首七绝：

> 千古风流八咏楼，江山留与后人愁。
>
> 水通南国三千里，气压江城十四州。

首句"千古风流八咏楼"，可谓写尽了千古名楼的风流倜傥，笔调轻灵潇洒，直抒胸臆，读来生动传神。次句"江山留与后人愁"紧承前句，真实地道出了诗人登八咏楼的心情和感受。本来，祖国山河壮丽，登高远眺，眼前的景致应该是令人振奋和自豪的。可是，此时此刻，诗人却无论如何也高兴不起来。为什么呢？就自身而言，逃难至此，漂泊异乡，孤苦伶仃；就时局而言，金兵屡屡进犯，朝廷却一味求和，结果导致金兵一进再进，朝廷却一路退败，一路逃亡。那遥远的北方，美丽的大好山河，早已在金兵的铁蹄之下惨遭蹂躏，朝廷却不思复国，不想抵抗。诗人怎么能不为之发"愁"呢？人们不难发现，诗人这里的"愁"，绝不是娇弱女子的纤细哀愁，也绝不是无聊文人的"为赋新词强说愁"，而是一种沉郁的、强烈的、压抑得太久的悲痛与愤慨。

诗的后两句，写的是实景，化用了唐末五代诗僧贯休《献钱尚父》诗的"满堂花醉三千客，一剑霜寒十四州"及唐代女诗人薛涛《筹边楼》诗的"壮压西川十四州"。对《献钱尚父》中的诗句，主要是以其"三千里"之遥和"十四州"之广极言婺州地位之重要；对《筹边楼》的诗句，改"壮压"为"气压"，其气势更比薛涛诗雄伟壮阔。

李清照之所以对上述两首诗感兴趣，主要是因为薛涛诗也是一样在感慨时事，而贯休诗中所表现出的精神气骨，更让李清照由衷感佩。

关于贯休和他的诗，还有一段颇为有趣的故事：贯休是晚唐时的诗僧，他是婺州兰溪人。在钱镠称吴越王时，他投诗相贺。后来，钱镠想要当皇帝，要求贯休改"十四州"为"四十州"，这样才能接见他。贯休则回答："州亦难添，诗亦难改。"说完，裹紧衣钵拂袖而去。后来，贯休受到前蜀王建的礼遇，被尊为"禅月大师"。贯休宁可背井离乡远走蜀川，也不肯轻易把"十四州"改为"四十州"。李清照对这类诗句的借取，显然是为了讥讽毫无气节的南宋朝廷。

这首诗，气势恢宏，似有排山倒海之势。虽然已经历时八九百年，至今余韵犹在，仍然撼动人心，这当归功于诗人使事用典的深妙无痕。唯其如此，女诗人关于八咏楼的题吟，不仅压倒了在她之前的诸多"须眉"，其诗，还将与"明月双溪水，清风八咏楼"一样，成为千古绝唱。

在时间的滚滚洪流里，有些东西，终究是要渐次沉淀。而记忆里的伤痛，却还是在某个不经意的瞬间沉滓泛起。

宋高宗绍兴五年（1135 年）春天，李清照在婺州度过了几个月无忧无虑的快乐时光后，心境又莫名地悲凉起来。李清照心情的陡然变化，可能与当时朝廷追究的一件事有关。在李清照写《〈金石录〉后序》的时候，由于受某些大臣的挑唆，宋高宗便认定，由赵挺之当年参与编修的《哲宗实录》，皆是奸党私意，不能扩散出去。按照当时的刑律，违禁传写者，要被杖责八十。

《哲宗实录》，记载了宋哲宗在位期间的许多重大事件。当年，赵挺之在参与编修《哲宗实录》时，特意留了抄本，后由赵明诚带到青州，又由青州带到了江南。赵明诚去世后，即由李清照保管。在那些流亡的岁月里，李清照始终倾尽全力护其周全。不曾想到，如今朝廷责令赵家缴进此书。李清照余生只想清静度日，却不曾想到，在丈夫故去多年后，还是被卷进了这场不大不小的政治旋涡。

人在心情低落的时候，精神状态也自然是萎靡不振。这一天早晨，太阳已经爬得老高了，李清照才慵懒地从床上爬起来。她懒得梳洗打扮，索性站在窗前，望着窗外的风景出神。春夏之交，风雨最为恼人。好不容易风雨停歇了,而可惜的是,香艳的鲜花,却被刚才的风雨拍打得七零八落。花瓣散落一地,芳香沁入土地,使得尘土散发着阵阵的香气。春天就这样年复一年,来来去去,不过是一场场绚烂的花事,亘古如斯,从未改变。可是,时光中的人,却早已从青春到华发,从盛年到凋残,从繁华走向落幕。一路漂泊辗转,海角天涯,变的不只是容颜,还有一颗不复如初的心。李清照觉得,人生,果真是"年年岁岁花相似,岁岁年年人不同"。

事事已休,那些该走的和不该走的,都已经走了。最爱的人,最爱的金石文物,最爱的家国故园,早已飘零散尽。想起这些,李清照不由得潸然泪下。常听人提起,双溪是个好去处,这个时候,那里应该还是春意盎然的吧!李清照心想,不妨去那里泛舟游玩散散心吧!不过,她担心这一叶轻舟,能载动她心中的忧愁吗?

于是,她写下了千古名篇《武陵春·风住尘香花已尽》:

风住尘香花已尽,日晚倦梳头。物是人非事事休,欲语泪先流。
闻说双溪春尚好,也拟泛轻舟。只恐双溪舴艋舟,载不动许多愁。

李清照的这首词,是《武陵春》这一词牌中,最为著名的一首,也是李清照的代表作之一。词人借暮春之景,写出了自己内心深处的苦闷和忧愁。这首词语言优美,简练含蓄,足见词人炼字造句的功力之深。全词一咏三叹,意境唯美,仿佛有言尽而意不尽之感。

上阕开头的"风住尘香花已尽"一句,就已达至境:此句运用环境描写,渲染了一个宁静、凄凉的氛围,既点出此前风吹雨打、落红成阵的情景,又绘出现今雨过天晴、落花已化为尘土的韵味;既写出了作者雨天不得出外的苦闷,又写出了她惜春自伤的感慨,真可谓是意味无穷尽。这一句,为后文中"闻说双溪春尚好,也拟泛轻舟"作了铺垫。

这首词由表及里,从外到内,层层深入。上阕侧重于外形,下阕多偏重于内心。

"日晚倦梳头""欲语泪先流"两句,表面上是描摹人物的外部动作和神态,实则描写的是另外一种心境。此时,她因金人南下,几经离乱,志同道合的丈夫赵明诚早已离世,自己只身流落婺州。眼前所见的,是一年一度的春景。睹物思人,物是人非,不禁悲从中来,感到万事皆休,无穷落寞。

因此，她日高方起，懒于梳理。写到这里，词人先以"欲语"作为铺垫，然后让泪夺眶而出，简单五个字，写得鲜明而又深刻，把那种难以控制的满腹忧愁，一下子倾泻出来，感人肺腑，动人心弦。

词的下阕，着重挖掘人的内心感情。词人首先连用了"闻说""也拟""只恐"三组虚字，作为起伏转折的契机，一波三折，感人至深。第一句"闻说双溪春尚好"陡然一扬。词人刚刚还流泪，可是一听说婺州郊外的双溪春光明媚、游人如织，她这个平日喜爱游览的人，遂起出游之兴，"也拟泛轻舟"了。"春尚好""泛轻舟"措辞轻松，节奏明快，恰到好处地表现了词人一刹那间的喜悦心情。而"泛轻舟"之前用了"也拟"二字，更显得婉转低回，说明词人出游之兴是一时所起，并不十分强烈。"轻舟"一词，又为下文的"载不动许多愁"作了很好的铺垫和烘托，使感情跌宕，显得无比深沉。至此，上阕所说的"日晚倦梳头""欲语泪先流"的原因，也在此处得到了深刻的揭示。

有史以来，写愁之作颇多：或直抒胸臆，如"驾言出游，以写我忧"（《诗·邶风·泉水》）；或巧用比喻，如"问君能有几多愁，恰似一江春水向东流"（李煜《虞美人》）；或融愁于景，如"槛菊愁烟兰泣露，罗幕轻寒，燕子双飞去"（晏殊《蝶恋花》）等等，这些词句，都饶有趣味，各具特色。李清照的《武陵春》，同样写愁，却能自铸新辞，以其委婉纤曲的艺术手法，巧妙地表达了深沉复杂的内心情感，具有极高的审美价值，从而成为后人盛传的抒愁佳篇。

《武陵春》一词，从一个侧面，反映了兵荒马乱中人们所共有的离恨别绪。李清照将时代的悲哀，用巧妙的手法融进了自己有限的艺术境界里，从而使词作具有了典型性。因此，这首词不仅具备了艺术审美价值，而且具备了社会审美价值。

第八章

烟月无边人已去，
一代词宗耀星辰

01 定居临安，故旧相聚

宋高宗绍兴五年（1135 年）秋，李清照洒泪挥手，告别了婺州（今浙江省金华市）的陈家，然后登上一艘小船，离开居住了一年多的婺州，沿富春江顺流而下，重回临安（今浙江省杭州市）。

在过去的一年里，婺州的陈家人对她颇为照顾，彼此相处得像一家人一样。因此，在离别的时候，李清照泪眼迷离，依依不舍。

几天以后，李清照回到了临安。她仍然选择住在了西湖边上的一处小院里。此时，她的容颜已逐渐老去。这座西湖边上的小院，也许成了她人生永久的归宿。

院子里那棵高大的桂花树，此时正是繁花满枝。满树金色的桂花，让人赏心悦目，也让李清照愁闷的心情，多少有了些缓解。由此，她写了一首《摊破浣溪沙·揉破黄金万点轻》：

> 揉破黄金万点轻。剪成碧玉叶层层。风度精神如彦辅，太鲜明。
> 梅蕊重重何俗甚，丁香千结苦粗生。熏透愁人千里梦，却无情。

这是一首咏花词。赞美桂花金黄的色泽，轻而小的花朵，层层的碧叶，沁人心脾的芳香。虽是咏花，可志不在花，只是借助花形、花态、花性，来抒发词人胸中的万千感慨。

上阕开头的"揉破黄金万点轻。剪成碧玉叶层层"两句，是写桂花的形象。词中分别用"揉""剪"两个动词冠领，赞美桂花似有人工的艺术美，仿佛在眼前展开了一幅令人心醉神迷的画卷。那黄金揉破后化成的米粒状的万点耀眼金花，那碧玉剪出的重重叠叠的千层翠叶，若非清香流溢追魂十里的月中丹桂，更无别花可堪比拟。作者把小而轻的黄色桂花，比成"金"粒；把绿色的桂叶，比成"碧玉"片，这是比喻手法，赞扬了桂花的高贵，金花玉叶，黄绿辉映，旖旎动人。词的开头，是赞美桂花的自然美。

"风度精神如彦辅，太鲜明"这两句，笔锋倏然一转。"风度精神"为人类所共有，用在这里，显然是拟人手法，使桂花的形神，达到一个物我同一的艺术境界。从花到人、由此及彼，既把金玉其质的桂花点活了，也把彦辅其人的风度精神点活了。彦辅，名乐广，彦辅是他的字，西晋末年人，常被称为"中朝名士"，因其官至尚书令，故又称"乐令"。据史传记载：乐广为人"神姿朗彻""性冲约""寡嗜欲"，被时人誉为"人之水镜也，见之莹然，若披云雾而青天也"。由此可见，彦辅是德高望重、一代风流之人。词人之所以对历史名人乐广崇敬有加，恐怕是离不开时代的原因：当时，正值北宋、南宋交替的乱世，和乐广当时所处的西晋末年一样。乐广能在"世道多虞，朝章紊乱"之际，做到"清己中立，任诚保素"，无疑是身处季世的词人所遵奉的做人标准。由此，词人将桂比人、将人拟桂，便在情理之中。

在词的上阕，作者既称颂桂花的形态美，又赞扬桂花的精神美。

下阕起始也和上阕一样，是一副对句："梅蕊重重何俗甚，丁香千结苦粗生。"寒梅、丁香均为芳香科植物，为世人所深爱。尤其是傲霜凌雪的梅花，更是花中的佼佼者，也是李清照词作中的常客，如："雪里已知春信至"，"香脸半开娇旖旎"，"此花不与群花比"（《渔家傲》），"不知酝藉几多香，但见包藏无限意"（《玉楼春》）等，这些，都是词人曾经赞美梅花的佳句。但与桂花相比而言，"梅"花显得太庸俗，用以反衬桂花的超拔；而丁香花与桂花拥结在一起，又显得太俗陋。词人在这里贬抑梅花和丁香，都是为了反衬桂花的卓尔不群。

结尾句"熏透愁人千里梦，却无情"，意思是桂花的浓香把我从怀念故人和过去的梦中熏醒，不让我怀念过去这是不是太无情了？这两句终于点出个"愁"字来，语意十分明了。虽点透哪种花是词人指责的对象，但不外乎于桂花、梅花和丁香。以作者的明贬暗誉的手法来看，这里指的该是金花玉叶的桂花。这个结尾，好似词人在说桂花：我是如此执着地倾心于你质地高雅、不媚不俗，而你却竟以沁人的馥香惊扰了我的千里梦，却也太无情了。

这首词的上阕，侧重正面描写桂花质地之美，从形到神、由表及里，表现出贵而不俗、月朗风清的神韵，重在精神气质；词的下阕，则运用对比手法，进一步衬托桂花的高雅，重在随感，带有较为浓郁的主观感受。上下合璧，借花抒情，便成了一篇回味无穷的小调。

回到临安不久后，李清照听说自己的诗词好友朱敦儒，在朋友们的再三劝说下，终于应召来到临安。在皇帝召对时，他思路清晰，议论明畅，颇得高宗赏识，已赐予他进士出身，任为秘书省正字……听到这些消息，李清照心情很是振奋。

朱敦儒，字希真，号洛川先生，洛阳人。他少有才学，且家境殷实，其父朱勃为北宋绍圣年间谏官。生于官宦之家的朱敦儒，对于北宋官场腐败的黑幕自有深刻的认识，遂无意于功名，以清高自许，颇有西晋名士风度。皇帝多次诏他做官，都被他推辞不就。他一直生活在山水、醇酒、诗歌与美人之间。那时，他已有"词俊"之誉，与"诗俊"陈与义等并称为"洛中八俊"。直到"靖康之变"前，他还从未做过官，《宋史》因此称他为"志行高洁，虽为布衣，而有朝野之望"。

南渡之后，朱敦儒离开洛阳携家外逃。他先至商丘，接着又流离于淮阴、扬州，后渡江至建康，再辗转经江西而至两广，最后逃到南雄州（今广东省南雄市）。在这一段南渡流离生活中，无情的现实，击碎了朱敦儒的山林清梦，让他亲身体验了国破家亡的惨痛。

宋高宗登基不久，也想学习借鉴明君广纳贤才的策略，所以下诏召他入朝为官，但朱敦儒再次推辞不去。到了高宗绍兴二年（1132年），又有人推荐朱敦儒出来为官，而这一次，高宗赵构直接下诏任命他为右迪功郎，可他再次推辞。于是，有朋友劝他："皇帝目前招揽人才，是想要中兴大宋，许多名士都已经接受了圣旨，并名动天下。而你一肚子的才华，难道真的要在山水之间终老吗？"听了这话，朱敦儒大梦初醒，于是便进京去面见高宗皇帝。宋高宗非常欣赏朱敦儒，立刻赐他进士出身，授官为秘书省正字。不久后，他就兼任了兵部郎官，又升为两浙东路提点刑狱公事。

对于李清照来说，朱敦儒不是一般意义上的诗朋酒侣。朱敦儒的父亲朱勃，诗歌造诣很高，曾与苏轼有过唱和。朱勃与李清照的父亲李格非同是苏门弟子，并且同朝为官，李格非对朱勃颇为仰慕。当时，李格非因撰著《洛阳名园记》而往返于京、洛，与原籍洛阳的朱家来往更为密切。在李清照来到汴京后，比她年长三岁的朱勃之子朱敦儒，已经成为志行高洁、博物洽闻、有朝野之望的东都名士。

因此，朱敦儒与李清照也是旧识，并且李、朱两家早有通家之谊。不过，李清照与朱敦儒谋面的机会并不多，他们之间，只是有着以诗词互相倾慕的神交。南渡前，李清照经常跟丈夫赵明诚一起，欣赏朱敦儒的词作。曾经有一次，他们读到了朱敦儒的这首《鹧鸪天·西都作》：

我是清都山水郎，天教分付与疏狂。曾批给雨支风券，累上留云借月章。诗万首，酒千觞。几曾着眼看侯王？玉楼金阙慵归去，且插梅花醉洛阳。

李清照和赵明诚读完这首词后，不禁相视一笑，他们正是被朱敦儒所不屑一顾的"侯王"之后。当时，李清照并没有对这首词给予任何评论，但是，从她后来写的《清平乐·年年雪里》一词中的"年年雪里，常插梅花醉"就知道，朱敦儒的词作，还是对她产生了不小的影响。

李清照在临安养病期间，弟弟李迒把朱敦儒的一首在朝堂上热传的词《水龙吟·放船千里凌波去》传抄给她，请她欣赏：

放船千里凌波去。略为吴山留顾。云屯水府，涛随神女，九江东注。北客翩然，壮心偏感，年华将暮。念伊嵩旧隐，巢由故友，南柯梦、遽如许。

回首妖氛未扫，问人间、英雄何处。奇谋报国，可怜无用，尘昏白羽。铁锁横江，锦帆冲浪，孙郎良苦。但愁敲桂棹，悲吟《梁父》，泪流如雨。

读朱敦儒的这首词，李清照不由得为之倾倒。她反反复复地吟诵着，不禁对这首词高超的写作技巧，以及使事用典的深邃无迹佩服不已，并且被其中蕴含的一腔忧国深情所感动，更惊讶于词人对南渡初年国事和朝政的敏锐洞悉。

　　听说朱敦儒不日将来访，李清照内心里充满了无限的期待。朱敦儒来访那一天，除了主客朱敦儒一家外，李清照还宴请了同在临安的弟弟李远一家作陪。这次重逢，李清照和朱敦儒二人，都有一种他乡遇故知的感觉，所以，日后交往甚密，诗词唱和中，他们都感觉自己遇到了强劲的对手。

　　过了不久，适逢朱敦儒55岁寿辰，李清照便去朱府拜寿。她看到寿宴场地设在一处环水而建的高楼亭阁之中，不仅环境清幽，而且高端雅致。席间高朋满座，既有达官显贵，又不乏寒儒名士。大家一起推杯换盏，争先恐后给朱敦儒敬献贺词，人声鼎沸，好不热闹。李清照好久没有经历这样喜庆热闹的场面了，于是，她即兴填了《新荷叶·薄露初零》这首祝寿词：

　　薄露初零，长宵共、永书分停。绕水楼台，高耸万丈蓬瀛。芝兰为寿，相辉映、簪笏盈庭。花柔玉净，捧觞别有娉婷。

　　鹤瘦松青，精神与、秋月争明。德行文章，素驰日下声名。东山高蹈，虽卿相、不足为荣。安石须起，要苏天下苍生。

　　词的上阕，以清丽出奇的风格，讲述了寿宴的场景：当薄露刚刚洒落，昼夜正好时间相当的时候，在环水而建的高楼亭阁之中，我仿佛来到了传说中仙人居住的蓬莱、瀛洲这样的海上仙岛。淡雅的兰花和益寿延年的灵芝奉献给寿星，一向幽静的庭院也人声鼎沸，达官显贵身上的鲜艳衣服，与寒儒名士的素雅布衣相映生辉。侍女们像花儿一样柔媚，又像玉一样白净，她们捧着觞，穿行在人群中向客人敬酒。

　　祝寿和写寿宴场景的诗词，通常都是容易写得庸俗。这种题材，最容易被写成迎合奉承之作，仿佛有向寿星邀功请赏的意味。然而，在李清照的这首词中，人们却更多地品味到了，那些在宴会之上极难得见的高雅之气。

　　如果说词的上阕只是在风格上显得温婉清丽，那么，下阕则更多体现的是感情的流露。下阕以对主人的祝愿起首：祝您如同松鹤一般清癯矍铄，如青松一样耐寒长青，愿您的精神康健能与秋月比肩，要知道，您的道德文章历来是名动京城，独领风骚的。谢安虽然隐居于东山，然而他却声动朝野，即使是王侯将相，又有哪一个能与之匹敌？您一定要像谢安一样，早早复出，避免奸佞误国，挽救危亡之中的国家啊！

下阕中，流露出作者的爱国热情。词人不光是祝寿，更是希望寿主早日重返仕途，一展宏图之志。这里，词人连续运用了"东山高蹈""安石须起"等多个典故。

"东山高蹈"这一典故说的是，在宋朝，人们习惯性地将齐州一带叫作东山，而在晋朝时，谢安就隐居在会稽东山。虽然此东山非彼东山，但李清照巧妙地运用了这个典故，表明李清照对寿主的满怀崇敬之情。

"安石须起"中的"安石"，并非王安石，而是谢安的字，所以，还是指的谢安。《世说新语排调》之中就曾经说过，当时，谢安隐居不出，天下人都流传这样一句话："安石不肯出，将如苍生何！"这也是"天下苍生望谢安"的由来。

大约在朱敦儒任临安府通判期间的一个初秋傍晚，李清照漫步走上苏堤，来到了花港金鱼池畔，看到荷莲含芬吐芳，池鱼嬉戏相伴，眼前的美好景致，不由得让她想起了多年前，她与丈夫赵明诚相从游赏的种种情形。又适逢七夕过后，伤感之情自心底油然升起。由此，她写了一首表达浓浓相思的词《鹊桥仙·金鱼池莲》。朱敦儒赏读后，深感悲凉凄苦。他深悉悲极伤身之理，就步韵唱和了一首，其题作《鹊桥仙·和李易安金鱼池莲》：

白鸥欲下，金鱼不去，圆叶低开蕙帐。轻风冷露夜深时，独自个、凌波直上。
幽阑共晚，明珰难寄，尘世教谁将傍。会寻织女趁灵槎，泛旧路、银河万丈。

实际上，李清照的原词是一首悼亡词，因为赵明诚病卒的那个断肠的八月马上就要来了，因此，李清照必定是在词中抒发自己悲凉凄苦的心境。可遗憾的是，李清照的这首词已经散佚失传，无从查考。

朱敦儒虽然天性散漫单纯，骨子里却深藏着热血与抱负。他想成为英雄，但却因性情单纯耿直，过早地退出了政治舞台。他发表主战言论，并与主战派李光等人一道，受到右谏议大夫汪勃的弹劾。宋高宗绍兴十六年（1146年），朱敦儒遭到罢官。不久，他便回到浙江嘉禾，继续自己的隐逸生活。

宋高宗绍兴二十五年（1155年），宰相秦桧为了想让朱敦儒这样的文人来粉饰太平，便以朱敦儒儿子的前途相要挟，迫使朱敦儒再次出山，做了鸿胪少卿（二品，主要管外交）。这一次，因为爱子心切，朱敦儒选择了屈从。然而，命运有时候专爱开玩笑，仅仅20天后，秦桧就生病死了。朱敦儒的政治生涯也因此再次结束。这短短的 20 天，成为朱敦儒一生最大的污点。有人认为他晚节不保，白璧有瑕，并专门赋诗讥刺他："少室山人久挂冠，不知何事到长安。如今纵插梅花醉，未必王侯着眼看。"

这些，当然都是后来发生的事情。

在一个暮春的傍晚，一缕夕阳透过了窗纱，李清照一个人坐在有芳草池塘的绿荫庭院里。此刻，她的心思就像池塘里的水，斜阳映红的表面，深藏着无边的思绪。客居江南已久，可是她始终无法融入这里的生活，始终没有找到一种可以称为"家"的感觉。人在江南，心在北国，她感觉自己永远是漂泊在海角天涯。对故国之思、对亲人的眷念，还有对朋友的向往，这些，只能在回忆中追寻。在无限的追思与回忆中，她写下了这首《转调满庭芳·芳草池塘》：

芳草池塘，绿阴庭院，晚晴寒透窗纱。玉钩金锁，管是客来吵。寂寞尊前席上，唯愁海角天涯。能留否？酴醾落尽，犹赖有梨花。

当年曾胜赏，生香熏袖，活火分茶。极目犹龙骄马，流水轻车。不怕风狂雨骤，恰才称，煮酒笺花。如今也，不成怀抱，得似旧时那？

《满庭芳》，因唐代著名诗人吴融的"满庭芳草易黄昏"诗句而得名，又名《锁阳台》《满庭霜》《潇湘夜雨》等。每一个词牌，都有一个固定的格式和曲调，凡是改变原来句式或者增减字数的，便称为转调。李清照的这首《转调满庭芳·芳草池塘》就是这样。

李清照写这首词时，正值宋高宗绍兴八年（1138 年），当时，她已经 54 岁了。在经历了南渡、丧夫、逃亡的一系列苦难之后，她定居于临安，生活渐趋稳定。李清照通过回忆当年的"胜赏"，将过去的美好生活和今日的凄凉憔悴作对比，寄托了故国之思。

词的上半阕，采用实写的手法。开首的"芳草池塘，绿阴庭院，晚晴寒透窗纱"，寥寥几笔，清简有致，交代了时间和地点。春天傍晚时分，一个温馨的庭院，一缕夕阳斜照，一个孤独的老人，静静地坐在有着芳草池塘的绿荫庭院里。"芳草"，即香草，一种能散发芬芳香气的植物。东汉时期的史学家、文学家班固在《西都赋》中有着这样的记载："竹林果园，芳草甘木。郊野之富，号为近蜀。"词中的"晚晴"，指傍晚晴朗的天色。

"玉钩金锁，管是客来吵"这两句，写得有点奇怪。也许是真实的，有客来访，挑起了玉钩金锁，打破了原有的岑寂。也许只是孤独的词人，期待着有朋友来拜访的幻觉。"吵"，语气词，相当于现在的"啊"。

接下来的"寂寞尊前席上，惟愁海角天涯。能留否？"三句，是真实还是想象？其实这并不重要。真实也好，想象也罢，尊前席上的浩歌狂热，也掩盖不了词人内心的寂寞。众人皆醉我独醒，众人都在喧哗，我却独自沉默，这种才是无药可解的孤独。东汉末年文学家孔融有一句名言："座上客常满，杯中酒不空，吾之愿也。"这也是李清照的愿望，可见李清照如今的空虚。去国怀乡，身处异乡，连繁华的临安在李清照眼中，也成为了遥不可及的海角天涯，留得住她的人，却留不住她的心。

"酴醾落尽，犹赖有梨花"两句，是说酴醾花落尽，幸亏有梨花。写春去花落感伤时光的流逝，是很多词人的写词手法。李清照的"犹赖"二字，更显出对时光流逝的无奈。"酴醾"，本是酒名，亦作"酴醿""酴釄"，这里指花名。以花颜色似之，故取以为名。酴醾，属蔷薇科落叶小灌木，于暮春时开花，有香气。《全唐诗》卷八六六所载《题壁》一诗，便有"禁烟佳节同游此，正值酴醾夹岸香"之句；南宋著名大文豪陆游的《东阳观酴醾》一诗，也有"福州正月把离杯，已见酴醾压架开"的句子；南宋文学家姜夔的《洞仙歌·黄木香赠辛稼轩》一词中，写有"鹅儿真似酒，我爱幽芳，还比酴醾又娇绝"的句子；清代著名诗人厉鹗在《春寒》一诗中，也有"梨花雪后酴醾雪，人在重帘浅梦中"的句子。

词的下半阕，是从回忆写到现实。

开篇的"当年曾胜赏，生香熏袖，活火分茶。极目犹龙骄马，流水轻车"几句，是对曾经的回忆。以前，李清照过着养尊处优的生活，踏雪觅诗、赌书泼茶、熏香饮酒，哪一件都是高雅的事情。和有情人在一起，哪一刻都是快乐的事情。信步走在大街上，远望繁华的都市，车如流水马如龙。当年，大宋都城的繁华不言而喻，字里行间，不经意流淌的是对故国深深的眷念，也有对软弱的朝廷的讥讽。曾经的生活，是那么的美好，与今日寂寞尊前席上之凄凉憔悴，形成鲜明的对比。说不尽的愁苦，来得这般跃然。一个"胜"字，优美之意，一如今天的旅游胜地。

"不怕风狂雨骤，恰才称、煮酒笺花"这三句是说，哪管外面狂风骤雨，一样才思涌动，煮酒赋新词。南渡以前的李清照，笔下的闺情，天真淳朴，栩栩如生，自然风光，让人迷恋忘返。"绿肥红瘦"的海棠，"沉醉不知归路"的溪亭，都是脍炙人口的名篇。"人比黄花瘦"的重阳相思，想想都是那么的美好。"笺花"，比喻美妙的辞章。唐玄宗时期的宰相李元纮在《奉和圣制送张说上集贤学士赐宴》中就写道："馔玉趋丹禁，笺花降紫墀。"

下阕收尾"如今也，不成怀抱，得似旧时那？"这三句的意思是，而如今，物是人非，不敢想起，那些美好的时光。回不去的，不是旧日的繁华，是旧时的情怀。临安虽好，可对于李清照来说，又怎抵得上有故事的汴京？

02 恶亲秦桧，不相往来

　　在临安，除了弟弟李远和赵明诚的几位兄长姐妹之外，李清照还有一门地位煊赫，甚至可以在朝堂上翻云覆雨的亲戚，这个人就是秦桧。不过，李清照与秦家素无往来。她流离失所的时候，秦桧正在扶摇直上。尽管如此，在她与张汝舟对簿公堂时，并未求到秦桧帮忙，而是找了亲戚关系较为疏远，并且反对秦桧的綦崇礼。由此可见，李清照并不以这门地位煊赫的亲戚为荣，她反倒认为，离他们越远越好，以致对这门亲戚她从来都不曾提及。想必，对秦桧的为人，她是一清二楚的。

　　那么，李清照与秦桧是怎样的一个亲戚关系呢？

　　李清照的父亲李格非是苏轼的学生，礼部员外郎。李清照的外公王珪是宋神宗时期的宰相。王珪有五个儿子，王仲修、王仲山、王仲嶷、王仲脩和王仲煜。秦桧的夫人王氏，是王仲山的女儿。由此来看，李清照和秦桧的妻子是嫡亲表姐妹，秦桧和李清照也就是妹夫和大姨姐的关系。李清照夫妇一度生活在青州（今山东省青州市），秦桧家就在相邻的密州（今山东省诸城市），但两家几乎无任何联系。秦桧的老婆王氏是一个性情泼辣之人，秦桧在王氏面前，只能忍声吞气。王氏不能生育，秦桧不想断后，便与丫鬟生下了儿子，但王氏将丫鬟母子赶出了家门，而后从自己哥哥家抱养一个儿子。尽管秦桧不喜欢抱养的孩子，但也没办法。直到秦桧病逝，流落在外的亲儿子都没法认祖归宗。

宋高宗绍兴五年（1135年），战争的狼烟仍未散去。金人仍对南宋朝廷虎视眈眈，而软弱无能的南宋朝廷随时准备着摇尾求和。只有军前将士，仍在前线浴血奋战。宋、金两国的黄天荡一战，金兀术溃不成军。于是，金兀术把所有怨恨的矛头，指向了曾在黄天荡之战中擂鼓助阵的梁红玉。在楚州（今江苏省淮安一带）抗金前线，梁红玉被金兀术大兵围追堵截，终因寡不敌众战死沙场。这位巾帼英雄的光辉形象，永远被历史所铭记。与她的英姿形成鲜明对照的，是朝堂上那些毫无节操的懦弱身影。

臭名昭著的秦桧，无疑是朝堂上那些无节操朝臣的代表。在他的煽动下，本就无意抗金的宋高宗，求和之决心更加坚定。赵构所谓的收复河山的千秋大业，终抵不过日益膨胀的私心。

秦桧，字会之，出生于黄州（今湖北省黄州区）。宋哲宗元祐五年（1190年）中进士。由于善于阿谀奉承，见风转舵，他在仕途上顺风顺水，步步高升。秦桧最擅长的，不是济世安民，也不是心忧天下，而是阳奉阴违，欺上罔下，过河拆桥。在政治上，他属于主和派，奉行割地、称臣、纳贡的议和政策，极力阻止抗金。同时，他结党营私，斥逐异己，迫害忠良，是中国历史上著名的奸臣之一。

宋钦宗靖康二年（1127年）初，汴京沦陷，金人掳走了宋徽宗、宋钦宗二帝，将其贬为庶人，金军元帅决定要推立异姓为帝。金军首领完颜宗翰，派人将当时在京的宋朝大小官员集中到秘书省，强迫众人签字画押，表示拥戴张邦昌为伪楚皇帝。当时，担任监察御史的马伸，主张共进议状，保存赵氏江山。秦桧表示支持，遂写议状，上书金帅乞立赵氏为帝，被拘押在金营。

靖康二年三月，张邦昌被立为伪楚皇帝，定都金陵（今江苏省南京市）。四月，秦桧随徽、钦二帝一起被金军拘往北方，经燕山，转至韩州（今内蒙古通辽市）。那年，随徽钦二帝被押往金国的，除了秦桧夫妇之外，还有许多宋朝大臣，如宰相何栗、枢密使孙傅、签书枢密院事张叔夜等等。张邦昌遣人送书，请金国放回孙傅、张叔夜及秦桧，金人没有答应。

到达北方后，孙傅等人都守节不屈，唯独秦桧屈服于威逼利诱，见风转舵。

同年五月，康王赵构在应天府（今河南省商丘市）即位，建立南宋。

宋徽宗得知消息后，给金帅完颜宗翰写了一封信，表示愿派人通知儿子赵构，愿意子子孙孙永远奉金正朔，并向金纳贡，让秦桧为其加工润色。秦桧通过"厚赂"，打通关节，此信才得以传送到完颜宗翰手中。秦桧以高超的谄媚逢迎、见风使舵的能力，取得了完颜宗翰的信任和赏识。后来，金太宗完颜晟把秦桧赐给了他的弟弟完颜昌，秦桧开始为完颜昌出谋划策。再后来，在金人的软硬兼施之下，秦桧答应做其在宋朝的内应。

宋高宗建炎四年（1130年），金军大将完颜昌率兵进攻山阳（今江苏省淮安市），秦桧随军同行。十月，秦桧携家眷离开金营，取道涟水军水砦，返回行都临安（今浙江省杭州市）。秦桧归宋后，自称杀了监视自己的金兵，抢了小船逃回。大多数朝臣对此事持怀疑态度，唯有宰相范宗尹、枢密院使李回等与秦桧关系要好的人，竭力保荐他的忠心。期间，秦桧极力施展逢迎谄媚之术，很快赢得了宋高宗的信任和欢心，于是便平步青云，直到最终成了宰相。

本来，当初向金人乞求保存赵氏江山的那份议状，是马伸、秦桧等三人签署的，无论功过都应由三人共同承担。结果，秦桧归宋后，将存赵之功都揽到自己身上。由此，高宗赵构对他十分信任和器重。宋高宗绍兴初年，马伸已故，他的学生马兊将实情诉于文字，送到了尚书省，揭露秦桧的谎言。秦桧勃然大怒，不久后，马兊被贬到了英州（今广东省英德市），直到秦桧死后，马兊才被放还。

宋高宗赵构和秦桧这两个臭味相投的人，将求和之事做到了极致。割让土地，增加岁币，卑躬屈膝，摇尾乞怜，总之，但能求得片刻安宁，他们就会不惜一切满足于金人所有愿望。可恨的是，因为他们的狼狈为奸，整个南宋朝廷奸臣当道，一派乌烟瘴气，早已没有了黑白的界线，不少忠臣良将被奸臣迫害致死。

宋高宗绍兴八年（1138年），宋高宗诏令天下，决定把临安定为都城。这时，人们才明白：朝廷偏安江南已成定局。那些忠臣良将，眼看北复中原的梦想破碎，仍不甘心，不断上书皇帝，希望北复中原。但一次次上书，总是得不到任何回应。

与此同时，金国派遣张通古、萧哲二人作为"江南诏谕使"，携带国书，在王伦的陪同下，来到临安进行和谈。金使态度极其傲慢，目中无人，对南宋当局百般侮辱。但赵构和秦桧一味苟且偷安，不惜卑躬屈膝与金使议和。

此举激起了朝中大多数大臣与全国军民的义愤，纷纷起来反对。枢密院编修官胡铨反对议和意志最为坚定。他上书高宗皇帝，对金国议和的阴谋进行揭露，并斥责皇帝忘记了国家大仇，而且要求高宗皇帝斩下秦桧、王伦、孙近的首级。

胡铨这篇奏疏，一经传出，立即产生强烈反响。宜兴进士吴师古迅速将此奏章刻板付印散发，吏民争相传阅。金人听说此事后，急忙用千金求购此书，读后，君臣大惊失色，连连称"南朝有人""中国不可轻"。

太湖之滨，14 岁的少年王谊，从小熟读经史，钦佩英雄主义，痛恨误国奸臣。他无意中看到吴师古的刻本，便愤然挥笔，模仿御批，在上面写了"可斩秦桧以谢天下"八个字。不久，王谊被人告发，被押至临安。虽未被杀，却被流放到边塞去了。

蛰居临安的李清照，虽然很少外出，但对于天下之事，她并非不闻不问。秦桧等人的卖国行径，正直之臣的仗义执谏，忠勇将士的出生入死，她都几乎是了如指掌。

然而，让她悲伤的事情还在后头。宋高宗绍兴九年（1139 年），秦桧与金国议和之时，岳飞再度上表，力陈其害，极力主张收复北方失地。但是，宋高宗听不进去。到了宋高宗绍兴十年（1140 年），金军再度南侵，岳飞率领大军，于郾城（今河南省漯河市境内）大败金军，并进军到离汴京几十里的朱仙镇。得知喜报，中原豪杰群起响应。岳飞觉得，直捣黄龙，收复河山，应该指日可待。

而宋高宗竟然不可思议地在一天之内，连下了十二道金牌，命令岳飞班师。无奈之下，岳飞只好退兵。就这样，岳飞彻底明白了，皇帝根本不想恢复中原。他回到朝廷后，不再像以往那样慷慨陈词，只是再三恳请朝廷解除他的军职，归田而居。但朝廷没有批准。

宋高宗绍兴十一年（1141 年）二月，金兀术再次率领大军南下，岳飞领兵驰援淮西。此后，他的身影再也没有出现在战场上。南宋朝廷再次向金求和。金兀术在给秦桧的信中说，不杀岳飞，便无和谈的可能。四月，岳飞和韩世忠等被调离军队，到临安枢密院供职。十月，岳飞被诬告谋反，投入大理寺狱中。

这年除夕，岳飞和长子岳云以"莫须有"的罪名，被害于大理寺风波亭。

李清照听到了岳飞被害的消息后，几乎是痛不欲生。岳飞是她心目中最敬重的而且是举世无双的英雄。

而最让李清照痛心疾首的是，最后促使秦桧对岳飞下毒手的人，竟然是她的表妹、秦桧的妻子王氏。

关于王氏，正史记载颇为有限。王氏的祖父王珪是宋神宗熙宁时期的宰相。王珪为相时，少有建树，被时人称为"三旨相公"，就是说他上殿进呈时，"取圣旨"，神宗决定后，"领圣旨"，退朝后告诉秉事的人，称"已得圣旨"。在王安石、司马光等新旧两党争夺决策权时，王珪总是从中左右斡旋，虽很有政治能力，但明显缺少担当。

这种行事风格，直接影响了他的两个儿子王仲山和王仲嶷，以致在金人灭北宋、渡江追击高宗赵构和皇太后的过程中，二人先后率城以降。当时，金兵兵分两路，一路把高宗赵构赶到浙江海山，一路把皇太后追赶逃往江西。金兵打进江西时，王仲山知抚州（今江西省抚州市），还没等金兵到城下，他就"以城降拜"。降了还不算，还要拜，屈辱到顶。他的弟弟王仲嶷当时知袁州（今江西省宜春市），看哥哥降得痛快，也不纠结，没等金兵去打，也赶紧投降了。

王仲山就是王氏的父亲。有这样的父辈，后来又嫁给了秦桧，王氏的名声无论如何不会太好。

秦桧的家世并不显赫，但王家到王仲山时期也不算太好。宋代重视科举，盛行榜下招婿，取潜力股之意。王家当时就看中了秦桧这支潜力股，将王氏嫁给了他。从短时间来看，这桩婚姻为王家带来了丰厚的政治回报，但是没想到却要担负千古的骂名。

当秦桧由金国返回南宋后，很快取得高宗的信任。于是，王仲山、王仲嶷兄弟二人在秦桧的帮助下，不仅没有因为投降献城受到严厉的惩罚，甚至还分别获得带薪退休的恩典。

在秦、王两家，秦桧的妻子王氏似乎有着很高的话语权。秦桧死时，高宗曾在临祭奠之日召见王氏，当面向她保证会保全其家。这是极为罕见的，要知道，秦桧的儿子秦熺当时立朝颇久，高宗没有召见他，反而特别要面谕其母，原因可能就在于，整个宋代，大臣的妻子向来不准干预政事，而秦妻王氏是特例。

南宋佚名所著的《朝野遗记》中记载，王氏的阴险，在秦桧之上。当时，岳飞一案审议完毕，证据伪造好了。一天，秦桧独自在书房发呆，王氏看到了，就笑着说："老汉何一无决耶？捉虎易，放虎难也！"就是说，老头子这有什么难以决断的，要知道，捉虎容易纵虎难。秦桧听了，就下了杀害岳飞的决心。

不管王氏有多坏，也不管人们多么不情愿地把她说成是李清照的表姊妹，但这种亲戚关系，是不以人们的意志为转移的。从亲缘和单纯的时空意义上说，李清照和秦桧夫妇既是表亲，又年龄相仿。李清照只比秦桧大六岁，他们在青年时期，同时生活在汴京，后来，又同时生活在临安，生活中，不可能没有交集。据说，起初，因为李清照对秦桧这个人印象不怎么好，不认可他的人品，李清照与王氏之间的姐妹关系，也不是很好。又有人说，当时，秦桧在密州是负责州学教务的，李清照和赵明诚两人在离密州不远的青州居住。青州和密州那么近，况且密州还是赵明诚的老家，两家人却始终没有来往，就连书信也没有一封。李清照与秦桧两家人之间没有什么往来活动，大概就是因为志不同道不合的原因。

李清照虽然有这样一门恶亲，但却从未与其同流合污。相反，在整个临安城，甚至在整个生活中，李清照都像是一丛清水芙蓉，出淤泥而不染！

03 登门求跋，再了心愿

在一个料峭春寒的日子里，李清照参加了一位地位煊赫的贵妇人的生日宴会。宴会期间，李清照为这位封号为南昌夫人的寿星，写了一首《长寿乐·南昌生日》的祝寿词：

微寒应候。望日边六叶，阶蓂初秀。爱景欲挂扶桑，漏残银箭，杓回摇斗。庆高闳此际，掌上一颗明珠剖。有令容淑质，归逢佳偶。到如今，昼锦满堂贵胄。

荣耀，文步紫禁，一一金章绿绶。更值棠棣连阴，虎符熊轼，夹河分守。况青云咫尺，朝暮重入承明后。看彩衣争献，兰羞玉酎。祝千龄，借指松椿比寿。

《长寿乐》，词牌名。这首祝寿词，表达的对象是一位封号"南昌"的贵妇。上海社科院古典文学室研究员徐培均在《关于李清照两首词的笺证》一文中认为，这首祝寿词，是李清照写给韩肖胄的母亲的。

上阕开首的"微寒应候。望日边六叶，阶蓂初秀"三句，"微寒"，天气稍寒。"应候"，适应的气候。"望日边"，就是看时间。"六叶，阶蓂初秀"，是说蓂荚刚生了六片叶，这可能指一个初六日。传说，蓂荚这种草月初日生一叶。已生六叶知为初六。

接下来的"爱景欲挂扶桑，漏残银箭，杓回摇斗"三句，这是说太阳要升起，漏已残，北斗已转了方位，春天来了。"爱景"，冬日之光。"扶桑"，传说中太阳升起的地方的大树。"漏残银箭"，指天将向晓。"漏残"，漏壶中的水将要滴尽。"银箭"，用在漏壶中刻有度数的标尺。"杓回摇斗"，意思是斗柄东回，春天来到。"杓"，北斗第五、六、七颗星的名称，又称斗柄、杓星。

"庆高闳此际，掌上一颗明珠剖"两句是说，正在这时，显赫的贵族府邸里，正庆幸一个姑娘降生了。"高闳"，高门，显赫的门庭。

"有令容淑质，归逢佳偶"两句是说，这位姑娘容貌好，品德好，将有一个好配偶。

"到如今，昼锦满堂贵胄"两句，意思是现在回到家里的，都是穿着锦衣的贵族。

下阕开头的"荣耀，文步紫禁，一一金章绿绶"三句，是说家中做文官的，都在紫金中行走，带着金章绿绶，也就是官位高，能接近皇上。"紫禁"，以紫微星垣比喻皇帝的居处，故称皇宫为紫禁。

接下来的"更值棠棣连阴，虎符熊轼，夹河分守"三句的意思是，另有两兄弟，是武官，掌虎符，乘高级官车，分封两郡太守。"棠棣连阴"，意谓兄弟福荫相继不断。"棠棣"，指兄弟。"连阴"中的"阴"，同"荫"。《诗·召南·甘棠》中记载：相传周时，召伯巡行南国，曾在棠树下听讼断案，不厌劳烦，后人爱召伯而敬其树，便不忍伐其树。"虎符"，铜铸的虎形兵符，背有铭文。虎符作为古代调兵遣将的信物，分为两半，右半留京师，左半授予统兵将帅或地方官吏。调兵时，由使臣持符验合方能生效。"熊轼"，古代高级官员所乘的车，车前横轼作伏熊形。后用以指公卿和地方长官。"夹河分守"，意思是寿主有二子皆为郡守。

"况青云咫尺，朝暮重入承明后"两句，意思很快就要高升，不久就会再入到承明宫殿里。"青云"，指高位。《史记·范雎蔡泽列传》中记载："须贾顿首言死罪，曰：'贾不意君能自致于青云之上。'""咫尺"，如同"一步之遥"。"承明"，即承明庐，汉代皇帝侍臣入值之所，此处，是说寿主二子不久将成为皇帝身边的高官。

下阕收尾的"看彩衣争献、兰羞玉酎。祝千龄，借指松椿比寿"四句是说，你今天过生日，做了高官的儿子们，缫衣于前，如兰之菜，如玉之酒，争着献给你。我祝愿你长寿，能和高寿的松树、椿树比肩。"兰羞玉酎"，指香美的食品。"玉酎"，指复酿的醇美之酒。"松椿"，古人认为最长寿的两种树。

这是一篇祝寿词。词人始终对寿星的家庭荣耀进行夸赞，字里行间透露出词人对寿星主人充满了敬意，特别是对寿星有两个好儿子好生羡慕。

词的上阕，主要是写寿星本人，手法采用的是顺序结构。作者用白描的手法，直接来讲述寿星本人及其家庭，说这个人生日好，容貌品德好，配偶好，家中尽是些贵族。

词的下阕，词人采用了大量贴切的典故，来赞誉寿星的两个儿子。夸寿星其人不如夸其子，词人深谙此道，任何一位做母亲的，听到别人这样称赞自己的儿子，肯定会心花怒放。

宋高宗绍兴十三年（1143年），李清照将《金石录》三十卷再加整理后，与赵明诚、刘跂和她本人为此书所作的三篇序言，一同表进于朝。她知道，若想让赵明诚的毕生心血，得以在后世流传下去，最好的办法，就是把它捐献给朝廷。果然，几十年后，大约在南宋淳熙年间，《金石录》已有刻本在市面上流传，书末便附有李清照所写的《〈金石录〉后序》。但是到明代，这样的刻本已经很少见了，而清人所知的宋刊本，只有残存的十卷本。

清顺治年间的谢世箕刻本、乾隆年间的卢见曾刻雅雨堂丛书本，都以明抄本为底本。1950年，在南京发现三十卷宋刊本，行款版式都与残存的十卷本一致，被认为是宋龙舒郡斋初刊本，为目前最好的本子。

可惜，后来的事情，李清照已无从知晓。但她知道，若赵明诚地下有知，一定会对他自己的毕生心血能够在后世得以流传，感到由衷欣慰。

宋高宗绍兴二十年（1150年），李清照已经67岁了。自从赵明诚去世后，李清照在每年的八月十八日这一天，都要举行纪念活动，以寄托自己对故人的哀思。事实上，这些年来，为了继续丈夫热爱的事业，也为了表达对故去丈夫的缅怀，李清照除了读书填词之外，对金石书画文物的研究从未间断过。

在赵明诚去世二十周年前夕，李清照翻箱倒柜，检阅了全部残存收藏的金石书画。最后，她手捧两帧米芾帖，若有所思……

李清照知道，当年，公爹赵挺之与当朝四大书画名家中的苏轼、黄庭坚不对付，而对蔡襄、米芾之书，则倍加珍惜。这些珍贵的藏品，能归赵明诚，这是赵家兄弟之间兄友弟恭、手足情深的象征。如今，赵家三兄弟都已相继作古，她唯一能告慰于死者的，就是把这一珍品收藏好，并且要使它变得更有价值。她想，这么珍贵的藏品，如再有一位名人在上面题跋，岂不是更能流芳千古、价值连城吗？想来想去，米友仁便是最合适的人选。于是，李清照决定登门向米友仁求跋。

米友仁，字元晖，祖籍山西太原，后定居润州（今江苏省镇江市），南宋画家，也是北宋著名书画家米芾的长子，世称"小米"。他书法绘画皆承家学，故与父亲米芾并称"大小米"。米友仁早年以书画知名。北宋宣和四年（1122年），应选入掌书学，南渡后，备受宋高宗优遇，官至兵部侍郎、敷文阁直学士。宋高宗赵构还曾命他鉴定法书。当年，在汴京时，米友仁与李清照、赵明诚多有交往，时常纵论书画。前不久，米友仁升为敷文阁直学士，并由润州来到临安。

当李清照带着两篇米芾帖出现在米友仁面前时，这位年近八旬的老人，不禁百感交集。米友仁出生于宋神宗熙宁七年（1074年），比李清照要年长十岁。不过，这位77岁的老人，精神非常矍铄。他没想到，自己在垂暮之年，还会在江南与李清照重逢。故人相见，难免会勾起一些前尘往事。

李清照所携的两幅字帖，分别是《寿时宰词》和《灵峰行记帖》。米友仁见到父亲的字，竟然激动得热泪盈眶。原来，米芾这个人写字，一向乘兴而为。就是有兴致的时候，可以写一些字，也可以画一些画。要是没了兴致，一张也不写，一张也不画。因此，米芾其实流传下来的作品并不是很多。就连他的儿子小米，手上拥有他父亲的字或者画，也不是很多。李清照收藏的这两幅字帖，他看到之后觉得分外的亲切。在李清照说明来意后，他正襟危坐而思，然后在《灵峰行记帖》上郑重地写道：

易安居士一日携前人墨迹临顾，中有先子留题，拜观不胜感泣。先子寻常为字，但乘兴而为之。今之数字，可比黄金千两耳。呵呵。

题罢一帖，又再三抚摩吟赏另一《寿时宰词》，然后又写道：

先子真迹也。昔唐李义山出门下典仪，宰相屡荐之。太宗召试进武殿，赐坐，而殿侧有乌数枚集之，上令作诗咏之。先子因暇日偶写，今不见四十年矣。易安居士求跋，谨以书之。

这两跋的落款，完全一致，均署作"敷文阁直学士、右朝议大夫、提举右神观友仁谨跋"。

寥寥几个字，价值黄金千两，这绝非一句玩笑话。米芾的字，在他去世之前，已被人争相收藏。对于他的字，据北宋宋徽宗宣和年间宫廷所藏书法作品书目《宣和书谱》上记载："寸纸数字人争售之，以为珍玩。"多年以后，价值更是无可估量。米芾的书帖，本身就已价值连城，再加上其长子的亲手题跋，此二帖实为无价之宝。所以，米友仁说他父亲的字价值千金，实际上是过谦之词。

李清照和米友仁虽是故友，但从未见其执笔写字。此番不仅得到了他的跋文，还近距离看他挥毫，实在是三生有幸。看米友仁在纸上笔走龙蛇，竟有几分年轻时的潇洒纵逸。恍惚间，米友仁又似乎回到了许多年前。

为李清照所始料不及的是，多年以后，岳飞之孙岳珂撰著《宝真斋法书赞》时，米芾《寿时宰词》帖已经散失，仅存米友仁之跋语。岳珂跋《米元章帖》曰：

右宝晋米公《灵峰行记》真迹一卷。天下未尝无胜游，惟人与境称，而后传久。其次以文，其次以字画。考乎此亦可观矣。宝庆丙戌（1226）秋得之京口。故藏易安室，有元晖跋语系焉。

李清照亲访米友仁所求二跋，是在她撰完《〈金石录〉后序》和将《金石录》表进于朝之后，所作出的又一重大贡献。此事，未见于其他记载。幸亏后来被岳珂的著作加以载录，才没有被历史的洪流所淹没。百年之后的李清照和赵明诚，若是泉下有知，也当可以含笑了。

04 寻寻觅觅，绝世词篇

俗话说得好，人一旦到了晚年，就越来越喜欢回忆，喜欢追念。但是，凭李清照的性格，她不可能老在回忆和追念当中，度过晚年的生活。她还怀有对生活的希望，还关心着现实生活的变化，朝廷时局的变化。而这些，都源于她有一颗刚强的心。

其实，晚年的李清照应该是痛苦悲戚的。这么说的原因，一方面在于她是一个孤独的人。她没有亲人，没有子女，她不得不在回忆当中，来度过每一天；另一方面在于她对生活充满着热情，总是希望能够冲出自己这个很小的生活的圈子，去更多地接触生活、认识生活、感受生活。这种矛盾的心境，无时无刻不交织在她的内心，同时，也在她的诗词创作中表现出来。

宋高宗绍兴二十年（1150 年）正月，李清照在新都临安度过了又一个元宵佳节。此时此刻，眼前美好的风光和热闹的场景，不禁使她回想起了南渡之前，自己在旧都汴京时度过的元宵佳节。如今相似的场景，自己却再也不是原来的自己。想到此，她的心中悲慨无比，由此写下了这首《永遇乐·落日熔金》：

　　落日熔金，暮云合璧，人在何处。染柳烟浓，吹梅笛怨，春意知几许。元宵佳节，融和天气，次第岂无风雨。来相召、香车宝马，谢他酒朋诗侣。

　　中州盛日，闺门多暇，记得偏重三五。铺翠冠儿，捻金雪柳，簇带争济楚。如今憔悴，风鬟霜鬓，怕见夜间出去。不如向、帘儿底下，听人笑语。

　　这首词，是李清照晚年伤今追昔的一篇力作。词作采用对比手法，描写了北宋京城汴京和南宋京城临安元宵节的情景，借以抒发自己的故国之思，含蓄地表现了对南宋统治者苟且偷安的不满。

　　词的上阕，写今年元宵节的情景。

　　开头的"落日熔金，暮云合璧"两句，着力描绘上元之夜绚丽的暮景：落日金光灿灿，像熔化的金水一般，暮云色彩斑斓，仿佛碧玉一样晶莹鲜艳。这两句对仗工整，辞采鲜丽，形象飞动。紧接着一句"人在何处"，点出词人自己的处境：漂泊异乡，无家可归，同吉日良辰形成鲜明对照。这里包含着词人由今而昔又由昔而今的意念活动。词人置身于表面上依然热闹繁华的临安，恍惚又回到"中州盛日"，但旋即又意识到，这只不过是一时的幻觉，因而不由自主地发出"人在何处"的叹息。这是一个饱经离乱风霜的人，在似曾相识的情景面前，产生的一时的感情活动，看似突兀，实则内涵深刻，耐人咀嚼。

　　"染柳烟浓，吹梅笛怨，春意知几许"三句，前一句写早春时节初生细柳被淡烟笼罩。从视觉着眼，点出时令是初春。后两句从听觉落笔，写笛子吹奏出哀怨的《梅花落》曲调，原来先春而开的梅花已经凋谢了。这眼前的春意，究竟有多少呢？"几许"是不定之词，具体运用时，多数都侧重于"少"的意思。"春意知几许"，实际上是说春意尚浅。词人不直说梅花已谢，而说"吹梅笛怨"，借以抒写自己怀念旧都的哀思。正因为这样，虽有"染柳烟浓"的春色，却只觉春意味少。

　　"元宵佳节，融和天气，次第岂无风雨"三句是说，佳节良辰，应该畅快地游乐了，可是，这些年来国事的变化，身世的坎坷，使得词人产生了物是人非、好景不长之感。所以在"融和天气"之后，立即指出"次第岂无风雨"的可能，在淡淡的春意中，又掺进了浓浓的隐忧。这种突然而起的"忧愁风雨"的心理状态，深刻地反映了词人多年来，颠沛流离的境遇和深重的国难家愁所形成的特殊心境。

上阕收尾的"来相召，香车宝马，谢他酒朋诗侣"三句是说，词人的晚景虽然凄凉，但由于她的才名家世，临安城中，还是有一些贵家妇女乘着香车宝马，邀她去参加元宵的诗酒盛会。只因心绪落寞，她都婉言推辞了。表面上的理由，是怕碰上"风雨"，实际是国难当前，早已失去了赏灯玩月的心情。如果是在太平盛世的当年，情况就大不相同了。这样，诗人很自然地转到当年汴京欢度节日的回忆上来。

词的下阕，着重用作者南渡前在汴京过元宵佳节的欢乐心情，来同当前的凄凉景象作对比。

开首的"中州盛日，闺门多暇，记得偏重三五"三句，由上阕的写今，转为忆昔。"中州"，本指今河南之地，这里专指汴京；"三五"，指正月十五元宵节。遥想当年汴京繁盛的时代，自己有的是闲暇游乐的时间，而最重视的是元宵佳节。

"铺翠冠儿，捻金雪柳，簇带争济楚"三句是说，这天晚上，同闺中女伴们戴上嵌插着翠鸟羽毛的时兴帽子，和金线捻丝所制的雪柳，插戴得齐齐整整，前去游乐。这几句，集中写当年的着意穿戴打扮，既切合青春少女的特点，充分体现那时候无忧无虑的游赏兴致，同时，也从侧面反映了汴京的繁华热闹。

下阕的前六句为忆昔，全是写实，语调轻松欢快，多用当时俗语，宛然少女心声。

但是，昔日的繁华欢乐，早已成为不可追寻的幻梦。"如今憔悴，风鬟霜鬓，怕见夜间出去"这三句是说，历尽国破家亡、夫逝亲离之痛，词人不但由青春靓丽的少女变为形容憔悴、蓬头霜鬓的老妇，又老又衰，特别不愿意晚上出去。因为晚上的时间是跟朋友、跟家人团聚的时候，可是她跟谁团聚呢？虽然有朋友在，可是再好的朋友，又怎能替代得了自己的家人呢？因此，朋友们的团聚，越热闹、越欢快，她内心里边的悲伤就越沉重。"盛日"与"如今"两种迥然不同的心境，从侧面反映了金兵南下前后两个截然不同的时代，和词人前后天渊之别的生活境遇。

结尾的"不如向、帘儿底下，听人笑语"这三句是说，词人一方面担心面对元宵胜景，会触动今昔盛衰之慨，加深内心的痛苦；另一方面却又怀恋着往昔的元宵盛况，想从往昔的繁华中重温旧梦，给沉重的心灵一点慰藉。这种矛盾心理，似乎透露出她对生活还有所追恋的向往，但骨子里，却蕴含着无限的孤寂悲凉。面对现实的繁华热闹，词人却只能从隔帘笑语声中，去聊温旧梦。

这首词，语言质朴、情感真挚。词人用当年在汴京赏灯过节时的热闹场面，与自己今天的处境来作对比，反映出她既有一种渴望欢乐、渴望加入到火热生活当中去的愿望，但是又没有办法走出沉重心情的矛盾心理。这首词之所以历来为文学史家所激赏、所称赞，就在于它非常巧妙地写出了，晚年一个杰出女性内心感情的矛盾与痛苦。这样一种内心世界的揭示，很少能够在其他作家的笔下表现出来。

晚年的李清照，守着一个孤清的小院落，身边没有一个亲人。国事已难问，家事怕再提，虽然孤苦一人，无儿无女，可是她不想辜负自己的满身才学，想找一个能够传承衣钵的弟子。可是很多年过去了，她从未遇到合适的人选。她所看上的人，都不喜诗词文赋等风雅之事；而愿意向她学习的人，又多是资质平庸之辈。对此，李清照心中常有遗憾。

距离李清照的住所不远处，有一户姓孙的人家，户主为孙综。当时，他的官阶是从七品的宣议郎，所以，人们称他为孙宣议。孙综原籍会稽山阴，妻子梁氏也是同郡人，他们夫妇看起来温文尔雅，落落大方。他们有个十几岁的女儿，聪明灵慧，俊美异常，深得李清照喜爱。李清照对孙氏一家印象非常好，因此跟他们一家交往颇多。孙综夫妇知道李清照不仅诗词文赋无一不工，书画造诣也多有出人头地之处，因此，常常以晚辈后学的身份上门拜访。有一次，孙氏夫妇委婉地请求李清照给他们写两幅字：一幅写柳永的《望海潮·东南形胜》；另一幅写李清照自己的咏桂名篇《鹧鸪天·桂花》。

一提到柳永的《望海潮·东南形胜》，联想到孙综的姓氏，李清照立刻就想到了柳永笔下被赞为"千骑拥高牙"的盛大威风场面，而当时，那位临安知府名字叫孙沔。莫非，眼前这个人是孙沔的后人？孙综早已从李清照的眼睛里读出了疑问，他解释说："柳词结拍所指的正是下官曾祖。"听了孙综的话，李清照心中不禁有些感动。没想到，这位经常和自己一起交流的朋友，居然是一位名门后裔。于是，话题越聊越多，越聊越投机，关系似乎又近了一层。李清照本来就对孙家那个聪明伶俐的小女孩青睐有加，随着关系的拉近，便更感觉到了一种责任。她觉得，她应该把自己平生所学传授与她，把她培养成一位拥有盖世才华的才女。想到这里，她一面亲昵地把小女孩揽在怀里，一面对她说："我想将辞章之学传授于你，你觉得怎么样呢？"

让李清照出乎意料的是，她的话音刚落，孙氏小女子便应声而起，一本正经地说："才藻非女子事也！"李清照不由得倒抽一口凉气。她感到一阵眩晕，手扶门框，才使自己勉强没有摔倒。她万万没想到，自己一副炽热心肠，竟引出如此一番话语，这真让她感到哭笑不得。虽说童言无忌，可小女孩一本正经、认认真真的样子，完全不像是一个不谙世事的孩子的戏语。而且，她的父母也并没有对女儿的话表示惊讶或者制止。可见，孩子的话也是他们的心声。李清照一下子明白了：人各有志，不能强求。于是，她迅速转移了话题，并没有不欢而散。

多年以后，小女孩长大成人，嫁给了前朝一位宰相的后裔。据说，这位孙氏小女子后来成为了一位有名的贤妻良母。又由于孙家原籍绍兴，并与陆家沾亲带故，孙氏的儿子又是陆游的学生，所以，在孙氏夫人去世时，陆游应其子之请，为她写了一篇墓志铭，其中有一段就提到了四十多年前跟李清照的那段对话：

夫人幼有淑质。故赵建康明诚之配李氏，以文辞名家，欲以其学传夫人。时夫人始十余岁，谢不可，曰："才藻非女子事也。"

看来，孙氏早将当初回敬李清照的那句"才藻非女子事也"，作为了自己传家的淑质美德，并借此抬高了自己的身价。

李清照忽然觉得，原来在这个社会上，有才有情的女子竟如此不招人待见。而她自己，却还一心想着关心国事、著书立说、传道授业。她词动京华，学富五车，收集的金石书画文物堪称一个小博物院，而到头来，却落得个报国无门，情无所托，学无所专，别人看她如同异类。原来，这个世界上，竟没有一个人能读懂她的心。李清照感到自己像是落在四面不着边际的深渊里，一种可怕的孤独向她袭来。她茫然地行走在临安深秋的落叶黄花中，吟出了这首浓缩了她一生苦难和全身心痛楚，也确立了她在中国文学史上卓越地位的《声声慢·寻寻觅觅》：

寻寻觅觅，冷冷清清，凄凄惨惨戚戚。乍暖还寒时候，最难将息。三杯两盏淡酒，怎敌它，晚来风急。雁过也，正伤心，却是旧时相识。

满地黄花堆积，憔悴损，如今有谁堪摘。守着窗儿，独自怎生得黑。梧桐更兼细雨，到黄昏，点点滴滴。这次第，怎一个愁字了得！

《声声慢》这个词牌名，也叫《胜胜慢》《凤示凰》《寒松叹》《人在楼上》。这首词，全篇 97 个字，属长调慢词。《声声慢》最初的词牌为《胜胜慢》，是北宋苏门四学士之一的晁补之所创。在词牌中，慢，就是指乐曲较长，节奏较缓慢，文字也较长，唱起来格外悠长婉转，唐人就有"慢处声迟情更多"的说法。但李清照这首《声声慢·寻寻觅觅》却与众不同。原来《声声慢》的曲调，韵脚押平声字，而李清照这首词，却改押了入声韵。

这首词，开头就一连用了七组叠词，这不仅在填词方面，即使在诗、赋、曲等文体里面，也绝无仅有。但这首词的精妙之处，却不仅仅是在这里。众所周知，宋词原本是用来演唱的，因此，音调和谐是一个很重要的内容。李清照对音律有着极深造诣。这七组叠词，读来琅琅上口，极富音乐的美感，有如听到一个伤心至极的人，在低声倾诉。然而，她还未开口，就已能使人们感觉到她的忧伤，等她说完了，那种伤感的情绪，还是没有散去。一种莫名其妙的愁绪，在心头和空气中弥漫开来，久久不散，余味无穷。

一个满头白发的孤独的老人，在孤寂的院子里，茫然地徘徊，无论是谁，这样的场景，想想都会让人揪心。更何况是李清照这样一个敏感的天才诗人，这样凄凉的场景，其实已经成了她晚年生活的主旋律。或许，是因为她的前半生太过完美了，所以命运在她的后半生，硬是塞给她一系列的不幸与缺憾。她没有孩子，这或许是她人生中最大的无奈。所以，她的孤独谁也化解不了，这个缺憾，谁也填补不了。

人到晚年，最怕的就是孤独，再加上这种乍暖还寒的天气，词人的孤独更加无法排遣。一"乍"一"还"，写尽了气候的善变与不稳定，在这样的天气里，人的情绪也是忽高忽低，起伏不定。这种颠簸无定的感觉，有如逃亡，有如漂泊，实在让人难以承受。三杯两盏淡酒，敌不过晚来风急，淡酒浇不了浓愁，她不想说愁，却去责怪风。

恰在此时，一列雁阵掠过高空，打破了沉寂许久的愁闷。只是，它带来的不是解脱，而是伤心。深秋雁阵，自北方故土而来，和自己一样避难南下，沦落天涯，想来，也是"旧相识"了吧？

就连曾经占尽风光的满地菊花，如今也已经萎谢了，憔悴地挂在枝头。没有颜色，没有精神，又有谁还会把它摘下来戴在头上呢？总之，一系列所闻、所见、所感,无非都是一些令人伤心之事。独自守在窗前,时间实在是难熬,再加上滴滴答答的梧桐细雨,在这黄昏里,更加撩拨人的愁绪。

于是,无限痛楚抑郁之情,从词人内心喷薄而出:"这次第,怎一个愁字了得!"

是的,她的国愁、家愁、情愁,还有学业之愁,怎一个愁字了得!

"寻寻觅觅",李清照所寻觅的到底是什么呢?从她的身世和诗词文章中,人们至少可以看出,她在寻觅四样东西:一是国家民族的前途。她不愿看到山河破碎,不愿"飘零遂与流人伍",却"欲将血泪寄山河"。在这一点上,她与同时代的岳飞、陆游及稍后的辛弃疾是相通的。但身为女人,她既不能像岳飞那样驰骋疆场,也不能像辛弃疾那样上朝议政,甚至不能像陆游、辛弃疾那样有政界、文坛朋友可以痛痛快快地使酒骂座,痛拍栏杆。她甚至没有机会和他们交往,只有独自悲愁。二是寻觅家庭的归宿感。丈夫亡故,她又无儿无女,孤单飘零,孤苦无依,内心的愁闷与悲苦可想而知。三是寻觅幸福的爱情。她曾有过美满的家庭,有过幸福的爱情,但随着丈夫的亡故转瞬就破碎了。她也做过再寻觅幸福的梦,但又碎得更惨,甚至身负枷锁,锒铛入狱,并以"晚节不终"而备受非议。生前身后受此奇辱,她无可奈何,只能独自饮愁;四是寻觅自身价值。她以非凡的才华和勤奋,又借着爱情的力量,在学术上帮助赵明诚完成了《金石录》巨著,在词艺上达到了空前的高度。但是,那个社会不以为奇,不以为功,连那十余岁的小女孩,都说"才藻非女子事",李清照还有什么话可说呢?她只好一人咀嚼自己的凄凉,又怎能不愁!

李清照堪称是金石学的专家。她当然知道,自古以来,女子有才华者寥寥无几,而文学造诣达到可以著书立说程度的女子,更是前无古人。然而,这样一位拥有绝世才华的女子,在当时的社会却被看作是异类,是叛逆,甚至是多余。李清照的悲剧,就在于她是生在封建时代的一个有文化的女人。作为女人,她处在封建社会的底层,作为一个知识分子,她又处在社会思想的制高点。她看到了许多别人看不到的事情,追求着许多人难以追求的境界,这就难免会有一种"曲高和寡"的孤独。

李清照的愁,还在于"众人皆醉我独醒"。本来,三千年封建社会,来来往往有多少人都在心安理得,随波逐流地生活。北宋仓皇南渡后,不是又忍辱偷生、苟延残喘地维持了一百五十余年吗?尽管与李清照同时代的陆游愤怒地喊道："公卿有党排宗泽，帷幄无人用岳飞。遗老不应知此恨，亦逢汉节解沾衣。"但朝中的大人们，不是照样官做得好好的，照样花天酒地、歌舞升平吗？虽然乱世浮沉、风雨飘摇，有多少文人不是照样手摇折扇，歌咏岁月，琴棋书画了一生吗？有多少女性，就像那个孙姓女子一般，不学什么辞藻，不追求什么爱情，不是照样安安稳稳过此一生吗？但是，李清照却不是这样。她以平民之身，思公卿之责，念国家大事；以女人之身，求人格平等，爱情之尊。无论对待政事、学业还是爱情、婚姻，她决不随波，决不凑合，这就难免有了超越时空的孤独和无法解脱的悲哀。她背着沉重的"十字架"，集国难、家难、婚难和学业之难于一身，凡封建专制制度所造成的政治、文化、道德、婚姻、人格方面的冲突、磨难，都折射在她那如黄花般瘦弱的身子上。

如果李清照像那个孙姓女孩，或者鲁迅笔下的祥林嫂一样，是一个已经麻木的人，倒也罢了。如果李清照是以死抗争的杜十娘，故事也早就完结了。但是，她偏偏是以心抗世，以笔唤天。她凭着极高的艺术天赋，将这漫天愁绪，又抽丝剥茧般地进行了细细的纺织，化愁为美，创造了让人们永远无法超越的词作珍品。李清照词的特殊魅力，就在于它一如作者的人品，于艾怨缠绵之中，有执着坚韧的阳刚之气。表面上写愁，实际上抒发的都是真情大志，所以，才耐得人们百年千年地读下去。于是，她一生的故事和心底的怨愁，就转化为凄清的悲剧之美，她和她的词，也就永远高悬在历史的星空。

著名作家郑振铎在《中国文学史》中评价李清照说："她是独创一格的，她是独立于一群词人之中的。她不受别的词人的什么影响，别的词人也似乎受不到她的影响。她是太高绝一时了，庸才作家是绝不能追得上的。无数的词人诗人，写着无数的离情闺怨的诗词；他们一大半是代女主人翁立言的，这一切的诗词，在清照之前，直如粪土似的无可评价。"

05 一代词宗，优雅谢幕

　　在生命最后的那些年里，李清照并没有被形单影只的孤独和寂寞所击垮。她毕竟是那个时代出类拔萃的才女，倔强如她，硬气如她，文字始终是她不离不弃的朋友。她把所有的凄清与愁苦，都交付给文字，交付给那些平平仄仄的句子。然后，愉快地与时光握手言和，在夕阳的余晖中静度余生。

　　李清照词，对中国文学的贡献无疑是极为巨大的。在很多人的心目中，李清照就是婉约派的"一代词宗"。在她生活的那个年代，前有苏轼、柳永，后有陆游、辛弃疾，李清照就站在这些人中间，无半点羞怯与扭捏。在宋代浩如烟海的婉约词中，李清照词在艺术特色上，绝不同于一般的婉约派风格，而是婉约中带有豪放，软弱中透着硬气。她的词，在宋代众多的名家当中，独树一帜，自成一家，被称为"易安体"。

　　如果对李清照词进行仔细分析，归纳梳理，其特点主要表现在以下几个方面：

　　李清照的词，精心提炼民间口语，将口语生动活泼的气息，带进了诗词之中。李清照词的这一特点，应是受了苏轼词通俗特点的影响，善于熔炼极其平常的语言，来描写平常的景物，创造极高妙的艺术意境而不见斧凿之痕。

李清照词无生涩词语，清新明朗，使人们一看就明白，并很容易使人们体会到词人的内心感受。如《凤凰台上忆吹箫·香冷金猊》中的"生怕离怀别苦，多少事，欲说还休"，仿佛不经意间脱口而出，但仔细品味，却含义深远。像这样的语句，在李清照词中比比皆是，举不胜举。

李清照的词，善于使用白描手法，通过写具体的行动或事物，将抽象的内心活动形象化，具有浑成、含蓄、婉曲的特点。如《一剪梅·红藕香残玉簟秋》中的"才下眉头，却上心头"，是写自己的思想，但通观全篇，词人以细腻委婉的笔触，抒写自己对丈夫绵绵不绝的相思之情，用平常无奇的文字，表现新奇的意境。又如《永遇乐·落日熔金》中"不如向，帘儿底下，听人笑语"，以直白之语，描写了词人自己孤寂失落的人生情怀，表达深浓之情。

李清照的词，讲究韵律、具有音乐美。她精于音律，因而作词强调音乐的美感，使之读来朗朗上口，具有和谐的旋律美。如《声声慢·寻寻觅觅》开头的十四个叠字，就是典型的例子。又如《行香子·七夕》中的"霎儿晴、霎儿雨、霎儿风"，都是这种韵律美的典型。

李清照的词，在创作技巧上巧妙地运用修辞手法，给人们耳目一新之感。如《如梦令·昨夜雨疏风骤》中的"绿肥红瘦"一句，极常见的"肥瘦"二字，借代与拟人并用，构成了一幅暮春时节落花无数、红衰翠盛的生动画面。而李词中运用对比修辞手法更是比比皆是。如《永遇乐·落日熔金》所描绘的中州盛日与今日冷落相对比，他人的欢欣鼓舞与自己的孤独落寞相对比；《醉花阴·薄雾浓云愁永昼》中"人比黄花瘦"，人与黄花的对比生动形象，意喻传神，充分显示了李清照高超的创作技艺。

李清照的词，善于用典。当然，这得益于她的渊博学识。在《多丽·咏白菊》中，就用了"贵妃醉脸""孙寿愁眉""韩令偷香""徐娘傅粉"等多个典故。在《凤凰台上忆吹箫·香冷金猊》中的"念武陵人远，烟锁秦楼"中，也都是化用了大家耳熟能详的故事。

李清照的词，在融入了国家兴亡的深悲剧痛的同时，又不失婉约的本色；在具有偶傥丈夫气的同时，又兼备女性的温柔和明慧。如李清照晚年的词作，无不将国家之痛与身世之悲，沉重地糅合在一起，兼顾了女性的细腻柔丽和男性的刚健洒脱。显然，这是一般的词人做不到的。

总之，李清照的词，独具一家风貌。

在李清照的笔下，青春少女是如此的娇羞而俏皮，"见客入来，袜划金钗溜，和羞走。倚门回首，却把青梅嗅"；而夫妻间的相思，则是如此浓烈、难以开解，"一种相思，两处闲愁。此情无计可消除，才下眉头，却上心头"。

在李清照的笔下，天涯孤旅的女词人是如此的悲凉，"寻寻觅觅，冷冷清清，凄凄惨惨戚戚"；而悲剧英雄虽然失败，却依然壮志凌云，"生当作人杰，死亦为鬼雄。至今思项羽，不肯过江东"。

在李清照的笔下，早春二月是"暖雨晴风初破冻，柳眼梅腮，已觉春心动"；夏日则是"晚来一阵风兼雨，洗尽炎光。理罢笙簧，却对菱花淡淡妆"；秋天的傍晚是"东篱把酒黄昏后，有暗香盈袖。莫道不销魂，帘卷西风，人比黄花瘦"；还有寒冬时节是"雪里已知春信至，寒梅点缀琼枝腻。香脸半开娇旖旎，当庭际，玉人浴出新妆洗"。

李清照的作品，经历史的冲刷，已大量散佚，留存至今的，只是其中很少的一部分。现存的作品中，真实可靠和较可靠的作品，只有词作五十余首，诗作十五六首，文章八篇，总数不过七八十首（篇）。与李白、杜甫、苏轼、辛弃疾等人的作品数量相比，这显然是个很小的数字。

然而作家贡献和影响的大小，并不完全取决于作品数量的多寡。在浩如烟海的宋词海洋里，她的每一篇诗词作品，都是一颗璀璨的珍珠，散发着耀眼的光芒。而李清照，正是以她虽少却好的作品，奠定了词坛大家的地位。人们将她列入"词家三李"之一，并有"男中李后主，女中李易安"的说法，仿佛除了李白和李煜之外，没有第三个人能与她相提并论。

从下面引用的这些评语中，人们不难看出李清照词作在后人心中的崇高地位：

明代著名文学家杨慎在《词品》中说："宋人中填词，李易安亦称冠绝，当与秦七黄九争雄，不独雄于闺阁也。"

清代戏曲理论家、诗人李调元在《雨村词话》中说："易安在宋诸媛中，自卓然一家，不在秦七、黄九之下。词无一首不工，其炼处可夺梦窗之席，其丽处直参片玉班，盖不徒俯视巾帼，直欲压倒须眉。"

晚清著名学者、诗人沈曾植在《菌阁琐谈》中说："易安倜傥，有丈夫气，乃闺阁中之苏辛，非秦、柳也。"

晚清著名词家陈廷焯在《云韶集》中说："李易安词风神气格，冠绝一时，直欲与白石老仙（姜夔）相鼓吹，妇人能词者，代有其人，未有如易安之空绝前后者。"

中国现当代词学家胡云翼在《新著中国文学史》中说："清照的《漱玉词》，每一首都是冰莹玉润，令人把玩不忍释手。有人说她的词如'大珠小珠落玉盘'，这个比喻是很确切的。"他又在《中国词史略》中说："她是乐府词坛最有力的健将，乐府词的发展，至她始达于最高的造诣与成功。"

即使是曾经评判李清照的词属于闾巷荒淫之语，后来又针对李清照再婚一事极尽讽刺之能事的王灼，也不得不这样评价她："才力华赡，逼近前辈，在士大夫中已不多得，若本朝妇人，当推文采第一。"这个人原本对李清照是持否定态度的，但是他还是被李清照的才华所折服。

这些评价说明，在中国封建社会中，本来奉行"女子无才便是德"的理念，但是，李清照的才能，不但得到了同一时期男性作家的认同，而且评价很高。可见，李清照的诗词创作，在当时已经达到了一个相当高的水平。

那么，李清照是怎么评价与她同一时期她的前辈词人的呢？

在她年轻时候所撰写的《词论》这部词学理论著作中，她对宋代几乎所有最著名的大家都展开了学术批评。

"杨柳岸晓风残月"是北宋前期著名词人柳永的词，一度打动了多少人的心。李清照说，柳永的词，对词的发展的确有过重大贡献，而且他的词合于音律，音律和谐，但是，他的词语言品位太低，太庸俗。

"云破月来花弄影"是宋代初期，一位叫张先的词人写的。李清照说，张先等人的词，偶有佳句，整体来看不成气候，算不得名家。

对晏殊、欧阳修、苏轼等宋代的几位大文学家，李清照说，这几位文学大家，学问渊博，他们写词，好比是用勺子在大海里舀水一样，太轻松了。但是，他们写出来的是不是词？她认为，欧阳修，苏轼等人写的那些词，不谐音律，严格来讲，是属于长短不一的诗，不是词。

李清照的《词论》，对在她以前的所有最具代表性的大词人，都一一进行了评判，好像有点大不敬。她对所有的人，都是五五开，说点好的，然后就说这不行那不行，各打五十大板。

那么，在李清照眼里，真正的词应该是什么样子的呢？在她看来，那些词人写词的缺点，都是诗和文的特点，跟词没关系。在她的心目中，词是什么呢？词是跟音乐紧密相关的一种音乐文学。李清照对词的审美标准是：音律谐和，品质高雅，意境浑厚，布局有方，情感细腻，含蓄稳重，情调雅正。

李清照认为，用写散文的方法来写词和用写诗的方法来写词，都不是词本身所固有的特点。在她看来，词有它自己别有洞天的特点。由此可见，李清照是一个有理论勇气、有理论眼光的人，她之所以能够俯视巾帼，压倒须眉，不仅是因为她创作了很多优秀作品，而且还因为她有自己独立的理论见解。

李清照因为她独立的品格，坚强的个性，还有她细腻的感情和她开阔的眼光，以及她无与伦比的天赋，终于没有被岁月所淹没，成为了名副其实的婉约派"词宗"。她的文字，被她的骄傲和刚性支撑着，所以，婉约中不失风骨，超拔于流俗之上。也只有像她这样的女子，才称得起"才女"这个名号。

宋高宗绍兴二十五或者二十六年（1155年—1156年）前后，李清照在临安西湖一带的一个芭蕉庭院里悄然逝世。没有人知道具体的时间，她就像一粒微尘，悄悄地来，又悄悄地去，即使没有人鼓掌，也要选择优雅地谢幕。

一个时代会因为一个人而隽永，一个人也会用她耀目的光辉照亮一个时代。两宋词坛，就是因为李清照的绝世名阕而大放异彩。

李清照，就是一个传奇，她没有结束，只是换了一种方式重新开始。

只是，这世间的所有喧嚣，已与她无关。

主要参考书目

[1] 随园散人. 李清照传：半生烟雨，半世落花 [M].1. 北京：人民交通出版社
股份有限公司，2016.

[2] 陈祖美. 多少事欲说还休：一代才女李清照 [M].1. 北京：新世界出版社，
2017.

[3] 平阳. 李清照词传：人生是一场绚烂的花事 [M].1. 武汉：长江文艺出版社，
2017.

[4] 清君侧. 一种相思两处闲愁：李清照传 [M].1. 北京：北京工业大学出版社，
2017.

[5] 徐北文. 李清照全集评注 [M].2. 济南：济南出版社，2015（重印）.

[6] 房贤义、刘敬堂. 帘卷西风，人比黄花瘦：李清照传 [M].1. 北京：中国文
史出版社，2016.